｜口絵１｜色彩分割

｜口絵２｜バウムテスト

｜口絵３｜なぐり描き　枠なし

｜口絵４｜なぐり描き　枠あり

｜口絵５｜箱庭療法

｜口絵 6｜箱庭療法

｜口絵７｜風景構成法

｜口絵８｜色彩分割

｜口絵９｜バウムテスト

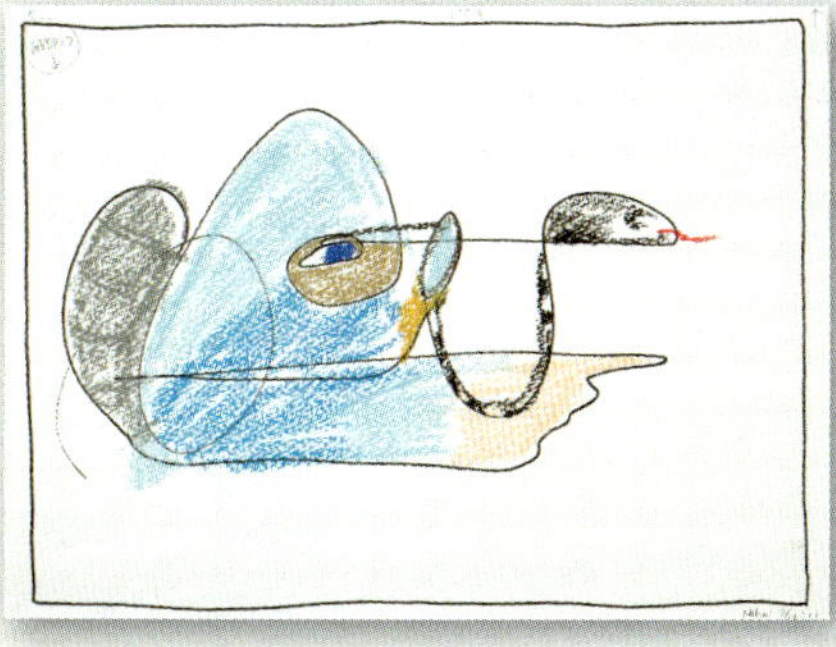

｜口絵10｜なぐり描き　枠あり

｜口絵11｜なぐり描き　枠なし

｜口絵12｜風景構成法

新潮文庫

# セラピスト

最相葉月著

新潮社版

10582

# 目次

＊おことわり
本文中の参考文献で、特に明記していない執筆者名や出版社名は、巻末にまとめて記しました。また、登場する方々の肩書き・役職名は取材当時のもので、敬称は略させていただきました。

# セラピスト

## ■逐語録（上）

クレヨン。色は多いほうがいいですね。画用紙は、Ａ３のスケッチブックが一冊あればいいでしょう。

黒のサインペンも用意しておいてください。太さが違うものを、二、三種類。

クレヨンは、国によって色が違うのですよ。イギリスは、黒茶系統が多くて、緑は少ない。ガンメタル……、金属のような暗い灰色がずらりと並んでいます。

オランダは、レンブラントの名前がついた商品がありますが、茶色が多いですね。

日本は緑が多い。

それぞれの国の風景や文化が背景にあるのでしょうね。

なぜこんなことを知っているかというと、昔、私の秘書がサクラクレパスに勤めている人のところにお嫁に行きましてね、各国のサンプルを送ってくれたことがありました——。

新宿にある世界堂という大型文具店の三階フロアで、私は絵を描くための材料を集めていた。プロや画学生たちが通う専門店というだけあって、画材といっても、絵の具やクレヨン、パステルなど種類はさまざま、色や形もさまざまで圧倒されてしまう。同じシリーズなのに人物画か風景画かで使い分けるようになっているものもある。顔料のペン先の固め方には、丸と四角があるのだろうか。画用紙に試し書きをしてみると、紙の凹凸がところどころうっすらと白く浮き出るもの、くぼみに顔料が入り込んで塗りつぶせるもの、細い線が引けるもの、異なる色を混ぜ合わせられるもの、水溶性のものなどがある。何十本も並んだセットを見比べると、たしかにオランダ製は茶系統の色が豊富で落ち着きが感じられる。ドイツ製は深い青が印象的だ。あれこれ迷ったものの、今回は、絵の巧拙を問われているわけではないと思い直し、子どもの頃から慣れ親しんでいるサクラクレパスの五十色入りを購入した。

翌週、私は中井久夫に絵画療法によるカウンセリングを受けることになっていた。中井は精神科医として患者を診るようになった一九六〇年代のなかば頃から、治療に絵画を採り入れていた。以来、神戸大学医学部精神神経科教授を退官する一九九七年までのおよそ三十年あまり、絵画は中井が行う治療の一部であり続けた。

六〇年代、統合失調症（以前の精神分裂病）の患者のうち、自然に絵を描く人の比率は二パーセントぐらいといわれていた。ところが、中井が受け持つ統合失調症の入院患者では、八〇パーセントを超えていたという。これは、きわめて稀《まれ》なことである。紙を渡し、ここに自由に絵を描いてみてくださいといわれても、統合失調症の患者には容易ではないためだ。それなのに、描く。なぜそんなことができるのだろう。もしなんらかのテクニックがあるのだとしたら、それはどのようなものなのか。そもそも絵を描くことがどうして治療になるのだろう。実際に自分が体験することで感じとることができるならばと考えた。

電話口で、中井は、もう半世紀近く前のある日の出来事を回想していた。無給の研究生として患者を担当するようになった東京大学医学部附属病院分院でのことだ。中井は、患者をクライエント、といった。

私が言葉の限界を感じていたときに、おのずと絵を描き始めた二人のクライエントがいましてね。東大分院で初めて受け持ったクライエントたちでした。

患者の絵というと、画集にもなったプリンツホルン・コレクションのような作品がよく知られています。孤独のなかで描かれる患者の絵は、生気がなく、硬くて、ときに装飾過剰で、怪物的であったりします。でも、売れる。患者の作品として。これでは治療とは違うところで留まってしまう。いつまでも治らないのではないかな、と思っていました。

ところが、私のクライエントが持ってきた絵は、そうではなかった。じっと見ていると、自分が伝えたいことがしみてくるのです。美しく、切なかった。

それからは、クライエントに害を与えずに自然に美しい絵が描けるような補助技法を模索するようになりました。ヨーロッパでは、画家が絵を描きやすくする補助技法が精神科医に採用されていったのではないかと思います。レオナルド・ダ・ヴィンチが、空の雲や水の流れを見て、インスピレーションを得なさい、壁のしみを見て何が見えてくるか思い浮かべなさい、といったように。

絵は必ず、一対一の面接の場で描いてもらうようにしました。絵を媒介にすると、治療関係が安定するのです。言葉の調子、音調が生かせるのです。ナチュラルな音調を交わすことができて、自然に気持ちが伝わる。

言葉はどうしても建前に傾きやすいですよね。善悪とか、正誤とか、因果関係の是非を問おうとする。絵は、因果から解放してくれます。メタファー、比喩《ひゆ》が使える。それは面接のとき、クライエントの中で自然に生まれるものです。絵はクライエントのメッセージなのです。

　クライエントは語らないのでわかりませんが、回復過程にあるほど絵に現れてきます。オンボロの肉体だったものが少年へ、水の中の恐竜が着物を脱ぎ捨てて赤ちゃんへ、というふうに絵が変化していきます。回復は目の前で起こっているのです。

　私はクライエントの絵をほとんど持っていません。クライエントの画集を出さなかったのは、クライエントを売っているような気がして治療の妨げになるから。絵を描かれるなら、ファンタジーが働きやすい午前中にいらしてください。頭もすっきりするので、そのほうがいいでしょう――。


立春を二週間ほど過ぎた二月のある日、神戸市垂水《たるみ》区にある中井の家を目指し、長い坂道を歩いた。吐息はまだ白い。丘を削った高台にある住宅地には、軒下や側溝《そっこう》のくぼみなど陽が当たりにくいところに雪が塊となって残っていた。この地域の家は植物が高く育たないほど固い岩盤の上に直に建っており、しかも中井宅は軽量鉄骨のスレート葺《ぶ》きのプレハブ住宅であるため、阪神淡路大震災のときは震源からほぼ北に四キロと近かったにもかかわらず被害はほとんどなかった。当時、中井は神戸大にいて全国から支援に集まってきた医師らの司令塔として被災地域の精神科救急を指揮し、その活動はのちに「こころのケア」として知られるようになる。中井の家を初めて訪れてから三年になろうとしていたが、この坂道を歩くたび、中井が、この被害のなさがのちに一種の肩身の狭さを生んだ、と手記に記していたことを思い出した。

約束していた午前十時、玄関のチャイムを鳴らす。ふだんはもっぱらインタビュアとして中井と向き合ってきたが、この日はずいぶん勝手が違う。こちらから申し出たこととはいえ、被験者として受け身に立つのである。これまで蓋《ふた》をして直視しないようにしてきたものを晒《さら》してしまうのではないか。そんな不安と緊張で、朝から全身がカチカチに硬直していた。

少し待つと、「はぁーい」という中井の声が家の中から聞こえてきた。数十秒後、意外なことに二階の窓のカーテンが開き、中井が顔を出してゆっくり手を振った。その微笑《ほほえ》みにふれたとたん、私は自分の中に張り詰めていたものが、さらさらと溶けて流れていくような気がした。

「さあ、どこに座っていただきましょうか」

窓際《まどぎわ》に置かれた食卓の上の食器や新聞をゆっくり片付けながら、中井はいった。

「テーブルの三分の一は日が射《さ》したほうがいいですね」

中井はそういって、左手に日光が当たる席に座るよう私をうながした。中井は真正面ではなく、角の席に座って右斜めから私の手元をのぞきこむかたちになった。私は持ってきたスケッチブックとクレパス、サインペンをケースから取り出してテーブルの上に置く。

「あ、これは中国製ですな」

サクラクレパスを見ると、中井はつぶやいた。箱の隅を見ると、たしかにメイド・イン・チャイナとある。日本製を買ったつもりだったが、生産しているのは中国の工場だったようだ。

「中国製だからどうということはないのですが、ぼくが使っていた頃はポクポクと崩れやすかったんです。昔のことですが……。太陽、邪魔になりませんか」

とくに気にならないので、だいじょうぶです、と答える。

中井はスケッチブックの表紙をめくるとまずA3の画用紙を一枚切って二つ折りにし、折目のところで二つに切った。A3は、半分のA4サイズになった。

「では、サインペンをください」

「油性と水性を用意しましたが、どちらがよろしいでしょうか」

「どちらでもいいです」

中井は、水性の太字ペンをとって紙の縁を枠取りした。ペン先がゆっくりと紙の上を滑る音がする。白い紙に枠が描かれ、ちょうど額縁のようになった。紙を私の前に置きながら中井はいう。

「この空間を仕切ってくださいますか、上下左右、直線でも曲線でも結構です」

「いくつに仕切るのですか」

「それはないです」

私はサインペンを取ると、紙を横長に置き、十数秒ほど考えて、真ん中より左寄りに太字で縦線を一本だけ引いた。左右の面積が異なる二分割である。

「それで、いいですか」

「はい」

「それでよかったらいいです。では、色を割り当てて塗ってください」

「はい」

十秒ほど考えて、分割した面積の狭いほうをこげ茶色のクレパスで塗り始める。右上がり気味に斜線を重ねて塗っていると、はて、これは一色しか使ってはいけないのだろうかという思いがもたげて訊《たず》ねてみる。

「いえいえ、塗り重ねても……」

なんでもありということなのだろうか。単色ではつまらないように思え、それでは、と、ところどころゴールドと紅色でアクセントをつけてみる。中井はじっと私の絵を見ることはせず、ゆったりと腰掛けている。私は、待ってもらうのは申し訳ないと思いながら、急ぎ気味に塗る。

……これでいいかな、とクレパスを置く。

「これでよろしい？　こういう感じですな」

と、中井は紙を横置きにした（口絵1）。縦置きよりは横置きのほうがいいので、はい、と頷《うなず》く。すると中井は、さきほど切ったもう一枚のほうのA4サイズの紙にふたたび枠を描く。

「木を一本。どっち向けてもいいです」

あ、バウムテストだと思いながら、はい、と答える。日本では、実のなる木を描かせるテストがよく知られているが、中井は、ただ、「木を」とだけいい、実にはふれなかった。これも十数秒ほど考えて、紙を縦長に置き、中心線よりも右よりに杉の木を一本描く。ただし木のてっぺんは切れている。実はない。

「それじゃあ色を塗って仕上げてくださいますか」

「あ、はい」

中井はゆっくりと立ち上がって窓を少し開ける。

木の幹は、さきほどと同じこげ茶色に明るめの茶や黄土色を混ぜ、葉は、深緑を基調に、くじゃく色やビリジアンを加えてグラデーションをつける。

中井は魔法瓶からポットに湯を注ぐと、いただきものなのだけれど何のお茶かしら、チョコレート……、とこちらに同意を求めるでもなくつぶやきながら二人分の紅茶を入れる。鼻先にほんのり甘い香りが漂ってきた。画用紙の上をクレパスが走る音がする。塗るのに時間がかかってしまって申し訳ないという気持ちがふたたび過《よ》ぎる（口絵2）。

飼い猫のぷうが、のわーんと鳴く。

「できましたね。何メートルぐらいあります？」

「五十メートル以上あると思います」

「ほう」

「だからてっぺんが見えません」

「紙を足したら上を描きますか」

「はい、……いや、どうなんだろう、うーん。自分の視点からは木のてっぺんが見えないというイメージがあるのです」

「なるほどね。……疲れました？」

「だいじょうぶです」

「だいじょうぶ、ということは、ちょっとがんばるということですか」

「はは……」

このあとも私はたびたび、だいじょうぶです、と答えていた。

「（二枚を見比べて）どっちが描きやすかったですか」

「木のほうが具体的なので、描きやすかったと思います」

「ああ、なるほどね」

中井はそう相づちを打つと、画用紙を新しく一枚切って二分割し、そのうちの一枚にふたたび枠取りをする。

「この中に自由になぐり描きしてください。どんなふうでもいいです。えいやっと」

えいやっと？　自由にといっても、さてどうするか。まあこんなときはあまり考え込まずにいこう。そう思いつつ、心の中で、えいやっ、といいながらサインペンでぐるぐると曲線を描く。なんだか幼稚園児になったようである。

「ははぁー」

中井がいたく感心するので、こちらも思わず、く、く、と笑いがもれる。

「強《し》いて物を見ようと思ったら、何が見えてきますか」

えっ、と戸惑う。なぐり描きなので具体的なものを描こうとしたわけではない。だがその直後、ぴんとひらめく。簡略化した地図だ。

「ほう、地図……ですね。さあ、次の紙は枠取りをしませんので、ここに同じように自由になぐり描きしてみてください」

真っ白な紙に自由に、といわれるとむずかしい。どこから手をつけていいのかわからない。不安定な気分だ。しばらく考えて描き始めるが、不思議なことに、こちらは曲線ではなく、鋭角にとがった直線ばかりでできた絵になった。

「は、はあ。なんでしょう」

「そうですね……、ずいぶん昔、能登半島の七尾《ななお》に行ったときに海を見たことがあるのですが、そのときの荒れた波を思い出しました」

「そうですか。それでは色を塗って海を仕上げてください」

私は迷うことなく黒のクレパスをとって波頭から勢いよく塗っていく。ところどころこげ茶に塗って陰影をつける（口絵3）。

「七尾の海ですか。昼ですか夜ですか」

「早朝ですね」

「ほほぅ」

「太陽がまだ顔を出していないので暗くてすごく怖かった記憶がありますので、そのイメージでしょうか」

「ほう。こちらもどうぞ仕上げてください」

「こちらは地図が見えて参りましたので素直に地図帳の色を塗ります」

「はあ……」

一枚目の曲線の絵には、黄土色や緑色、海を示す青を塗る（口絵4）。相変わらず塗る時間がかかって申し訳ないと思い、急ぎがちになる。と同時に、中井にはいったい何が見えているのだろうかと気になっている。

「地図ですか、大陸ですか」

「半島です」

「どのくらいの大きさですか」

「朝鮮半島ぐらいでしょうか」

「はあ……、の地図?」

「あ、はい」

「この四枚では、どれが一番描きやすかったですか」

「やはり、木ですね」

「一番困ったのは? 抵抗があったというか」

「地図、でしょうか」

「一番好きなのは?」

「木、ですね」

「はあ。硬くなられました? 早くすまそうという気になられました?」

「はい。ただ、今まで使ったことのないぐらいクレパスの色の種類が多いので、いろいろな色を使ってみたいという邪心が起こってしまいました」

「邪心じゃなくて、それは開拓ですね。二十色ぐらいでよかったんでしょうが」

　時間が気になって焦《あせ》っている様子が伝わってしまったのだろうか。あれこれと色を試したいという思いは責められることではなく、開拓する心として捉《とら》えるのかと知る。

「さて、ここまでで何分ぐらいかかったと思われますか」

「三十分ぐらいでしょうか」

「ほぼ当たっていますね。普通だと四枚ぐらい描いたら休んでお話を聞くのですが、どうしますか」

「では、少し休みます」といい、紅茶をいただく。

「一般には朝のほうがいいけど、あなたはどうですか」

「私は朝型で早朝から仕事をしていますので、午前中のほうが頭はクリアですね」

「こんなのは初めて？」

「一枚の紙を複数の人たちで回しながら描き足していく遊びは心理療法の講習会を受講したときにやったことがありますが、今回のようなものは初めてです」

「なぐり描きをしてみて、こう描こうと思っても、なかなかそうはいかんとかはありました？」

「そうですね。木は何度描いてもてっぺんが描けません。参考書で樹木画をいくつか見たことがあるのですが、葉がふさふさとした常緑樹で紙の真ん中にどーんと落ち着いて根をはっている絵がありますね。実もたわわに。あんなふうには描けません。自分がやると、どうしても背の高い針葉樹でてっぺんが切れてしまうのです」

「それはそうでしょうね。……この四枚で、疲れは？」

「とくに疲れはありません」

おだやかな日射しが心地よい。玄関に辿《たど》り着くまでにあった緊張感はすっかり消えている。ここまでに私が描いたのは、順に、色彩分割、バウムテストと呼ばれる樹木画、なぐり描きと、いずれも海外で開発された描画法に、縁を枠取りするという中井が考案した「枠付け法」を付加したものだ。命令口調ではなく、描きたくなければ拒むことのできる余地を与える語りかけである。こちらの手元や絵をずっと観察しているわけでもない。色を塗っている間は、紅茶を入れたり猫をあやしたりしてこちらを急《せ》かさないように配慮している。「はあ」「ほう」といった小さな応答は、こちらの描く絵を、関心をもって見守っていますよというサインのようだ。絵ができあがっても占い師のように鑑定するのではなく、共に鑑賞しながら、あれこれと感想を語り合うだけである。

木のてっぺんが描けないのは、青年期までの被験者に多いらしく、未来に希望をもって努力しているが楽天的で注意深さに欠ける、とバウムテストの参考書で読んだことがある。成人の場合は、空想的で知的達成への欲求が強い人に見られるようだが、いつも高すぎる目標を設定してうまく呼吸が出来ずにあがいている自分そのままである。ただし、中井はここでも解釈しようとはしなかった。

枠取りしたものとしないものの両方を経験したが、枠があると守られているというのか、この枠の中の世界は意のままにしてよいという許しを得られたようで気持ちがまるくやわらかくなった。一方、枠がないと直線ばかり使ったように、どこか刺々《とげとげ》しく攻撃的になる。七尾の海をイメージしたのにはわれながら驚いた。私にとっては、いわくのある海だからである。

ここまでで三十分。待合室に患者が殺到し、ベルトコンベアー式に診察室に入っては出ていく三分診療が常態となっている都会のクリニックでこれを行うのはむずかしいのではないかと思われた。

さあ、そろそろ書き始めてみようか。この五年間、おずおずと歩き回った心理療法の界隈《かいわい》について。私が見たカウンセリングの世界、守秘義務という傘の下にある、人と人の心の交わりと沈黙について——。

# 第一章　少年と箱庭

二〇〇八年初夏——。

「あなたもこの世界を取材なさるなら、自分のことを知らなきゃならないわね」

木村晴子が私にいった。

木村は、大阪市立大学一年生だった一九六七（昭和四十二）年の秋、心理学者、河合《かわい》隼雄《はやお》の講演を日本臨床心理学会で聞き、そこで紹介されていた箱庭療法に感銘を受けていち早く自分のテーマとして取り組んできたカウンセラーである。箱庭療法を現在の形に発展させた中興の祖といわれるスイスの心理療法家ドラ・カルフの名にちなみ、同業の仲間たちからは「日本のドラ・カルフ」と呼ばれている。

河合亡《な》き今となっては、当時を知る数少ない証言者の一人であり、神戸大を退官した中井久夫を招聘《しょうへい》した甲南大学では、文学部教授として中井と同じ時間を過ごした同僚でもあった。

私が木村のもとを訪ねたきっかけは、二〇〇七年七月に世を去った河合隼雄の特集を組んだいくつかの雑誌を読み進める中で出会った一つの論文だった。「中途失明女性の箱庭制作」と題するその論文は、網膜色素変性症のために三十代で失明した女性に対して、間隔を開けながら一回につき約一時間半を計十五回、三年間にわたって箱庭療法を行った経緯が書かれた記録だった。木村のもとには日頃から箱庭を作りたいと希望する人がやってくるが、全盲の人は木村にとっても初めてで、カウンセリングの進め方を慎重に検討している様子がうかがえた。

それまでも、箱庭療法という名前ぐらいは知っていた。砂を入れた箱の中に、人形や建物や木などのミニチュアのおもちゃを置いていく、砂遊びのような心理療法だ。それが目の見えない人に対して行われていること、しかも三年間という長きにわたって続けられたということに驚いた。世の中には、こんなに丁寧にじっくりと時間をかけて相談者と向き合うカウンセラーがいるのかという感動もあった。二人の間にはどんな言葉が交わされていたのだろう。限られた時間でいったい何が行われていたのだろう。砂の入った箱に人形や木や家を並べる箱庭づくりをすることで、なぜ心が回復するのだろう。そんな漠然とした疑問がわき上がってきた。

そして、木村が主宰する兵庫県芦屋《あしや》市の芦屋箱庭療法研究所を訪ねた日、冒頭の言葉をかけられたのである。ただその瞬間、私の胸を過《よ》ぎったのは、自分のことなどとうの昔から知っているわ、と反発する思いだった。

そもそも、なぜ箱庭療法だったのか。話は少しさかのぼる。

私は、カウンセリングに対してうさんくささを感じていた。まず、値段がばらばらである。相場はあってないようなもので、五十分あたり五千円ぐらいから高い場合は一、二万円を支払う。保険がきかないからやむをえないとはいえ、これでは何を基準にすればいいのかわからない。

私自身は、過去に二、三度、心療内科や精神科を受診したことがある。そのときは、薬をもらうだけでカウンセリングは受けなかったが、抑うつ気味の知人がカウンセラーを次々と替えていまだに苦しんでいるとか、不登校の少年がカウンセリングを受けたものの先生と合わなくて中断したといった話を聞くと、いったいカウンセリングの現場はどうなっているのかと疑問に思わざるを得なかった。

ちょうどその頃に裁判が行われていた、カウンセラーを自称する生物学者による事件の影響もあった。相談に訪れた女性を自宅で「育て直し」と称して、風呂《ふろ》に入れたり添い寝をしたりする。事件はその相談者がカウンセリング中に猥褻《わいせつ》な行為をされたとして刑事告訴したものだった。裁判は学者側が敗訴して終結するが、心理療法にそこまで密接な身体的接触を伴うものがあるということ自体、理解に苦しんだ。この事件は特殊なケースだったとしても、守秘義務という大義名分を掲げた密室で何が行われているのか、ますます疑問は深まった。

まず、カウンセリングという言葉自体があいまいである。専門用語として使用される場合の狭義の「カウンセリング」は、「言語的な話し合い」（『心理療法個人授業』）によって問題を解決していく心理療法の一つである。ところが、一般的には言語的な話し合いだけでなく、もっと広く、絵を描いたり箱庭を作ったりする心理療法を始め、悩み苦しむ人の相談に乗ること全般を「カウンセリング」と呼んでいるように思われる。カウンセリングは心理療法に含まれるはずが、心理療法を含んでいる。つまり、専門家の世界とそうではない世界で、意味の逆転が起こっているのである。カウンセリング・ルームとか、カウンセリング・センターといった看板を掲げながら、箱庭療法や認知行動療法などさまざまな心理療法を行っているカウンセラーもいることがさらに事態をややこしくしている（注・本書では原則として「カウンセリング」は一般的な広い意味で使用する)。

カウンセリングを行う人を意味する「カウンセラー」という言葉はそれ以上にあいまいである。臨床心理士、心理療法士、精神分析家、産業カウンセラー、認定心理士、認定カウンセラー、認定臨床心理カウンセラー……と呼称はさまざまあり、中には怪しげな肩書きを自称する人もいる。

臨床心理士のように、文部科学省の認可した公益財団法人日本臨床心理士資格認定協会が指定する大学院で修士号を取得し、卒業後に資格試験を受けてようやくとれる資格もあれば、民間の講座を数か月受講しただけで認定される資格もある。心理職には国家資格がないからやむをえないとはいえ、こうも呼称や資格が乱立していては、治療を必要とする人を混乱させるばかりである。

資格を取得してからの研修制度が厳しい臨床心理士でも、彼らの経歴をのぞくと、自分がどの学派を学び、誰に師事し、どの療法が専門、と記す人が多くて首を傾《かし》げてしまう。音楽家や茶道家、料理人ならまだしも、人の心と向き合うのになぜ師弟関係が必要なのか、なぜ特定の学派を打ち出す必要があるのかさっぱりわからなかった。

病気の治療では通常、医師が患者を診察し、症状に応じて治療法が選ばれる。その医師にはできない手術や治療法がある場合は、患者は別の病院や医師を紹介される。

主治医以外の医師にセカンドオピニオンを求めることも近頃では当たり前となった。心の不調のうち、うつ病や双極性障害（以前の躁うつ病）、統合失調症など、ある時点から特有の変化をきたす病気は、医学的治療の対象として精神科医が扱い、診断し、投薬を始めとする治療を行う。その流れは、他の診療科と同様である。薬物では解決できない、その人がその人であることそのもの、すなわち、性格や対人関係、環境が症状に影響を与えている場合は、その改善を目指して心理社会的な介入を行うことも医師の務めだ。

医師の治療計画のもと、医療行為として行われる心理的援助は精神療法と呼び、現在は認知行動療法のように医科学的なエビデンス（根拠・証拠）が確認されたため、医療保険の対象になっているものもある。

一方、病気とは呼べないため精神科医が治療の対象としない心の不調、たとえば、人間関係の悩みや不登校などを扱うカウンセラーは医療行為とは関係なく、心理学を土台とした心理的援助を行う。その介入は心理療法と呼ぶ（注・サイコセラピーという英語の訳語が精神医学と心理学で異なっていたことが混乱の原因となっている。以下、心理療法に統一する）。

カウンセラーは数多くある心理療法のうち自分が得意とする療法を掲げるが、相談者のほうはそれらがどういうものかよく知らず、気にもせず、とにかくこの苦しい気持ちをなんとかしてほしいから出かけていく。すると、こちらの話をただただ聞いているカウンセラーもいれば、心理テストをしたり、フローチャートのような図を描かせたりするカウンセラーもいる。自分の専門とする心理療法は相談者に合わないとうすうす感じていても、別のカウンセラーを紹介することはほとんどない。このカウンセラーとは相性が悪いとか、このカウンセラーが適用している方法は自分にとって有用ではないと感じた相談者のほうが、次回から行くのをやめるだけである。

カウンセラーは相談者が来なくなるのを失敗とみなすらしいが、失敗するぐらいならなぜもっと早く相談者の身になってほかの方法を模索したり、別のカウンセラーを紹介したりしないのだろう。

どんな資格をもって、どのように治療に臨むのか。そんな基本的なことさえ混乱しているのに、世の中は未曾有《みぞう》のカウンセリングと心理学のブームである。少子化の影響で大学はどこも入学者の確保に苦労しているが、心理学科だけは別だ。国公私立を問わず高い競争率で推移し、心理学系の学科の新設や増設を行う大学もある。犯罪や事故や災害が起これば、おなじみの学者やカウンセラーがテレビや新聞、雑誌に登場し、心のケアが必要だという大合唱が起こる。精神的な手当ては大切であるが、何か本質的なことが置き去りにされてはいないだろうか……。

河合隼雄の逝去《せいきょ》が報じられたのは、二〇〇七年七月。カウンセリングに対してそんな疑問を抱いていたときだった。河合といえば、一般読者向けの旺盛《おうせい》な執筆活動や著名作家たちとの交流、フルート奏者としての音楽活動、晩年は文化庁長官としての仕事が目立っていたが、本業は心理学者であり、日本人初のユング派分析家であり、カウンセラーとして日本のカウンセリング界を牽引《けんいん》してきた。

各界から河合の死を悼《いた》む声が相次ぐ中で、私がとりわけ気になったのは、その本業における重要な功績とされる箱庭療法だった。書店に行けば専門書がいくつも入手できるため箱庭療法についての知識や情報は容易に得られるが、それがどんな人を対象に、どのように行われるのかは知らなかった。

そこで入門編のつもりで、イラストレーターの南伸坊が生徒役となって先生役の河合隼雄に心理療法について指南を受ける『心理療法個人授業』という本を読んでみたところ、河合はこんなことをいっていた。

「とにかく、健常な人と問題をかかえた人では、まったく違います」

どのように違うのか。問題をかかえた人はどんな箱庭を作るのか。南が訊《たず》ねると河合はいくつかの例を挙げた。

「箱の半分しか使わない人がいますねえ」

「四隅を必ず空けておく人というのもいる」

「きれいに庭を作ったあと、水を下さいと言うので渡してやると、洪水だあと言って、きれいに作った庭を台無しにした子があります。この子は大変な家庭の子でした」

「蛇を使った人がいる。箱に蛇をこうして置いて、ノコギリを貸して下さい、と言う。どうするのかと思って見ていると、蛇を輪切りにしてしまった」

「人形を持って、乾いた砂の方で『ホップ』、湿った砂の方で『ステップ』と言ったかと思うと、『ジャーンプ』と言って部屋を飛び出していってしまった人もいる」

南はここで「へぇーッ」と思った、と書いているが、私も、へぇーッ、である。芸術的才能を問われているのでもなく、作品を披露しようと思ってもいないのに、そんな意表を突く、まさにアイデアもんの箱庭を作ってしまう。河合曰《いわ》く、「悩みの深い人は、表現せざるを得ないものをもってくる。それが自然に出てくるのだから、迫力があるのも当然だ。〈中略〉本人もわけのわからないXが、箱庭のなかに姿を表わしてくる、という方が適切な感じなのである。『出そう』として出てくるものではない」。つまり、意図せずして作ってしまうということなのである。

これは自分でも体験してみなくてはと思い、インターネットで見つけた複数のカウンセラーのもとで実際にミニチュアの玩具《おもちゃ》を使って箱庭を作ったり、ワークショップで見知らぬ人々と互いに箱庭を作りあったりしたのだが、実体験を重ねても、なぜこんなものを作ることで人間の心や病がわかって、しかも、それを治すことができるのか理解できなかった。

そんなとき、箱庭療法を特集した雑誌でたまたま木村晴子の論文「中途失明女性の箱庭制作」と出会ったのである。披露しようとして作っているわけではないどころか、玩具も箱庭も見えない人がどうやって箱庭を作るのか。なぜ治療ができるのか。これはもう、木村とその女性に会うしかないだろう。

木村にはすでに、その集成ともいえる『箱庭療法　基礎的研究と実践』という著作があった。河合が序文で「わが国の箱庭療法の発展のひとつの成果」と讃辞を寄せており、木村が取り組んだ具体的なケースが紹介されていた。

ひとところにじっとしていられない小学三年生の女の子。おもらしが絶えない小学五年生の女の子。五年間、約九十回にもわたってほとんど同じような箱庭を作り続けた発達障害の男の子……中途失明の成人女性にも驚いたが、発達障害の子どもに向き合い、最後まであまり変わりばえのしない箱庭を五年間も見守り続けたという事実に圧倒された。

今でこそ、発達障害は生まれつき脳の中枢《ちゅうすう》神経系になんらかの機能不全があるために、成長と共に学習や対人関係などに不自由をきたす障害であることが明らかになっているが、当時はちょっと変わった人、困った人、という短絡的なイメージで受け取られ、親の子育てに原因があるともいわれた時代である。そんなときに、なぜこれほど熱心に相談者と向き合うことができたのか。私は、自分がもつカウンセラーのイメージを覆《くつがえ》した木村が行うカウンセリングの実態を知りたかった。

木村晴子が主宰する兵庫県芦屋市の芦屋箱庭療法研究所は、阪急神戸線芦屋川駅を山側に下り、線路沿いの道を大阪方面へ向かって歩いて十分ほどの静かなマンションの一室にある。パーキンソン病の症状があって歩行に支障がある木村を介助するため、大学院の教え子がひとり同席していた。あらかじめ手紙で伝えていた取材主旨を改めて説明すると、「ね、壮大なテーマでしょ」と教え子に目配せしながら微笑《ほほえ》んだ。

木村が初めて箱庭療法と出会ったのは、一九六七年秋、大阪市立大学で開催された日本臨床心理学会第三回大会でのことだった。家政学部児童学科一年に在籍していた木村は、学科の学生が全員手伝いに駆り出されたことから、シンポジウムの会場係として、パネリストが使用するスライドを映写する手伝いをしていた。医師やカウンセラーなどの治療者はセラピスト、相談者や患者はクライエントと呼ばれることをこのとき初めて知った（注・以下、本書もこれに準じ、医師とカウンセラーを総称する場合はセラピスト、相談者と患者を総称する場合はクライエントと記す）。

シンポジストが次々と話をする。子どもと遊びながら治療するプレイセラピー（遊戯療法）を紹介する人、クライエントの心理を分析する人もいた。ただ、どれも言葉だけで解釈されていくことに違和感を覚えた。こじつけてるみたいやなあ、なんかあやしいなあ、人の心をもてあそんでいるんやないか……。そんな不信感さえあった。

ところが、河合隼雄の発表が始まると、会場の雰囲気は一変した。心理学を学び始めたばかりの木村にも、観客がみな河合に注目していることがわかった。日本人初のユング派分析家が何を語るのかという期待と関心だった。会場は異様なまでの熱気に包まれていた。

スイスの精神医学者カール・グスタフ・ユングについては、それまでにもドイツ文学者の高橋義孝によって著作集が翻訳されていたが、夢や神話の解釈についてはとくに宗教的、哲学的背景を理解しなければわからない難解なもので、ごく一部の人にしか知られていなかった。精神科医や心理学者にはむしろ敬遠されていたといっていい。

ところが、河合はユング心理学の総本山であるスイスのユング研究所で三年間、自らもユング派の分析を受けるというトレーニングを通して理解を深め、資格を得て一九六五年に帰国した。このとき河合が、ユング心理学と共に日本に持ち帰ったのが、ドイツ語でザントシュピール、英語でサンドプレイと呼ばれる、のちの箱庭療法だった。

河合の合図に従ってスライドを映していた木村は、次第に自分が河合の語りと写真に引き込まれていくのがわかった。それは、家や人形や鉄道模型など、さまざまなミニチュアの玩具を使った砂遊びだった。患者が言葉でくわしく説明しているわけではないのに、なんとなくメッセージが伝わってくる。何かが起こっていることがわかる。漠然とではあるけれど、人間には内面の世界がある、と木村には感じられた。周囲を見渡すと誰もが河合の発表に引き寄せられていた。いったいこの人は何者なんやろう。それが木村の河合隼雄に対する第一印象だった。

このとき、河合が紹介した箱庭療法とはどのようなものだったのか。この日に至るまでの経緯を簡単に振り返っておきたい。

箱庭療法は一九二九年、ユング心理学とは無関係に誕生した。イギリスの小児科医マーガレット・ローエンフェルトが、自分が思ったり感じたりしていることをうまく言葉で伝えられない子どものために、特別に用意した砂場や箱にミニチュア人形を置いて心の内を表現させるプレイセラピー、「ワールド・テクニック（世界技法）」を原型としている。プレイセラピーとは、遊びを通じて子どもの隠された感情を表現させ、治療に生かす心理療法であるが、当時はフロイトの精神分析的な考え方を適用することが主流だった。ところが、ローエンフェルトは、プレイセラピーを分析的に方向付けることは避け、子どもに一方的な解釈を押しつけることはしなかった。

その後、一般家庭の主婦で、子どもの心理療法家としての才能をユングに見いだされたドラ・カルフがローエンフェルトのもとでこれを学んだのち、スイスに帰国してユング心理学の要素を加えたスタイルへと育んでいった。この経緯については後述するが、河合はこれを言語によるコミュニケーションがあまり得意ではなく、盆栽や箱庭づくりの伝統もある日本人向きだと直感し、日本に持ち帰った。

ただし、河合はこの療法をすぐに発表しなかった。留学前から講師を務めていた天理大学の教育相談室や、嘱託カウンセラーとして採用されていた京都市カウンセリング・センター（京都市教育委員会の教育相談部門、現こども相談センター パトナ）を拠点に、同僚たちと箱庭を作って討論し、研究を重ね、徐々に臨床に応用し、事例を増やしていった。

箱の大きさは一般的に、内法《うちのり》が、縦五十七×横七十二×高さ七センチ。外側は黒く、内側は青く塗ってある。砂を掘ったときに水が現れる感じを出すためである。そこに、天日で干して篩《ふるい》にかけた砂を三分の二程度まで入れる。箱を制作者の腰のあたりになるように置くと、箱全体が視界にすっぽりと収まるという具合である。買い集めたおもちゃは、立ったまま選べるように部屋の棚に並べた。

京都市カウンセリング・センターで、河合の指導のもと箱庭療法を臨床に応用し始めていたカウンセラーの一人に、のちの椙山《すぎやま》女学園大学教授、檀渓《だんけ》心理相談室の西村洲衞《すえ》男《お》がいる。西村は、河合がスイスから帰国して間もない一九六五年の十二月、センターで本格的に箱庭療法を始めるにあたって使用するおもちゃを買い集めた日のことを記憶している。

「京都市の事務官の浜田さんという人に連れられて、児童養護施設の平安養育院に行ったんです。そこで、河合先生に初めて箱庭を見せてもらいました。それから浜田さんに丸物（のちの近鉄百貨店）に連れて行かれて、西村君、好きなだけおもちゃを買えと、二万五千円を渡された。当時の月給ぐらいです。家や人形や鉄道模型……、あの日は屋上の園芸売場には行かなかったんだったな。あとで考えると、園芸売場にこそ箱庭の材料がたくさんあるのにね。四条小橋《こばし》の河原町側にあるカメラ屋にも材料がありそうだとわかって出かけて行ったし、五条坂の夜店を回っていろいろ材料を集めました」

河合がとくに慎重になったのは、ユングの「象徴理論」についてである。箱庭を作り続けていると、ある程度似通った図柄が現れる。たとえばマンダラ表現がその一つで、自分の中の相対する感情を統合した自己のシンボルという意味をもつものだが、こういったことを始めから強調すると日本人にはうさんくさいと思われる危険性がある。そのため河合は、とにかく事例を集積させることが重要だと考えて象徴解釈は一切述べず、カウンセラーたちには、患者の作る箱庭を「解釈よりは鑑賞するつもりで」と指示し、治療者と患者の関係がまずなによりも重要な出発点であることを伝えた。箱庭療法という日本語の呼び名は、そんな同僚たちとの実践を通じて誰からともなく使われるようになったものである。

河合が中心となって行われた箱庭療法のケースが日本で初めて紹介されたのは、スイス留学から帰国した翌年の一九六六年十月、東京家政大学で行われた日本臨床心理学会第二回大会だった。以来、問い合わせや激励が京都市カウンセリング・センターに寄せられ、翌年には、まとまった事例集が初めて刊行されたこともあって、木村晴子が初めて参加した第三回大会では、河合隼雄と箱庭療法への関心がいっそう高まっていたのである。

木村が会場で見たのは、学校恐怖症（現在の不登校）や夜尿症、不注意や多動性、衝動性を特徴とする今でいうＡＤＨＤ（注意欠陥・多動性障害）の子どもたちのケースだった。注意力が散漫で学校でけんかばかりする小学生の男の子は、始めのうちは怪獣や動物が入り乱れる激しい戦闘場面ばかり作っていたが、回を重ねるうちに穏やかになり、土地を耕す風景を作ってカウンセラーのもとを去っていった。友だちを泣かせてばかりいる攻撃的な幼稚園児は、当初、動物も自動車も魚も家も、とにかく手にふれるものはどれも次々と詰め込んでいく無秩序な箱庭を作っていたが、途中、激しい戦闘を表現したかと思うと、武器や戦闘機を向かい合わせて間に線を引き、「戦争は終わった」といって一年あまりのカウンセリングを終えた。

木村はスライドで示された箱庭の流れを見て、自分にもなんとなくわかるということに嬉《うれ》しさがこみ上げてきた。大学に入学したてのもの珍しさも一段落し、何を目標にしていくのかあれこれと思案していたときである。素人《しろうと》の自分でもおもしろいと感じられたことに興奮した。ただ、大阪市大には箱庭療法を専門とする指導教官はいない。そのため、専攻を決める三年生からは自閉症の子どもに対する音楽療法を行っていた山松質文《ただふみ》教授のゼミに所属し、まずは遊びを通して子どもとコミュニケーションをとるプレイセラピーを学ぶことにした。

現在の国際的な診断基準の広汎《こうはん》性発達障害に含まれる自閉症は、一九六〇年代後半にはなんらかの生物学的な要因による先天性の脳機能障害であることが判明しているが、こうしたことが一般の人々にまで周知されるようになったのは近年である。今なお治療法はなく、療育といって、個別あるいは集団で絵本を読んだりおもちゃで遊んだりしながらコミュニケーション能力の発達を促し、適応力を伸ばしていく訓練方法が標準となっている。山松はもともと子どものプレイセラピーに取り組んでいたが、療育などまだない一九五九年、ある自閉症児との出会いを機に音楽が彼らの情緒や運動の発達に大きな影響を与えることに気づき、当時としては画期的な、自閉症児の音楽療法を行っていた。

木村は回想する。

「プレイセラピーを勉強していたある日、山松先生から声をかけられたんです。あんたはなあ、絵描きさんやから、箱庭なんかええのんちゃうかなあ。河合隼雄さんいう人が今度、集中講義に来はるんで紹介するから、どや、箱庭で心理やれへんかって。

それが、直接、河合先生の講義を受けるようになるきっかけでした」

児童学科の学生が必ずしも心理職を目指すわけではない。多くは小学校や幼稚園の教諭、保育士などである。だが、子どもたちとおもちゃで遊んだり美術部に所属して絵を描いたりしている木村の姿を見て、山松は木村がカウンセラーに向いていること、しかもその芸術的なセンスが箱庭療法に生かされるのではないかと感じたのだろう。木村は、これを機に河合を招いて行われた大学院の集中講義を聴講し、時折、河合のアドバイスを受けるようになった。

初めてクライエントを持ったのはその頃で、前任者が出産を控えて休職するため木村がバトンタッチすることになった。

木村にとって初めての臨床経験となるこのクライエントこそが、五年間、およそ九十回にわたってほとんど同じパターンの箱庭を作り続ける、Y少年だった。症例記録「自閉傾向児の箱庭表現」と木村の記憶を頼りにこれを振り返ってみたい。

＊

Y少年を担当するにあたって、木村は、Yの家庭環境やこれまでの状況について前任者からあらかじめ説明を受けていた。父親は会社員、母親は専業主婦で、三歳下には妹がいた。体は丈夫で元気に育ってきたが、小さい頃から同じ道を通ることにこだわったり、寝る前にいつも同じ順序でおもちゃを並べたりする習慣があった。

ほかの子どもとの違いが目立ち始めたのは幼稚園に入り、集団生活を経験するようになってからである。友だちと遊べず、手をつなぐのもいやがった。母親は、先生から、こんな変わった子は初めてだ、といわれたことに大きなショックを受けたと前任者に打ち明けていた。

小学校に入ってからもYの状況は変わらず、情緒的な反応や言語表現に乏しかった。その一方で、鉄道や地図、カレンダーや時刻表に強い興味をもち、何年も先の日付や曜日にはやたら詳しい。両親は、成長するにつれて社交性を身につけて健やかに育っていく妹を見るうちにYのことが心配になり、自分たちなりに調べてこれは自閉症に違いないと確信し、自閉症児の音楽療法を実践している山松のいる大阪市大に相談にやって来たのである。Yが小学一年生の十一月のことだった。

木村はこの四十年後、Yが大学病院で広汎性発達障害の確定診断を受けたことをYの母親からの手紙で知らされるのだが、初めて会った六〇、七〇年代にはまだ診断基準があいまいで、山松の依頼を受けた精神科医がYを診察したときには、自閉傾向はあるけれども自閉症とはいいがたい、という診断が返ってきていた。

前任者はY少年に対して、プレイセラピーをすでに週に一回、一回あたり五十分を計十三回、半年あまり行っていた。ただこれまでYとの間に情緒的なふれあいを感じることはなく、言葉を交わすときもYは事実に基づくことを答えるという様子で、会話が成立している感じがまるでなかった、と木村に伝えていた。Yがプレイルームの片隅にある箱庭におもちゃを置き始めたのは前任者が担当した三回目の面接からで、いったんやり始めると熱中して作るが、回を重ねるごとに、使うおもちゃも、置かれる位置も、構成の仕方もよく似たものになっていった。自動車、道路標識、神社、寺。後方に山が二つ、前方に海が二つ。いつも右側の海が少しだけ広く、二つの海の間の土地を自動車の列が左側通行で走っていく、というパターンだった。

Y少年にとって十四回目にあたる面接の日、木村への引き継ぎが行われた。本人にはあらかじめ伝えていたからか、意外なほどあっさりと引き継がれた。カウンセラーが交代する場合、相談者は自分が前任者から見捨てられたような気持ちになり、カウンセラー同士も複雑な思いを抱くといわれる。ところが、Yは、前任者から木村を紹介されても眉《まゆ》ひとつ動かさず、木村と目を合わせることもなく、視線を逸《そ》らしたまま表情もまったく変えなかった。Yは木村のことはまるで気に留めず、プレイルームに入るなり、これまでもずっとそうだったように黙々と箱庭を作り、地理や鉄道、湖の水位などについて話し始めた。

そばにいるのは、自分であってもなくてもどっちでもいいのではないか、Yにとってカウンセラーが誰であるかなど影響しないのではないか。木村はそんな不安にかられた。これまでの箱庭と違う点といえば、左右に一人ずつ警官の人形が置かれたことぐらい。それもこのとき限りで、以後しばらく二つの海の間を自動車が走る箱庭ばかり作り続けた。

学部生として初めて担当するクライエントが自閉的な傾向のある子どもとは大変な試練である。毎回が手探りの連続であり、淡々と続く中にちょっとした変化を見つけて喜ぶことを目標にするしかなかった。話しかけても遠くをじっと見つめ、表情を変えない。まるで、埴輪《はにわ》のようだと、木村は思った。

Y少年に劇的な変化が起きたのは、それから二か月後、木村が担当してから八回目の面接のときだった。

「山のふもとはみな田んぼ。山の上から川がたくさん流れてきて大きい川にそそいでいる」

少年はそういって、指で山から国道に伸びる線を何本も引いた。木村が小さく感嘆の声をあげながら見つめていると、Yはさらに「山に木が生えてきた。たくさん生えてきた」といいながら、それまで何も置かれず不毛の地だった砂の山に、緑の葉を豊かにつけた木を置いた。殺風景だった景色に初めて色が生まれた瞬間だった。木村は、Yの成長のはじまりを感じた。

この日は、もう一つ変化があった。これまでは箱庭をさっさと終えると、水遊びなどのほかの遊びに移っていたのだが、この日を境に箱庭だけに熱中するようになったのである。ただし、今度は、木の生えた山、国道、村、神社仏閣、という同じパターンの繰り返しが始まった。箱庭に集中するようになったのはいいが、なぜこうも同じパターンにこだわるのだろう。木村は途方に暮れた。

Yのような傾向がある少年は、このままではかえって箱庭に固執させてしまうことになるのではないか。自発的なものではなく、こちらが作らせていることになりはしないか。別のカウンセラーが担当したら違った展開になるのではないか。そんな不安を抱き始めた木村は、これまでの箱庭の写真を携えて河合隼雄に相談してみた。すると、Yが作った一連の箱庭とカルテを眺めた河合はいった。

「これ、あんたかもしれへんな」

一頭の乳牛のことだった。十二回目にあたる箱庭で、Yは初めて箱の左隅に小さな牧場を作り、三頭の牛を置いている。その回以降のどこであったか木村の記憶は定かではないが、あるとき突然置かれた乳牛を見て、河合は、これがYを見守る木村の姿ではないかと指摘したのである。実はこの時期、夏休みを直前に控えた日のカウンセリングで、Yは木村の顔を横目でのぞきこんでこんなことをいっていた。

「お手紙出そうかな。名前なんていう？」

Yが初めて木村に興味を示し、話しかけた瞬間だった。Yはその言葉通り、故郷の北陸の町から木村に絵はがきを送っており、この出来事は木村にとって大きな喜びとなっていた。自分がYのそばにいるから起きている変化があるのではないか。木村はそう思ってこの先どうすればよいかと訊ねると、河合は「それやったらほかの先生にスーパービジョンしてもらってやるようにしたほうがええんちがうかな」とアドバイスした。

スーパービジョンとは、経験の浅いカウンセラーが臨床を行うにあたって、熟練した専門家に受け持っている事例について指導や評価、アドバイスを求めることである。同じ大学である必要はなく、他機関に所属していても相手の承諾を得られれば、有料で指導を受けることができる。

患者への言葉かけが適切であったかどうか、カウンセラー自身の考え方の癖が二人の関係性にどんな影響を与えているかなど、長所も短所も含めて第三者に指摘されることで、カウンセラーは自分のカウンセリングを冷静に振り返り、次につなげることができる。不安に感じていることを相談することも可能だ。現在はごく一般的に行われているが、当時はまだそんなシステムは確立されておらず、ましてや、箱庭療法の経験があるカウンセラーはごくわずかしかいなかった。

木村は河合に頼みたかったが、忙しくて頻繁にはむずかしいという。そこで、河合から紹介されたスーパーバイザーのもとにしばらく通ってみたが、あまりピンとこなかったため、そのうち頼らなくなった。渋滞する車のパターンばかり作り続けるYのかたわらで、木村はひとりYに向き合うしかないのだと自分にいい聞かせていた。

Yが初めて木村に話しかけた頃、相談室では併行して、別のカウンセラーがYの母親に面接を行っていた。Yが紋切り型の箱庭を作り続ける一方、学校生活では著しい変化が起きていることが母親から報告されていた。

学芸会に初めて出演し、友だちの誘いに応じるようになった。学校が忙しいからといって木村との面接をキャンセルすることも増えた。なによりも大きな変化は、母親がYのことを自閉症といわなくなったことだった。

木村はYの成長を強く実感した。ただ、自分の前では相変わらずむっつりと黙りこみ、口を開けても話すのは鉄道のことばかり。箱庭をさっと作り終えると急いで部屋を出て行ってしまう。このあたりでいったん、カウンセリングを中止してみようか。そんな考えが脳裏を過ぎった。


木村が担当して二十七回目の面接にあたる日、なぜか泣きべそをかいて部屋に現れたYに語りかけた。

「Y君、もうここへ来るの、飽きちゃった?」

「飽きちゃった」

「そう、それじゃあ今月でおしまいにしたい?」

「したい」

「そうね、Y君が来るのおもしろくなかったらやめてもいいよ。今月中に考えようね」

木村は意外な感じがした。こんなやりとりができること自体、これまでは考えられなかった。このあとYはとても機嫌がよくなり、面接の時間をまるまる使って遊んで帰って行った。

今月でやめよう、と話し合った月の最後の回、「今月は今日でおしまいだけど、来月からはどうしよう」と木村が訊ねると、Yは妙にもったいぶった様子でいった。

「春休みまであと二、三回は……」

この反応にも木村は驚いた。面接への意欲を示したのは初めてのことだった。それからというもの、Yが木村に笑顔を見せることも増え、箱庭はこれまでとよく似たパターンではあるものの制作に十分な時間をかけるようになった。ロボットのように機械的でせっかちな動きではなく、いかにも人間らしい間《ま》が生まれたのである。これまでは触れるのも嫌がっていた怪獣のおもちゃを手にとるようになったのもこの頃である。

三十三回目の面接では、木村の顔を横目でのぞきこんでYはいった。

「あなた、どこから来ているの？」

Yが木村の個人的なことに関心を示したのは、これが二度目である。通常の面接の場合は、カウンセラーの個人的なことについてはストレートに答えず、カウンセラーにそんな問いを発した内面の有り様を見つめるようにクライエントを促す。だが、Yのように心の内を見つめるのがむずかしいクライエントの場合はそうはいかない。木村はYの質問には誠実に答え、引き続き箱庭作りを見守った。

この日、Yは、帰り際にドアのところで見送りに出ている木村を振り返り、少し手を上げて、「バイバイ」と小さな声でいった。木村は、Yのいじらしさや子どもらしさに胸を熱くした。

自分が存在する意味がどこにあるのだろう、自分がいてもいなくても同じではないか。そんな無力感を覚えることも多かったのに、次第にYとの会話に不自然さを感じなくなっていた。母親を担当するカウンセラーからは、Yがカブスカウト活動に参加するようになり、自分の誕生日には、学校やカブスカウトで知り合った友だちに招待状を出し、十人ほど自宅に招いたと知らされた。息子の話ばかりしていた母親も、この時期になってようやく面接で自分の気持ちを打ち明けるようになったという。ゆっくりではあるが、変化は確実に起きていた。

いつものパターンと同じ箱庭を作り終えたYが一度に二つの箱庭を作るようになったのは、三十四回目の面接でのことだった。新しく買いそろえた電車や汽車のおもちゃをもってうろうろし始めたため、「Y君、それ、こっちにも置けるよ」と木村がもう一つの砂箱を示したところ、「やってみようかな?」といって、新しい箱庭を作り始めたのである。

このときに作ったのは、飛行場と操車場。法則性のあった一つめの箱庭とは違って、無造作にぽんぽんとおもちゃが置かれているだけのものだった。木村には、飛行機が墜落しているようにも思えた。車がぎっしり並んで渋滞している箱庭を見て、木村は、ふと声をかけてみた。

「自動車、いっぱいできゅうくつそうね、もう少し違う道は走れないの？」

Yのパターンに介入するのは初めてのことである。すると、Yは「そうだね」といって車を少し移動させ、「ここは車がよくすいている」とつぶやいた。

木村が誘い、Yが応じる。木村はYと言葉を交わすことができていることが嬉しくてならなかった。四十回目の面接を過ぎた頃には、二つめの箱庭に動きが出てきた。箱の枠から新幹線のおもちゃを飛び出させようとしたり、これまで二つめの箱庭に置かれていたおもちゃが一つめの箱庭に置かれるようになったりした。Yがプレイルームに閉じこもるのは、そろそろ終わりに近づいているのではないか。木村はそう予感していた。

祖父の葬儀に参列した頃から、Yは、世の中の出来事に関心を示すようになっていた。グアム島から二十八年ぶりに元日本兵の横井庄一《しょういち》が帰国したというニュースには強い関心を持ったようで、木村とこんな会話を交わしている。面接を始めてから二年が過ぎようとしていた。

「日本は戦争に負けたから狭くなった。勝ってたらもっと広くなっていたかなー」

「でも勝ってたら、今でも軍隊が残っていて、兵隊さんががんばっているかもしれないよ」

「いやーだねえ。兵隊さん、なんであんなのになるんだろう。横井さんは二十八年間兵隊さんで、日本へ帰ってきた。骨になって帰ってきた人もいる」

死に対する関心が芽生えたのもこの時期である。

「おじいちゃんは九十歳まで生きた。去年死んで火葬場で焼いてしまった。だからこの前は年賀状、出せんかった。どうして人が死ぬと年賀状、出さんの？」

「家族が死ぬと悲しいでしょう。お正月はおめでたくて、年賀状はそのあいさつでしょう。だから、悲しいのにおめでとうっていうのはおかしいから」

「子どもも、赤ちゃんも死ぬことあるんかな？　赤ちゃんが死んでも焼くのかな？」

横井庄一に続き、フィリピンのルバング島で元日本兵の小野田寛郎《おのだひろお》が生き残っていることが報じられると、Yはこれも話題にした。木村は、祖父の死をきっかけに、人が死んで骨になることに興味を抱いたYが、今度は生きることに関心を寄せていることが嬉しかった。

Yは小学五年生になった。箱庭では、山が切り開かれ、田んぼができ、村になった。建て売り住宅が建ち、人が住み始めた。列車が走り、村の近くには観光客が訪れるホテルもできた。世界が少しずつ広がっていく。

五年生も終わりとなる翌年三月、木村との面接の七十六回目、前任者から数えれば五年目の第八十九回目が、Yとの最後の面接となった。Yは四月には父親の仕事の都合で東京へ行くことになっていた。この日は、いつものように淡々と箱庭を作ると、床にかがみ込んでプラレールを並べ始めた。楕円形《だえんけい》の軌道が二本作られ、新幹線や電車が走り始めた。信号も、陸橋も、駅もある。山が田んぼに、村が町に、町からさらに別の町へ。世界がこれまでよりいっそう外界へと開かれていく。Yは箱庭を作り終えると、これが最後であることについては何もふれないまま、いつもと同じように「バイバイ」と挨拶《あいさつ》をして帰っていった。

木村はその後、一度だけYと再会している。中学二年の夏休みに父親と一緒に大学に遊びに来たのである。見上げるほどに背は伸び、体格もがっしりとし、たくましく成長していた。ところが、部屋に入るなり持ってきた地図を広げて、今住んでいる自宅の場所や交通機関を説明し始めた。木村は一瞬戸惑い、Ｙの説明を聞きながら、なんともいえない心地がした。木村の問いかけにはちゃんと応答する。笑みも浮かべる。だがどうしても変わらないものがある。のちに発達障害の診断が確定することを考えれば、それもやむをえないことだったろう。人づき合いや集団行動が苦手で、興味や考えが狭い範囲に限られていることは、発達障害の特徴といわれ、それは、新しいことに恐怖や不安を感じているということでもある。

　ただ、Ｙにとって、地図や交通機関は世界に開かれた一つの窓だった。久しぶりの木村との再会でいきなり地図を広げたことに木村は戸惑ったが、前と同じように、Ｙにはそれらが木村と自分をつなぐ唯一《ゆいいつ》の手段であり、精一杯の挨拶だったのだろう。Ｙの健康な部分に真摯《しんし》に向き合い、無理に働きかけようとはせず、粘り強く、ただひたすら待ち続けた木村がいたからこそ、Ｙも安心して少しずつ変化を遂げ、こうして木村に会いに来ることができたのである。

　近年になってようやく発達障害の知識も深まり、障害をもつ人との接し方に関する書籍も出版されているが、そこに書かれている援助者の基本姿勢はまさしく、木村が手探りで行ってきたことである。

木村のもとにはその後もYから年賀状が届き、母親からは時折、近況を伝える便りがあった。高校では成績上位となって生徒会長になるという事件が起きたこと、その間は両親ともハラハラし通しであったこと、大学は工業大学に進んだことなどが報告された。

一九八五年、木村がYの症例を収録した著書を刊行し、本を送ったところ、母親からは、Yに見せたものの幸か不幸かまったく関心を示さなかったという返事が届いた。それからも年賀状は送られてくるが、文面は相変わらず紋切り型で感情は感じられない。カウンセリングを終えた子どもが、何年も経《た》ってから大学を訪ね、当時を振り返りながら木村に感謝の言葉を伝えることがあるが、Yの口からはそんなことはこれからも語られることはないのだろうと木村には思えた。それでもYは、自分に多くを教えてくれた忘れられない最初のクライエントである。Yが社会人となる日を、そして、結婚して家庭をもつ日を思い描きながら、Yをこれからも遠くから見守っていこう。木村はそう考えていた。

＊

私は木村に訊ねた。

学部生が受け持つには大変困難なクライエントだったのではありませんか。

「なにせ、九十回も同じ箱庭を作り続けたからねえ」

この間、特別な働きかけをしたのは、自動車の隊列のときだけですか。

「ええ。あとは、ただそばにいただけ」

木村はそういって、箱庭療法の中興の祖、ドラ・カルフの最晩年にあたる一九八九年、週に一回、カルフに見守られながら箱庭を作った体験について語り始めた。ユング研究所に留学していたときのことだ。

「カルフさんは、箱庭の脇《わき》に座って、私が作るのを見てはるだけです。おもしろいねえ、おもしろいねえ、興味をもって見ているよーという顔つきです。作っている方が、なにを作ったらええのんかわからへんと思っていても、カルフさんがそばにいると、なんか作りたくなってくる。わき上がってくるというんでしょうか。身を乗り出して箱の中をご覧になっているときの姿勢や表情は印象的でした」

箱庭とは、クライエントが一人で作るものではなく、見守るカウンセラーがいて初めて、その相互作用によって作られるもの。ドラ・カルフが、ローエンフェルトの世界技法を箱庭療法へと発展させるにあたって明確に打ち出したのは、治療者と患者の関係の大切さだった。どんな表現が行われても受容しようとする、治療者の安定した姿勢が箱庭の表現に影響を与える。カルフはこれを「母と子の一体性」と表現し、「自由にして保護された空間」を治療者と患者の関係性の中で作り出すことが治療者としての任務であると述べている。

私自身、初めて町のクリニックで箱庭を作ったとき、その瞬間まで考えてもみなかった、自分の幼い頃の神戸の風景（口絵5）が目の前に展開されたことが不思議でならなかった。一人で箱庭に向き合ったとして、何時間経ってもそんな光景を作るとは思えなかったからだ。箱庭とはいったい誰が作るものなのか、私なのか、カウンセラーなのか、カウンセラーがいたからできたとして、では、別のカウンセラーならまた違う箱庭ができるのかどうかも気になった。

Y少年を受け持つことになって木村が実感したのは、まさにカウンセラーとクライエントの間の相互作用の力だったのかもしれない。もちろんそこには、木村の静かな熱意がある。パターン化したY少年の箱庭を無意味で強迫的なものとは考えず、ささやかな変化にも意味はあると考えて見守り続ける。そんな木村の姿勢や思いやりがYに安心感を与え、自分の世界を広げようという意欲をもたせたのだろう。

「箱庭はね、作らないほうがいい場合もあるんですよ。わーっと出てしまうのは結構危ない。カウンセラーはそんなとき止められる人でなければなりません」

私が初めて箱庭を作ったとき、思いがけず故郷の神戸の光景があふれ出て胸が詰まり、自分でも戸惑ってしまったことを話すと、木村はそう教えてくれた。

「ふだんなら自分の中に収まっているものが何かをきっかけにわっと出てしまうわけでしょう。それが自分でコントロールできないものになると崩れてしまう。カウンセラーが守ってあげられるならいいけれど、そうでなかったら出させてはいけない。その見極めがとてもむずかしいんです」

どうすれば見極められるのでしょうか。

「カウンセラーが自分の中で、自分が取り扱えるものかどうかを計るしかない。通常のカウンセリングもそうやけど、教育分析を受けて治療者自身が自己理解を深めるしかないね」

教育分析とは、臨床家や臨床家になろうとする人が自分でもカウンセリングを受けることだ。患者の立場を経験することで内面を見つめ、自分の問題点や思考の傾向を知り、自分自身が抱えているものによって患者を傷つけたりしないよう訓練する。ユング研究所に留学した人々はみな現地で教育分析を受けることが義務付けられている。一回につき五十分間で、研究所の細則には、およそ三百時間費やすようにと記されている。医療機関の中でも、臨床心理士を採用する場合、教育分析を受けていることを条件の一つとするところもあるほどだ。

木村の場合はY少年のケースが、カウンセラーである自分自身に目を向ける大きなきっかけとなった。「なぜ、Yは……」と繰り返し問い続けること自体、自分の問題ではないかと考えるようになり、河合に相談したことがあったのは先述した通りだ。

「わーっと出てしまって崩れそうな場合は、自我が非常に弱いと判断します。自分をまとめる力が弱いから、わーっと流れ出す。箱庭療法が導入された頃は、統合失調症のリスクがある患者には適応しないほうがいいといわれました。かろうじて持ちこたえていた人格が崩れて発病のきっかけになるというのです」

統合失調症は幻覚や幻聴などの症状に苦しめられたり、感情表現が欠落したりして社会生活に支障をきたす精神疾患である。遺伝と環境の両方の影響を受け、進学や就職、結婚などの転機が発症の契機になるともいわれるが、いまだに原因は不明だ。

だが、受診に訪れた時点では、その人が統合失調症のリスクがあるかどうかはわからない。それはどのように判断するのだろうか。

「むずかしいけど、医師の判断によるし、ロールシャッハテストなどの心理テストである程度の傾向を見ることはできます。だから、箱庭というのは、こちらから作りなさいといって作らせるものではないんです。本人が楽しく作れるかどうか、治療者が見ていて意味があって楽しいかどうかが大切。本人が作りたいといっても危なそうやったら、やめとこね、と止められるカウンセラーやないといけません」

箱庭療法がどういうクライエントに実効性をもつかについて、河合は次のように述べている。

箱庭という表現によって、その人が内面的な表現ができるかぎり、だれにとっても意味を持つのです。だから心身症の方もこれをもって表現できればいいし、それから登校拒否の子供でもできる。

ところが、たとえ心身症の方でも、箱庭というものがその人にとって何らの意味も持たず、表現のメディアとして動かなかったら、やってもらっても仕方がない。あるいは登校拒否の子供の場合でも、ぼくが箱庭を置きなさいと言って、その子が嫌々ながら置いたんでは、これはなんにもならないわけです。そこにまたセラピストという複雑な存在があるわけですから。箱庭療法という表現手段で治療が進んでいくならば、相当広い範囲にできるわけですね。そうかといって、不思議なことに、登校拒否の子供が来ても心身症の方が来られても、なんにも意味を持たないときがあるというわけですね。

ただ緘黙《かんもく》症——場面緘黙というんですか、家ではものを言っているけれども、家の外では何も言わないという子がいますね。そういう子は治療に来ましても何も言わないんで、こっちは非常に困るんですね。しかし箱庭なんかつくってくれると、言葉でなくて箱庭で表現してくれているんで、こっちもやりやすいですね。そういうことも言えると思います。

（『トポスの知』）

つまり、内面を表現できるクライエントであれば、誰にでも箱庭療法はできるということだ。では逆に、箱庭療法に向いているカウンセラーというのもいるのだろうか。「まずはその治療者自身が箱庭に興味を持っていることですね。興味がない治療者のところに患者が行って、たとえそこに箱庭があったとしても、患者は作りませんね。

カルフさんのように、いつでも興味持ってるよー、見てるよー、という姿勢の人のところへ行くと、作ろうと思わない人まで作ってしまう」

患者が作った箱庭は、解釈してはいけない場合もあるとご著書の『箱庭療法　基礎的研究と実践』でお書きになっています。河合隼雄も「一番困るのは、ある程度の成功例を背景に恣《し》意《い》的な〝解釈〟をまき散らす人である」（『カウンセリングの実際問題』）と注意を喚起していますが、これはなぜでしょうか。

「言語化することによって形骸化《けいがいか》してしまうというか……」

木村はそういって少し口ごもった。そのとき、同席していた大学院生の地蔵原《じぞうばら》奈美が、あのう、と遠慮がちに口を開いた。

「言葉だけでは表現できないものがあった場合、言葉にしてしまうことで削《そ》ぎ落とされてしまう。言葉にできないもののほうが大事かもしれないのに、言葉になったことだけが注目されて、あとは置き去りにされてしまう」

「そうそう。夢分析と箱庭療法を比べたとき、どちらのほうが深いかとよく議論になるんですが、夢のイメージはたしかに深いところから出てくるけど、相手に伝えるときに言葉にするでしょう。そうしないと語れませんからね。言葉にしたその時点で、削ぎ落とされてしまうものがある。だから、言葉にしないぶん箱庭のほうが深い。箱庭びいきからいわせるとね」

箱庭療法はつまり、言葉にしないことに意味があるということなのか。では、言葉にしないことでなぜ回復につながるのだろうか。患者がいて、そばで見守る治療者がいて、共に箱庭を鑑賞する。そんな日々を重ねるだけでなぜ人が治るのか。そもそも、治る、回復する、とはどういうことなのか。


帰り際《ぎわ》、地蔵原になぜ箱庭療法に興味を持ったのか訊《たず》ねてみた。

「中学生の頃、たまたま箱庭療法をやっている人の研究室に誘われて遊びに行ったことがあるんです。そのとき、やってみる？ といわれて自分で作ってみたらおもしろかった。まだ何も知らないときですが」

心理学に興味を持ったのは、それがきっかけですか。

「そうですね。心、というか。人の心ってなんだろうと興味を持って」

教え子の言葉を受けて、木村がいった。

「この頃、こういう人が増えてるんよ。高校生ぐらいから、自分はカウンセラーになるんやって」

私が高校生だった一九八〇年代には、そんな将来の夢をもつ人は周囲にほとんどいなかったように思いますが。

「私なんかも、たまたまやもんねえ」

木村はそういって微笑《ほほえ》み、こう続けた。

「あなたもこの世界を取材なさるなら、自分のことを知らなきゃならないわね」

心を扱うからには、カウンセラーがクライエントについて知っておくのは大切で、基本的なことと思われたが、自分を知っておかねばならないということは、いまひとつ腑に落ちなかった。河合隼雄も生前、「深い治療をしようという人は、自分のことをよく知っていないとだめです。自分自身をよく知るためにも、カウンセラーになる人はカウンセリングを受けるのがよろしい」（『カウンセリングの実際問題』）と書いている。

彼らがそこまで強調するのは、自分を知るということが、プロの臨床家として活動するための出発点であり、患者や相談者を守る技術だからなのかもしれない。

では、それをどうやって身につけるのか。

私は取材を続ける一方で、一つの計画をたてた。臨床家を目指す人々が通う大学院に通い、週末は、臨床心理士を始め対人援助職に就く人々が通う専門の研修機関で共に学びながら、臨床家になるための、またプロの臨床家であり続けるための訓練の一端を知ろうと考えたのである。

厚生労働省の患者調査によれば、国際基準でいう「気分障害」に含まれるうつ病や双極性障害の患者数が、一九九九年から二〇〇八年の九年間で二・四倍の一〇四万一〇〇〇人と急増しており、中でも働き盛りの世代、とくに三十代に集中していることが報告されていた。これを受けてなのかどうか、世の中では、カウンセラーを目指す学生や、働きながら心理学を学ぼうとする社会人が増えている。これをカウンセリングブームとか心理学ブームということで片付けてしまうのではなく、なぜそんな状況になっているのか、彼らの問題意識が知りたかった。

心に不調をきたした人の手記や体験談は多くあるが、クライエントをケアする立場にあるカウンセラーがどんな人たちで、彼らがどんな日々を送っているのかはほとんど知られていない。現役のカウンセラーやカウンセラーを目指す人々と机を並べ、語り合うことによってその日常を垣間見《かいまみ》ることができればとも考えた。

人の話を聞くといっても、私のように聞いたことを公《おおやけ》の場所で表現する仕事と、聞いた話を秘匿《ひとく》しなければならないカウンセラーとでは、大きな違いがある。彼らがどのように自分を保っているのかも知りたかった。

数日後、木村に礼状を出すと、まもなくメールボックスに返事が届いた。

葉月さん、
お礼状、ありがとう。
こういうのは古風になさるのね。
あなたのエネルギッシュな質問にお答えするだけで、
のんびりやの私は精一杯だったような……。
本当は、もっと、もっとあなたのことも掘り下げないといけないのだと思います。
でも、それはあなたの現実の仕事とはちがうのかも……
また、「時」がきたら、お話ししましょうか……
今はともかく大変なお仕事に取り組まれて、その意欲に感心しています。
道に迷わず、定めた目標にむかって、走りぬけてください。
それから、Iさん、電話しておきました。
お名前をつたえてあります、

怪しい人ではないと……
お忙しいけど、受けてくださるでしょう。
それでは、頑張ってお仕事完成させてくださいね。

木村晴子

# 第二章　カウンセラーをつくる

私が通うことになった東洋英和女学院大学大学院は、臨床心理学系研究科の修士課程を修了すれば臨床心理士資格試験の受験要件を満たす学校だ。言い換えれば、プロのカウンセラーとして活動するときに必要な、カウンセリングという実践を支える理論としての臨床心理学を学ぶことができ、修士号を取得すれば臨床心理士の資格試験が受けられる。このため、臨床心理士になるという明確な目標をもつ学生が多く、男性もいるが、その大半が女性である。

声をかけるのも遠慮がちになってしまうようなおとなしく静かな学生が多い中で、ざっくばらんに話ができたのは、現役の会社員や学校職員、プロの劇団俳優などの社会人たちだった。自己紹介をしたところ、専門家でもクライエントでもない視点からこの世界を書くことは意義があると快く話を聞かせてくれた人もいた。

社会人学生たちが冗談まじりにネーミングした「心理三分の一説」という仮説がある。大学院で臨床心理学を専攻する学生とはどんな人種なのかを観察した結果、大きく三種類に分かれることを発見したという。三分の一はこれまで普通の生活を送ってきた平均的な人、三分の一は過去にうつ病などを克服した経験がある共感性の高い人、残りの三分の一は今病んでいる人、なのだそうだ。

「うちのクラスにもいますよ。朝イチで長〜いメールが届くんです。そういう場合は深入りせず、できるだけ距離を置くようにしています。なぜ心理の道へ、なんて聞きません。巻き込まれたら大変ですからね」

そう忠告してくれた学生もいる。

心理学や精神医学を教える教授陣も、なかなか手強《てごわ》いパーソナリティの持ち主である。物語性豊かな美しい論文に感銘を受けて講義を受けてみたら、やけにせっかちで単刀直入に物をいう人物だったので、その落差に驚いた。ふいに私の横に立ち、「これだけ毎年大量の卒業生を送り出して世の中にはカウンセラーがあふれているというのに、どうしてうつ病患者が減らないどころか増えているんでしょうねえ」と耳元でぼやいた教授もいる。大半は指導に熱心で思慮深い人々なのだが、この先生のカウンセリングだけは遠慮したいなあと思う人もいて、教授陣の人間観察をしているだけで、レポートが一本は書けそうだった。

臨床心理士は一九八八年、臨床心理学に関係する十六の関連学会の総意によって設立された日本臨床心理士資格認定協会が認定する資格である。創設に尽力したのは河合隼雄で、カウンセラーと称する資格が乱立していることや、エセ心理療法の被害が頻出していたことが背景にあった。一九八八年十二月に第一号となる臨床心理士が誕生し、二〇一二年度までに、二万六三二九名を世に送り出している。

今や、心理職の中でもっとも国家資格に近く、ハードルが高いといわれる資格で、医療機関がカウンセラーを募集する場合は、臨床心理士資格を採用の条件とするところが大半である。ただし、医師免許のように資格を取得すればそれで一生働けるという生涯資格ではなく、五年ごとの更新が義務づけられている。専門性の維持と向上、自己研鑽《けんさん》の必要性などがその理由だが、実務以外に研修会やワークショップに参加したり、論文を執筆したりするなどしてポイントを取得しなければならない。常勤職のポストが少ないため非常勤を掛け持ちする人が多く、高学歴のわりには待遇の低い資格といっていいだろう。

活動範囲も、医療、教育、司法機関など多岐にわたることから、大学院では実習がとりわけ重要な必修科目となっている。東洋英和は実習が厳しいことで知られており、学内にある心理相談室で一般のクライエントの面接を行うほか、週一回、平日の昼間に、入学時に選択した精神科病院や児童相談所など学外の実習先へ休まず通い続けることが課せられていた。

精神科病院で実習する学生たちが最初に経験することは、主に、予診と陪席である。予診とは、患者から、生育歴や家族構成、主訴、睡眠の状態、過去の病歴などカルテのもとになる情報を聞き取ることで、医師の診察に立ち会うことを陪席と呼ぶ。

対人援助職を希望する彼らでも、精神科の患者と接するのは初めての者も多く、毎回が緊張の連続である。精神科救急をもつ総合病院で実習したある男子学生は、患者が奇声を発したり暴れたりするたびに緊張で全身がこわばり、手錠をされた状態で警察官に連れてこられた患者を前にしたときには恐怖心を覚えた、と語った。

「昨日、公然猥褻《わいせつ》で逮捕されたけど、精神病院に行ったほうがいいといわれてやって来ました」

面接した患者にいきなりそういわれて、個室で予診を行うのが怖くなったと話す女子学生もいた。

関東の某市立病院では、複数の大学院生にハーフミラーごしに医師の診察を観察させていた。ある女子学生が母子面接に陪席したときのこと。親は病院を何軒も訪ね回ったが、正しい診断がなかなか得られないという悩みを抱え、医師に相談していた。その間、子どもはじっと椅子《いす》に座っていられず落ち着かない。女子学生はADHDを想定したが、よく見ると、子どもはハーフミラーのある方向が気になって仕方がない様子である。診察の終了後、親子にはあらかじめ鏡の存在が伝えられていたことを医師から聞かされた。「あまり最初から病気だと思わないほうがいいよ」。医師はそういって、予断をもたずに相手と向き合うことの大切さを教えたという。

医療機関での実習や実務経験を重視するのは、医師やそのほかの医療スタッフとの連携を学び、医療が対象とする病気とそうではないものを知っておくためでもある。病院であれ町のカウンセリング・ルームであれ、カウンセラーがいったん開業すれば、自分を訪ねてくる相手をこちらから選ぶことはできない。

一般的に、病気は治療の対象となるもの、障害は症状が固定していて治療できないもの、といわれるが、病気と障害の違いは必ずしも明確ではなく、障害でも症状が改善するものがある。また、病気は医師が扱い、障害はカウンセラーが扱うというように、単純に分けられるものではなく、現場でも混乱している。

不登校や引きこもりは学校や家庭に原因がある場合が多いからカウンセラーが扱えるかというと、そうとも限らず、統合失調症やうつ病が関連しているケースもある。

クライエントが「やる気が出ません」と訴えた場合、頭部外傷やその後遺症である可能性もあれば、統合失調症やうつ病の可能性もある。食生活の偏《かたよ》りが原因かもしれないし、職場や学校の対人関係がうまくいかないことが影響している可能性もある。手術や薬で改善するはずの人をずるずるとカウンセリングし続けて症状が悪化した場合、責任はカウンセラーにあることはいうまでもない。

つまり、自分の前にいる人が抱える病理を知り、医師が診察すべきなのか、医師と連携しながらカウンセリングを進めたほうがいいのか、それとも、医療とは関係なく、カウンセラーが面接の対象とするのかを早期に判別することは、相手にとってもカウンセラーにとっても重要な出発点となる。これが、カウンセラーが相談者と向き合って最初に行わねばならない「見立て」「アセスメント」と呼ばれる業務である。

心理テストを参考にすることもあるし、面接を通して患者や相談者の特徴や傾向、問題点の所在を評価し、医師ら他のスタッフに対して心理学的な情報提供を行うこともある。医師の中には、臨床心理士をテスターと考える人もいて、外来患者に対するロールシャッハテストなどの心理テストしか行わせない病院もある。医療機関によってさまざまな事情はあるが、患者の見立ては、臨床心理士資格をもつ者に求められる専門業務の中の、第一といえるだろう。

近年、臨床心理士の業務で需要が増しているのは、特定の個人よりも、相談者を取り巻く環境の改善を目指す、地域援助といわれる仕事である。学校であれば、教職員の相談に乗って生徒を間接的に支援し、企業であれば、上司に対して相談者との関わり方をアドバイスする。一般の医療機関であれば、身体疾患で入院している患者の精神面での配慮について医師や看護師に伝える。医療や福祉を含む多職種のチームで患者を支えるチーム医療の重要性も高まっており、臨床心理士の活動範囲はますます拡大していくと考えられている。

こうした活動の中でも、昨今、個々の面接よりも地域援助の業務に比重がかかるケースが急増しているのが、スクールカウンセラーである。

スクールカウンセラーとは、いじめや不登校などさまざまな課題に対応するため幼稚園から高校までに配置される心理相談員で、子どもの相談に対応するだけでなく、教職員への助言や保護者との調整など組織の支援にもあたる高度なスキルが必要とされる専門職である。災害や事件が発生すると、マスメディアでスクールカウンセラーのことが採り上げられるが、通常は表には出ない裏方だ。

文部科学省がスクールカウンセラー活用調査研究委託事業を開始したのは一九九五年、愛知県西尾市の中学生がいじめを苦に自殺した事件がきっかけだった。それまでの学校の心理相談といえば、教職員や退職したOBが研修を受けて行うのが一般的だったが、いじめや不登校だけでなく、発達障害児への対応や教職員への心理支援など、近年の学校をめぐる課題の多様化と専門化の流れを受けて、学外の第三者の立場から対応にあたる専門職が必要とされてきたことが背景にある。

小学校の非常勤職員として働いていたある女子学生は、臨床心理士の資格がスクールカウンセラーの採用にあたって重視されることから、この大学院を選んだと教えてくれた。

「はじめは通信教育で教員免許を取ることを考えていたのですが、学校があまりにも絶望的な状況で、自分が教育者として子どもに接するのはむずかしいだろうと感じたんです。絶望的、というのは子どものことではなくて、教師です。子どもに対してひどい言葉を吐く。いじめもあります。あれでは子どもたちはみんな学校に行きたくなくなります。かと思えば、業務量が増えたり、保護者との対応に追い詰められたりして精神的に病んで休職する教師もいます。学校の問題はよくマスコミでも報道されますけれど、ほとんど同じことはうちの学校にもあります。どこの学校も似たり寄ったりではないでしょうか」

文部科学省の調査によれば、二〇〇八年度にうつ病などの精神的な病気で休職した教員が初めて年間五〇〇〇人を超えた。中学校に十年以上勤務する現役のスクールカウンセラーの話を聞いたところ、孤立しがちな校長からモンスターペアレンツの対応に疲弊する若い教師まで、教師を支えるのもスクールカウンセラーの重要な業務で、保護者から裁判を起こされるような極端なケースも増えて、学校によっては危機管理役としての応用力が必要な職務になってきているという。学校や教員のストレスが高まることは、スクールカウンセラーに厳しい仕事が待ち受けていることを意味する。

心理職に対する需要は企業にも拡大し、大学院や民間のカウンセリング講座に通う現役の会社員が増えている。

私が受講したクラスには、広告会社に勤務する現役のサラリーマンがいた。彼は、企業にもこれからは心理学や精神医学の専門知識をもつ人材が必要であるという考えから臨床心理士の資格取得を目指していた。

きっかけは、入社十一年目に営業部から研究職に異動したとき、社内に精神的に病んでいる人たちが多くいると知ったことだった。同期や部下に、何年間も休んだままの人がいる。診断書さえあれば在籍したまま休職できる会社だったが、就業規定が改訂されて、復帰するかどうかを三年以内に選択しなければならないことになり、追い詰められる社員が出てくるのではないかと気になった。

背景には、二〇〇〇年代初頭から始まった、職場環境の大きな変化があるという。

「それまでの営業職といえば言葉より体で覚える、暗黙知の世界でした。先輩に連れ回されて、話術なども現場で学んでいく、オン・ザ・ジョブ・トレーニングです。ところが、二〇〇〇年代に入ってからインターネットが急速に普及して仕事の内容もコミュニケーションのあり方もがらりと変わった。広告主からは広告宣伝や商品開発だけではなく経営に関わるようなところまで、多様なソリューションが求められるようになり、これまでの徒弟制度や現場主義のようなやり方では通用しない時代になってきたんです。

では、どんな仕事のやり方をすればいいのか、どんなセンスで進めていけばいいのか。そんなことを考えながら、現場で働く人のためのツールを作ろうと社内の人たちを取材して文章化する作業を進めていたとき、心を病んでいる人たちがたくさんいることを知ったんですね。会社としては福利厚生しかサポートする方法はありませんでしたが、そうではない方法で彼らを助けるツールを作りたいと思ったんです」

広告業特有の事情もあった。

広告会社は、消費者モニターや顧客を対象にさまざまな調査を行っている。ブランド調査などで消費者の深層心理を探る場合、ともすれば、相手の嗜好《しこう》や価値観についてのコンプレックスを刺激してダメージを与える可能性がある。調査手法の開発に携わる人間が、心理学の知識もなくやってしまって危険ではないのか。そんな疑問も抱いた。

広告主の依頼で企業のビジョン作りを手伝うワークショップを主催したときに気づいたこともある。

「ワークショップをやっていると、ときに、社員たちが劇的に変わる瞬間に立ち会えることがあるんです。なぜこの会社で働くのか。なぜ自分が生きているのか。そんな問いかけをしながら誘導していく手法なのですが、終了後、実は会社をやめようと思っていたけどこの二日間でもう一度がんばってみようと思いました、と笑顔で感謝されることがある。

感動的な瞬間ではあるのですが、手探りで読んでいた心理学の参考書にあった集団精神療法に似て、その人の感情の深いところまで刺激するため、主催する側に十分な知識と経験、注意深さがないまま実施すれば、これが引き金となって精神的な病を発症する人が出てしまうかもしれない。困っている人のためにと思ってしていることが、一方でダメージを与える危険性もある。それは恐ろしいことなのに、心理学のことを何も知らずにやっていていいのかと思ったんです。幸い、心理学の知識をインプットすれば数年後には会社の知的財産になるはずだと上司もいってくれている。うちの会社はＭＢＡ（経営学修士）をもつ人は結構いるんですが、心理学で大学院に行った人はいないので、何か発信できることがあるのではないかと思っています」

　大学院で彼は異色の存在であり、学内にはこのような社会人学生をあまり快く思わない指導者もいる。入学試験の面接で、ある教員から「興味本位で来たんじゃないの。ぼくらが相手にするのは末端の人間だよ。そんな人間を相手にする仲間を増やしたいんだ」と問い詰められたこともあったという。

　教育や福祉など、心理学の隣接領域からやって来る学生が多い分野ではあるが、奇《く》しくも私が通った二〇〇八年は、ビジネスマンや芸術家など、心理学とはあまり接点がなさそうな異分野からの社会人学生が何人かいた。

私が利用した科目等履修制度は、働きながら心理学や精神医学を学びたい人が書類と面接審査に合格すれば受講でき、単位取得も可能な制度である。私が受講した精神医学の講座にはもう一人、科目等履修生がおり、小中学生を対象とした補習塾で数学を教えながら翻訳の仕事をしている三十代の男性だった。塾よりもカウンセリングに行ったほうがいいのではないかと思うような子どもが増えてきたことから、心理学の知識を得るためにやって来たのだという。社会人学生はそれぞれの現場に危機感を覚え、一念発起して通っていた。

「今年から明らかに学生が変わった。みんながみんな、カウンセラーにならなくてもいい。それぞれの場所に戻って活《い》かしてもらえればいいと思う」

研究科長は、心理職そのものではない分野を目指す学生たちにも理解を示した。

事例研究会に参加すると、大学院の学生が実習でどんなクライエントと向き合っているかがわかる。手を何度も洗わずにはいられないという強迫症状に悩む中学生、母親が家出をして不登校になった中学生、自殺願望に苦しんでいる高校生、過食症になった大学生、夫の暴力に遭って抑うつ気味な主婦などさまざまである。

発表者は、クライエントの服装や化粧の濃淡、話し方の特徴から交わしたやりとりまでを細かく再現し、指導教官や他の学生たちからアドバイスや感想をもらう。自分一人では見えなかったことが、第三者の指摘によって明らかになる。クライエントとカウンセラーという二者関係で行われるカウンセリングには、こうした事例研究会やケース検討会と呼ばれる第三者との意見交換のプロセスが重要視されていた。

クライエントの中にはカウンセラーに依存し、携帯電話の番号を教えてほしいと迫って時間外に個人的に会うことを要求する人がいる。カウンセラーがクライエントに同情するあまりに巻き込まれてしまうこともある。カウンセラーになろうという学生の多くはそもそも苦しんでいる人の力になりたいという思いが人一倍強く、ともすれば共倒れになる危険性もある。そうならないようにするには、自分がなすべきことを自覚し、自分自身を鍛えなければならない。

このため、こうした事例研究会やワークショップのほか、学生や経験の浅い臨床家にはスーパーバイザーと呼ばれる指導者がつき、今の進め方で問題ないかどうかを相談しながら、それぞれのケースを担当することがおおむねシステム化されている。木村晴子がカウンセラーとして活動し始めた頃は、まだ一般的ではなかった制度だ。

人材不足のためやむをえず学内の指導教官がそのままスーパーバイザーを兼ねる大学も多いが、学内の成績評価とは距離を保つ必要があることやプライバシーを守るためにも、学外の臨床心理士にスーパーバイザーを依頼することが推奨されていた。先輩や同僚のアドバイスが欲しいとき、あるいは自分一人では抱えきれないケースと判断した場合は、ワークショップやスーパーバイザーの指導を通して軌道修正を図る。

スーパーバイザーは教育の一環として無料になる場合もあるが、大半は、一時間あたり一万円程度の指導料を払わねばならない。自己研鑽のためとはいえ、普通の大学院生には重い負担かもしれない。「臨床心理士資格取得見込み」という名目で医療機関などで働きながら資格取得を目指す人も多いのが実情だ。

公開で行われた研究発表会で、カウンセラーである学生自身が、カウンセリングしている最中にどんなイメージを抱いたかを研究した報告があった。当初、カウンセラー側の心の動きや抱いたイメージが研究テーマになるということ自体、私には意味がよくわからず戸惑いを覚えたが、教官らと交わされる討論を通じて見えてきたことは、この研究が院生にとっての失敗体験、すなわち、面接が中断したケースを省みるために行われたものであるということだった。

クライエントはすでに高校生であるにもかかわらず、学生は、母親のように相手の感情を想像して先回りして言葉をかけ、反応を引きだそうとしていた。始めのうちはそれで親しい関係ができたように思えたのだが、回を重ねるごとにクライエントが自分の心の重荷を移そうともたれかかってくるようになり、心理的な距離がうまくつかめず、面接の時間が学生にとって重圧となってきた。やがて、突然のキャンセルが続き、中断する。

学生は何が問題であったかを知るために、クライエントからどんな刺激を受けたときに自分がどんなイメージを抱いたのかを振り返り、自分のイメージを意識することで、自分をどこまで制御できるのか、どこまでバランスを保てるのかを検証しようとしたのである。

人と人が関わり合えばそこになんらかの感情がわき上がるのは当然で、その感情がカウンセリングの方向性に与える影響は計り知れない。この感情について最初に指摘したのは精神分析の創始者ジグムント・フロイトで、クライエントが医師やカウンセラー、すなわち、セラピストに抱く感情を「転移」、逆にセラピストがクライエントに抱く感情を「逆転移」と呼んだ。

たとえば、クライエントがセラピストを自分の母親のように感じることや、セラピストがクライエントを自分の子どものように思うことが、転移・逆転移の典型的な例である。こうした感情が芽生えると、自分以外のクライエントにも親身になっているセラピストを見てクライエントが嫉妬《しっと》したり、セラピストが自分の子どもにはできなかったことをクライエントに押しつけて自己満足を得たりする可能性がある。

　相手に対する感情がわくこと自体は防ぎようがないが、セラピストが転移や逆転移が起きていることを自覚できていれば、クライエントとやり取りをするうちに、今ここで生じた感情によってセラピストがそう振る舞っているのか、それとも、セラピストが自分自身のコンプレックスのためにそう振る舞っているのかを区別して考えることができる。それはつまるところ、目の前のクライエントを大切にし、ひいては、セラピストが自分自身を守ることにつながっていく。

　フロイト以来、精神科医や臨床心理士の研究論文には、こうした転移・逆転移を扱ったものが大量にある。人と人が密室で向き合う面接という時空間がそれほど困難で、臨床に携わる者には避けて通れない重要なテーマであるからだろう。

　カウンセラーになる前提としてまず自分自身を知ることが大切といわれていることはすでに書いたが、私はこの事例研究会で、そのための訓練の一端を垣間見《かいまみ》たような気がした。それでもなおセラピストが意識できない自分の問題も多分にあることから、スーパーバイザーのように、クライエントとは直接関わりのない第三者の視点からメタ化する必要があるのだ。

もう一つ、スーパーバイザーが重要なのは、人の話を聞くことや人に話を聞いてもらうことがどういうことなのか、スーパーバイザーとの時間を通して実感できることである。河合隼雄は臨床心理士に向けた講演で次のように語っている。

このごろ、みな大学院生には指導するスーパーバイザーがついている。一人の話を聞いて、「自分でいろいろ考え、どうしたらいいかと思ってスーパーバイザーのところに行くと、スーパーバイザーはその話をピタッと聞いてくれる。スーパーバイザーが自分の考えをピタッと聞いてくれるというだけで、次にクライエントにちゃんと会うことが自分でできてくる。やはりスーパーバイザーの自分の話を聞いてくれる姿勢に支えられている」と言った院生が居ました。その通りです、「やはり話をしっかり聞いてもらうということはすごいことだ」と言っていました。

私が京都大学に居た時、こんなことがありました。大学院生ですから若い独身女性、ところが相談に来るのは60歳を超えた会社社長、彼女は「クライエントのほうがよほど人生経験が豊富なんだから、どうしたらいいか」と言うので、「教えるなどは全然する必要がない、真剣にその人の話を聞いたらいい」と言われて、彼女は真剣に話を聞くと、その社長はいろんな話をされ、そのうちに、「あなたのような若い人には会社の経営はなかなかわからないと思うが、会社の経営はどんなに難しいか」などと話されるのでそれを聞く。また次の週も来られる。ところが、人間はだれでもそうですが、勢いに乗って話しているとだんだん話が矛盾してきて前に言ったこととずいぶん違うことが出てきて、初めには「会社は少数精鋭でしなければいけない」と言っていたのが、次には「できない者も大切にすることが会社では一番大事だ」などと変わってきたので「この前は少数精鋭と言っておられましたが」と言うと「うーん」と考え込まれる。

そういうふうに言っているうちに自分の考えの矛盾したところをまた考え直す。「この前はこう言ったが実際はこういう意味です」「調子に乗りすぎると人間はいい過ぎるが、本当はこうです」などと言い換えられるのをまた聞く。そのうちに60歳を超えたそのクライエントがその院生を○○先生と言っている。先生のほうが遥《はる》かに年下。先生は何も教えていない、ひたすら聞いている。しかし、その「ひたすら聞いている人」が自分の先生だとクライエントが意識するということ、そんなことはその人の人生になかったということではないかと思う。これだけ真剣に聞いてくれ、真剣に聞いているから疑問が出たらそれをぶつけ、それがまた返ってくる。またぶつけるというのは、生きた人間として真剣に聞いているという、そのことによってその方は自分で自分の人生をいろいろ考えて行くということが起こるわけです。

われわれ臨床心理士が社会の要請に応《こた》えてやることの根本にこのことがあるというふうに思います。「真《ま》っ直《す》ぐにきちんと逃げずに話を聞く」ということ、これがなかなか社会の中で行われていない、これは家庭の中でも行われていない、会社の中でも行われていない、友人同士でも行われていない、それをわれわれはきちんとするということだと思います。

(「基調講演　臨床心理士への社会的要請をめぐって」)

相手の話にひたすら耳を傾け、真剣に聞く。こう書くと、なんでもない普通のことのように思える。だが、これがいかにむずかしいことかは私たちの日常会話を思い出してみればいい。聞き役に徹したつもりでも、内心、ほかのことを考えていたり、つい口を挟みたくなったりしてしまうものである。五十分間、何もいわず、虚心坦懐《きょしんたんかい》に人と向き合い、ただ話を聞くことは高度な能力と訓練が必要なことだろう。

「業《ごう》が深いとしかいいようがないね——」

臨床心理士の道を選んだ理由を訊《たず》ねたところ、河合俊雄《としお》はそういった。

ユング派分析家である河合俊雄は、現代人に特徴的な発達障害や解離症状などを対象とする心理療法の研究を行う一方、財団法人河合隼雄財団の代表理事として、父、河合隼雄の業績を後世に伝える事業に携わっている。心理臨床家であり、京都大学こころの未来研究センター教授として後進の指導にもあたる河合には、カウンセラーという仕事はどうもじれったいらしい。

「普通の人は選ばないでしょう、こんな仕事」

普通の人は選ばないですか？

「頭のいい人から見るとすごく辛気くさい。全然結果が出ないしね。ただこの仕事がおもしろいのは、いくら優秀なセラピストでもうまくいかないことがあること。逆に、いくらダメでミスばかりしていても、クライエントががんばってよくなってくれることがあること。それはとても不思議なことです。こういうことはふだん話題にしないけれど、この仕事をしている人って、相当苦しんできた人が多いんです」

苦しんできた人？

「うん。自分がそうだった、という人もいるし、周囲が、という人もいる。だからといって、苦しんだ人がクライエントのことがよくわかり、優秀かというと、そうとは限らない。その人の傷がバイアスを与えて邪魔してしまうことがある。では、すくすくと育った人がいいかというと、今度は相手の傷がわからない。教育分析を受ける必要があるのはそのためです」

傷というのは、生まれ育った環境の中で受けた、トラウマと呼ばれるような外傷体験のことですか。

「傷といっても文字通りの傷ばかりではありません。昔、湯川秀樹さんが編集していた雑誌で、湯川さんと梅原猛《たけし》さんとうちの父が座談会をしたことがあります。そこで梅原さんがいっていたことですが、梅原さんは昔、養子に出された先ですごく苦労をして、深く悩み、だから哲学者になったというんです。湯川さんも、幼い頃から孤独を抱え、人生についてずいぶん悩んだと話されていた。湯川さんはすごく恵まれた家庭に育った人ですが、傷を負うということはそんなこととは関係ないんだと、それを読んで思いました。梅原さんや湯川さんのように人生に対する深い苦悩を経験したことがないと本来、セラピストになるのはむずかしいんじゃないかな。あんな健康な人がなぜセラピストをやっているんだろう、と思うような人は結構やめていく。絶対に向いていない人っているんです。優秀な人が三分の一、まあまあの人が三分の一、向いていない人が三分の一」

ここにも、「心理三分の一説」があるようだ。

では、自分は向いていないと思った人はやめていくのですか。

「向いていなくてもやっている人はいます。京大には多いですよ。プライドがあるから、向いてないとわかっていてもなかなかやめられないんだね」

向いているかどうか、自分でわかるものでしょうか。

「むずかしいね。本人もまわりもわかっているけれど、そこを質《ただ》すとセラピストの個性、人間性が死んでしまう場合もあるので……。だから指導する場合は、できるだけ彼らの個性を伸ばしていかないといけない。クライエントとの組み合わせも結構大きな要素で、自分はどういう人に向いているか、どういう人は苦手かということを自覚していないといけません」

カウンセラーとクライエントの相性がいかに重要であるかは、実際にカウンセリングを受けてみるとわかる。

私はこの取材を始めてから試しにカウンセリングを受けに行った。一つは、企業の教育研修や電話カウンセリングを事業とする会社が運営する民間のカウンセラー協会に登録されたカウンセラーのオフィスだった。臨床心理士の資格はもっていないが、国立大学で心理学を専攻し、すでに多くのカウンセリングを経験して、ラジオやインターネットでも心理相談を行っている三十代前半の女性だった。

二番目に訪ねたのは、息子を病気で亡《な》くしてからカウンセラーになったという五十代の女性で、彼女も臨床心理士ではないが、複数の民間資格をもっており、各地の研修会に積極的に出かけて研鑽を積み、引きこもりの子どもをもつ母親の相談などに応じていた。いずれも臨床心理士ではないカウンセラーの仕事ぶりを知るために筆名を伏せて出かけたのだが、思いのほか気持ちが解放されて箱庭そのものは楽しめた。

ただ気になったことが二つある。一つは、時間である。当初五十分を予定していたセラピーで十分納得が得られず不満げな表情をしていたからだろうか、カウンセラーから、八十分に延長してもいいですよ、金額は八千円ですが、と提案されて延長したところ、持ち前のインタビュー癖が出ていろいろ質問してしまい、話題が私のことではなく、カウンセラーの話になってしまった。毎回決まった場所で決まった時間に行うことがカウンセリングの重要な枠組みであるが、時間が延びたために私とカウンセラーの距離が近づきすぎてしまったのだ。

もう一つ気になったのは、自分語りである。私は、すでに二十年近く、実家にいる両親の遠距離介護を続けているのだが、そのしんどさを打ち明けたとたん、「介護は大変ですよね」と共感してくれたものの、次第にカウンセフーが自分の介護経験を延々と語り始めたのである。これも私の質問が引き金になったとはいえ、聞いてもいないことまで話し続けられ、いつのまにか私のほうが聞き役になっていた。これではどちらがカウンセラーなのかわからない、お金を払ってまであなたの自分語りを聞きたくないと、途中で帰りたい気持ちになった。

それに比べると、あるベテランの臨床心理士に受けた箱庭療法（口絵6）では、私の口から故郷の話も出なければ、介護の苦労話も出なかった。話はあくまでも箱庭の世界にとどまり、「コップの中の剣士が窒息しそうです」とか、「ユニコーンは希望の象徴ですが、砂に足をとられて倒れてしまいそうです」「まだ水を求める段階ではないようです」といったメタファーを用いた抽象的な感想を述べていた。

カウンセラーはただ横にいて見守るだけで、解釈するわけでも、何かを予言するわけでもない。私の質問に対しても、簡潔に必要最低限の返事が返ってくるだけだった。前の二人に比べると親しみやすさはないし、時間の延長など頼める雰囲気もなかった。ただ、私の箱庭をよく見て、私の発する言葉をよく聞き、そこに展開した世界についても考えようとしてくれていた。不思議なことに、このときは白分自身、箱庭がこの先どうなるかが気になり、二週間後に再訪している。

臨床心理士が自分語りをしないわけではないし、してはいけないわけでもないが、カウンセラーの自己開示がクライエントにとって有効と判断した場合に限られていて、それも研修会などで具体的な事例をもとに頻繁に訓練されている。カウンセリングは、ふだんの何気ない日常会話とは違い、クライエントの症状の改善を目的としているから当然だろう。たまたま私が会ったカウンセラーたちがそうだっただけかもしれないが、それでも、前の二人は、自分がクライエントにどう思われているかについての想像力が少々足りないような気がした。

大学院に入学してから最短でも三年、学部から数えれば七年、資格を取得してからも更新の手続きを必要とする臨床心理士と、短期間の講座を受けて実習経験も乏しいまま開業できる資格を比べると、教育や訓練の差が出るのはやむをえないだろうが、カウンセラーとしての自覚と自律はその根本的な相違ではないかと思われた。

とはいえ、臨床心理士の認定が始まったのは一九八八年で、志や学力があっても、すべての人がこの厳しい要件を満たす教育を受けられたわけではない。世の中には臨床心理士の資格はもたないものの、早くから医療や教育、福祉などさまざまな現場で経験を積み、優れた心理支援を行っている人々がたくさんいることも事実だ。看護師や学校教師、地域のデイケアセンターなどの介護施設やハローワークの職員、NPO団体職員もいる。

かたや、メンタルクリニックを訪ねたものの、自分よりはるかに年下の、大学院を卒業して間もない若い臨床心理士が担当となり、こんな若者にどこまで自分の苦しみを理解できるだろうか、と心許《こころもと》ない思いをしたクライエントも少なくないのではないか。資格よりも人物、資格よりも経験、というのは、カウンセリングが抱える本質的な課題のように思える。

大学院とは別に、私が三年間の課程を修了した、臨床部門を併設する心理職のための民間研修機関は、講師は現役の精神科医や臨床心理士であり、臨床心理士の資格更新のためのポイントを付与することもあって現役の臨床心理士の受講が多かったが、学校教師や福祉機関の職員、心理部門とは関係のない医師や看護師、企業総務部のサラリーマンなどもいた。年齢は三十代後半から六十代で、いずれも社会の第一線で働いている。心理支援は、表だってカウンセリングを掲げない場所でも喫緊の課題とされているからだろう。この研修機関は目の前のクライエントの問題解決に対応することを第一と考え、学派などにこだわらず実践を優先した研修システムが敷かれていた。

そのため、毎週末二時間半の講座はいつも満席で、個々の発表者がそれぞれの現場で抱える具体的な症例を持ち寄って濃密な意見交換を重ねていた。資格よりも人物を実感したのも、この場所である。

こうした事例研究会に参加してみてもっとも驚いたのは、発表者が参加者全員に配布するレジメである。初回面接から終了まで、現在進行形ならその最新の面接まで、各回ごとに、カウンセラーとクライエントの間で交わされたやりとりがほぼ逐語的に記載されている。これは、心理療法の世界ではごく当たり前の作業であるらしい。閉ざされた密室の会話だと思い込んでいたカウンセリング中の会話は決して二人だけの世界に閉じているのではなく、守秘義務を負ったカウンセラーの間で共有され、研究の材料にされているのだ。

もちろんすべてのケースではなく、発表する場合はあらかじめクライエントの承諾をとらなければならない。また名前や所属などの情報は匿名《とくめい》で記され、第三者がクライエント個人を特定できないようになっている。ただ、たとえ匿名であってもそこに書かれているのは現実に交わされた会話であるため、クライエントがどんなふうに悩みや苦しみを打ち明けているのか、カウンセラーはそれにどう応答しているのかがありありとわかる。

　第三者への激しい憎しみや性的な葛藤《かっとう》を打ち明ける人がいる。人生に対する絶望を口にする人もいる。興奮して感情をむき出しにし、ケースによっては、暴力を振るおうとしたり、抱きついたりといった行動をカウンセラーに向けてくる人もいる。そうかと思えば、部屋に入って椅子に座ったまま、ずっと黙って、何を問いかけても返事をしない人もいる。

　それに対して、カウンセラーは相づちを打ちながら傾聴しているのか、質問を投げかけているのか、一緒に笑っているのか、何もいわずにただ沈黙しているのか、レジメを読むと、言葉のやりとりだけでなく、二人の間にどのような感情が流れているのか、その場の雰囲気を想像することができる。

　実は、こういうときにどうすればいいのか、どういうことはしないほうがいいのか、このカウンセリングは何を目標に置いているのか、行き場を失って迷走しているのか、といったことこそ、カウンセラーがわがこととして想像し、学んでおきたいことなのである。

　ただ、この逐語録が、必ずしもカウンセリングの実際を反映しているとは限らない。録音していない場合は、どうしてもカウンセラーの記憶に頼ることになる。記憶違いや洩《も》れがあったり、あとから都合よく編集されたりする。

　不登校などの児童臨床に長らく携わってきた精神科医の山中康裕《やすひろ》京都大学名誉教授はいう。

「カウンセリングでの話の内容や筋は、実際は、治療や治癒にはあまり関係がないんです。それよりも、無関係な言葉と言葉の〝間〟とか、沈黙にどう応えるかとか、イントネーションやスピードが大事なんです。だから、ぼくが記録をとるときはそれを省略しません。ところが、事例研究会で発表されるレジメでは、たいてい、そういったところがほとんど落ちていますね。カウンセラーが都合悪いと思った部分も消している。消したい、強調したい、と思っていること自体、すでに変なのですが。

　本当に力のある臨床家は、それを見抜きます。このクライエントの言葉は、このあとこんなふうに続くわけはないんだけど、ここ、何か抜けてないかと発表者に聞きます。すると、すみません、そこは省略しましたと認めます。では、あなたの記録にはどう書いてあるの、と聞くと、こうあります、と答える。そこでぼくは、あ、そこも抜けてるね、そこが大事なんだよといいます。

　なぜこんなことが起こるかというと、たとえば、クライエントが同じことを繰り返し何度もいった場合、こんなもの一度書けばいいだろうと考えて繰り返して書かないんです。でも、クライエントが同じことを繰り返すのには意味がある。強調したいとか、何度もいわないと伝わらないからと強迫的になっている場合もあります。発表者が大事なところを書いていないのは、その話が出ると、次の話はこうなることが自分には見えているんだけど、その話は先生に伝えたくないからといって、自分に都合の悪い部分を削除してしまうからなんですね。フロイトの言葉で、防衛といいますが、そういうことっていっぱいあるんですよ。それを無視した事例研究会は意味がありません」

事例研究会に出されるレジメは、クライエントの症例でありながら、カウンセラーを映す鏡でもある。カウンセラーは、同業者とのこうした研究会でふだん抱えているものの荷下ろしをしながら、同時に自己を晒《さら》け出し、第三者の目を通して厳しく自分を客観視することを常に課せられている。

研究会に参加する限り、第三者とて部外者ではありえない。コメントすることによって、自分自身もまた周囲の目に晒される。事例研究会に参加した当初、あまりに静かで誰もなかなか発言しようとしないのが不思議だったが、コメントする自分もまた見られているという緊張感があるためだと知った。

こうして、失敗例も含めて自分の中に事例を積み重ねること、そのたゆみない努力がカウンセラーには必要で、カウンセリングを豊かなものにしていくのである。

私は、東日本大震災心理支援センターのセンター長として、被災した地域における心のケア活動の司令塔を務める村瀬嘉代子《かよこ》・日本臨床心理士会会長を取材したときのことを思い起こした。それは、苦しみの淵《ふち》にある人々と向き合う臨床心理士の姿勢に話題が及んだときだった。心のケアというと、強者であるカウンセラーが弱者であるクライエントに寄り添い、見守るというイメージがある。だが、実際には、カウンセラー自身がクライエントのまなざしに晒されている。精神的に追い詰められている人々は、健常者よりずっと鋭い眼力をもつと村瀬は語った。

「面接では、なにげないちょっとした息づかいや立ち居振る舞い、イントネーションに、臨床心理士の二十四時間の生き方が現れるものです。健康で事足りている人はそういうことに案外敏感ではないのですが、とてもきわまっている人は、ものごとの真偽の程やこの人はどういう人かということに対しては敏感ではないでしょうか。こちらが黙っていても、この人は何を考えているんだろう、適切な言葉が見つからなくて思いあまって黙っているんだな、ということは相手にわかる。精神的にきわまって苦労をいっぱいした人は、そういうことの識別能力が非常に高まっていると思うんです」

この人は自分をどこまでわかろうとしてくれているのか、黙っていても、自分のことを考えてくれているのかどうか。追い詰められた状態では受容の幅が狭く鋭くなって、カウンセラーに対する感度も高まる。私は村瀬の話を聞きながら、そのような状況にあるクライエントに向き合わねばならない、カウンセラーという仕事の厳しさに触れた気がした。

村瀬がスーパーバイザーを務める事例研究会に出席したことがある。発表者は、地域の福祉センターで相談員をしている人で、クライエントはうつ症状に苦しむ四十代の女性だった。クライエントに対し、発表者は聞き役に徹している。話し相手ができてほっとしたといってクライエントは笑顔を見せるが、家事や育児の苦労も重なって思考の悪循環が続き、面接を重ねてもなかなか好転しない。私が聞いていても、身の上話に時間を費やすばかりでなかなか進展の見られない単調な面接にくたびれてしまい、この発表者はいったいどこを目指してクライエントに会っているのだろうと疑問に思わざるをえなかった。

このとき、村瀬が指摘したのは、愚痴をただ聞くのではなく、クライエントの言葉を手がかりに、クライエントが現在置かれている立場や望んでいることを理解し、クライエントの現実の生活の中で何ができるのか可能性を探りなさい、ということだった。たとえば、「自分のことを責めてらっしゃるけど、案外よくやってらっしゃるのではありませんか」といったポジティブな言葉を伝え、クライエントの自尊心を支えていく。人の心にレッテルを貼《は》るのではなく、言葉にできない思いを汲《く》み取って相手の心の深層に近づいていく。村瀬の使う言葉はどれもわかりやすく、やさしかったが、実は発表者に大きな軌道修正を迫る厳しいアドバイスだと私には思えた。しかも、それを多くの同業者が出席する場で指摘されるのである。自分のケースを人前で発表することは、なんと恐ろしく勇気のいることだろう。

「カウンセラーが一人前といわれるには、二十五年はかかるといわれています」

研修機関で講師を務めるベテラン臨床心理士の言葉を聞き、大学院で出会った人々がこれから向き合わねばならない多くの困難を思った。

# 第三章　日本人をカウンセリングせよ

悩める人のそばにいて、ひたすら話を聞く。うちひしがれている人のそばにいて、共に悲しむ。道に迷い前に進めなくなった人の言葉にただ耳を傾ける。人と人のそのような交わりは、人間の歴史と共にあった。宗教がそうである。暗闇《くらやみ》の中にいる人の苦しみに寄り添い、絶望の淵《ふち》から救うために宗教は生まれた。カウンセリングという言葉は使わなくとも、カウンセリング的なるものは、人間がこの世にいる限り、存在し続けるのだろう。

では、悩める人の話に耳を傾け、専門的な知識や技術によって援助するという、今日的な意味でのカウンセリングは、いつ、どのようにして始まったものなのだろうか。

複数の参考文献を総合すると、十九世紀末にヨーロッパで誕生したものが、二十世紀に入ってアメリカに流入し、独自の発達を遂げ、その一部が日本に伝わった、というのが定説のようである。

もっとも、ヨーロッパで誕生したものは、カウンセリングではなく、精神分析と呼ばれる。創始者は神経医学者だったジグムント・フロイトで、主にノイローゼの症状に悩む患者を診察の対象としていた。ノイローゼとはのちにいう神経症で、人が怖い、人に会えないという対人恐怖やパニック障害、手を何度も洗わずにいられないとか家の鍵《かぎ》をかけたかどうか繰り返し確認せずにはいられない強迫性障害、不安が大きすぎて動悸《どうき》が激しくなる不安神経症などが含まれる。精神病が統合失調症のように脳の器質的な疾患であるのに対して、神経症は病因が器質的なものによらない比較的軽度の精神疾患である。つまり、フロイトが扱ったのは多くの人が大なり小なり経験している症状で、これを外からわかる表面的なものではなく、本人も気づかないような深いところ、すなわち無意識に原因があるのではないか、その深い悩みを探り当てて言葉にすることができれば治療できるのではないか、と考えた。これが、精神分析である。

ところが、そのうち、いくら分析しても治らないケースが現れるようになった。心の奥底に隠れていた苦悩が何であるかは見えてくるのだけれど、症状はなかなか改善されない。分析されたものに執着して身動きがとれなくなる人もいた。

そこに新しい考え方が現れた。分析で治るというのは、分析そのものよりも、人の話をじっと聞いてくれているということが功を奏したとは考えられないか。つまり、相手の話を丁寧に聴くことのもたらす力に気づいた。これがのちに、カウンセリングと呼ばれるようになったものである。

具体的にその歴史を辿《たど》ろう。

今日的な意味でカウンセリングという言葉が使われるようになったのは、二十世紀初頭のアメリカである。急速な工業化を背景に都市部の人口が急増し、失業や貧困、スラム化などの問題を抱えることになった当時の社会で、ほぼ同時期に展開した、三つの分野——職業指導、教育測定、精神衛生——での運動を起源とする。

職業指導運動は一九〇八年、若者が適性に応じた場所で働くことができるよう支援するために、公立高校の教師フランク・パーソンズがボストンに職業相談室を設けたことをきっかけとして始まった。若者が転職を繰り返すのは、技能や特性を考慮しない場当たり的な職探しが原因であると指摘し、著書『職業選択』（一九〇九）で「カウンセラー」という言葉を用いながら、科学的な職業選択と相談員の必要性を説いた。

現在の職業指導につながる運動で、パーソンズはいまどきの言葉でいえば『就活の父」といえるだろうか。人にはみな独自の能力と特性があり、それが職業が求めるものと一致すればするほど仕事への満足度は上がる。そのためにも、自分の特性や技能、そして、その仕事が求める適性や報酬、将来性などを理解することが必要で、カウンセラーには両者を統合してマッチングを行う者としての役割が求められた。

一方、教育測定運動は、米コロンビア大学の心理学者エドワード・ソーンダイクが、教育心理学に統計法の考え方を採り入れた『精神的社会的測定学序説』（一九〇四）を著し、学習能力の客観的な評価に理論的根拠を与えたことを嚆矢《こうし》とする。

その後、フランスの心理学者アルフレッド・ビネーらが精神発達遅滞児を選別するために開発したビネー知能検査を、スタンフォード大学のルイス・マディソン・ターマンがアメリカの子どもにも適用できるよう標準化したことから、運動に弾みが付いた。教育指導に有用な道具としてまずは学校や軍隊に普及し、個人の適性や能力は測定可能と考えるパーソンズの職業指導運動と結びついて急速に発展していく。

ちなみに、ビネー知能検査は、アメリカの心理学者ヘンリー・H・ゴッダードによって英語に翻訳・紹介されたが、精神薄弱（現在の知的障害）の遺伝と犯罪の関係を示唆《しさ》した自著『カリカック家　精神薄弱者の遺伝についての研究』（一九一二）と共に紹介されたことから世界的に話題を呼び、優生学を推進することになっていった。

三つめの精神衛生運動は、実業家を夢見てニューヨークの保険会社に勤めていた一人のビジネスマン、クリフォード・W・ビアーズが、重症のうつ病で精神科病院に入院したところ、看護師から暴行を受けるなど、非人間的な待遇を受けたことを機に始まった運動である。

ビアーズは、一九〇八年に自身の合計三年間に及ぶ過酷な入院体験を描いた『わが魂にあうまで』を出版して精神科病院の改善を訴え、同じ年、精神医学界に大きな影響力をもつ精神科医のアドルフ・マイヤーと心理学界の実力者であるウィリアム・ジェイムスの協力のもと、コネチカット州精神衛生協会を設立した。

ビアーズの運動をきっかけとして、第二次世界大戦後まもなく設立された世界精神衛生連盟の基本理念には、精神障害の治療の向上と予防、精神障害をもつ人への差別や偏見、誤解をなくすこと、そして、精神障害をもつ人々に適切な医療とカウンセリングを提供することなどが含まれている。精神衛生＝メンタルヘルスという言葉はこのときにマイヤーが名付けたものである。

こうして、職業指導、教育測定、精神衛生、という三つの分野での運動が全米各地に広がり、職業相談所や教育、医療の現場で相談者や患者に対応するカウンセラーの必要性が高まっていった。つまり、カウンセラーとは、アメリカの産業構造や生活環境の急速な変化が要請した職業といっていいだろう。ただ、職業指導であれ、教育測定であれ、精神衛生であれ、いずれも専門性の高い事柄について相談に乗り、指導・助言を行う、どちらかといえば、ガイダンス的な要素が強かったようだ。

日本で、カウンセリングやカウンセラーという言葉が使われるようになるのは第二次世界大戦後のことだが、相談員が相談者に指導・助言する、あるいは、人の能力を測定する活動は、一九一〇年代半ばにはすでに日本に紹介され、実施されていた。アメリカの運動とほとんどタイムラグがないのは、その渦中に留学し、日本に持ち帰った若き日本人心理学者たちがいたためである。

その代表的な人物が、久保良英《よしひで》である。東京帝国大学で心理学を修めた久保は、東京市教育課の視学を務めていたときに「学童の心理の研究の緊要なことが痛切に感ぜられ」(『久保良英随筆集・滴』)、一九一三年に米マサチューセッツ州ウースターにあるクラーク大学に留学した。

久保が何を、どんな環境で学んでいたかは、帰国後いち早くフロイトの精神分析を日本語で紹介した著書『精神分析法』(一九一七)の序文に明らかである。久保が師事したのは、アメリカ心理学会の初代会長を務めた心理学者、グランヴィル・スタンレー・ホールで、週二回の講義中、当時の精神医学界で話題となっていたフロイトと、フロイトに師事しながらも訣別《けつべつ》したアルフレッド・アドラーの名前を聞かない日はほとんどなかったという。

本書の冒頭には、スタンレー・ホールのほか、一九〇九年に行われたクラーク大学二十周年記念祭に招聘《しょうへい》したフロイトとその一派であるユングら四人の精神分析家の顔写真が掲載されている。このとき、フロイトらが全米を講演旅行で回ったことからアメリカ精神医学界は多大なる影響を受け、一躍、精神分析ブームが起こる。

フロイトが『夢判断』をドイツ語で刊行したのが一九〇〇年、『精神分析入門』が一九一七年であるから、久保はまさに精神分析の揺籃期《ようらんき》の息吹《いぶき》をそのまっただ中で感得し、日本人にいち早くそのエッセンスを伝えようとしていたのだろう。

ただ、実際にフロイトに師事して精神分析を学ぶのは、一九三二年にウィーンの精神分析研究所に留学した古澤《こさわ》平作らの登場を待たねばならず、久保がアメリカから持ち帰った仕事の中で日本人に大きな影響を与えたのは、精神分析よりもむしろ児童心理学である。

久保は帰国した翌年の一九一七年、児童文学者・巌谷《いわや》小波《さざなみ》の紹介で、東京・目黒権《ごん》之《の》助坂《すけざか》にある児童教養研究所に迎えられて知能部門の主任に就任し、職業選択の相談員を務めながら、毎週日曜日には講演を行った。児童心理と職業選択とは一見結びつきにくいが、第一次世界大戦後の経済不況で労働者の生活が疲弊する中、家計を支える少年が増加していたことが背景にあった。

このとき、久保がとくに力を注いだのが、フランスからアメリカに導入されて以来大流行していたビネー知能検査の標準化である。久保が刊行した「児童研究所紀要」には、ビネー知能検査で使用されているアメリカでの事例や図版を、文化も風習も違う日本人向けにどのように改訂するか苦心していた様子がうかがえる。ビネー知能検査はその後、鈴木治太郎《はるたろう》や田中寛一《かんいち》ら日本の心理学者たちによって改訂が行われ、学業不振の子どもを選り分ける特別学級制度の設置などに利用されていく。

久保の講演をまとめた『児童の心理』を読むと、子どもの能力は親や祖先からの遺伝か否《いな》かといったテーマや、性別や民族による違いなどが最初の話題となっており、当時の心理学者の子どもへの関心がどこにあったのか伝わってくる。日本における教育相談が、アメリカと同じように職業選択と結びついていたことと、児童心理学では青少年の遺伝や知能、適性を測定するための検査方法の開発への関心が高かったことは、戦後に新しくアメリカから導入される「カウンセリング」との違いを知る上で留意しておきたい。

＊

　ＪＲ常磐《じょうばん》線大甕《おおみか》駅に隣接する広大な敷地に建つ、茨城キリスト教学園を訪ねた。保育園から大学院までを擁する学園ではちょうど学園祭が開催されているところだった。緑の森を背後に抱くキャンパスが美しい。建築家・白井晟一《せいいち》が中世ヨーロッパの修道院をイメージして設計したというチャペル、キアラ館は、建築家や建築を学ぶ学生たちの見学が絶えないというだけあって、曲線の官能的なフォルムがとりわけ異彩を放っていた。出店や野外コンサートでにぎわうメインストリートを抜けて、高台にある学園記念館に向かう。

　松林に囲まれた学園記念館の玄関先では、学園資料センター長の岡田貴子《たかこ》が待っていた。記念館は二〇〇八年に学園創立六〇周年記念で建てられたばかりというのに、階段や手すりに年季が入っている。不思議に思っていると、玄関と階段とステンドグラスは学園の昔の建物に使われていたものを再利用したと教えてくれた。

「お役に立てるかどうかわかりませんが」

岡田はそういって、二階へ案内する。二階の資料センターでは、学園の歴史をたどる展覧会が開催中だった。

「ここは戦前から日本で布教活動をしていたキリスト教の教会派の宣教師が、自分たちが愛した日本が戦争で疲弊しているのを見て、なんとか救いたいと思って設立した学校なんです。教会派は華やかさを嫌う宗派ですので、男女同席はもってのほか、オルガンもありません。私もここの卒業生ですが、厳しい学校でした」

岡田は、自らが中心となって学園の退職者やその遺族を含む関係者から収集した古い写真や手紙などの資料を一つずつたどりながら、丁寧に説明してくれた。宣教師たちがアメリカ政府に掛け合って、健康によい食べ物や薬を取り寄せたこと、キリスト教系のペパダイン大学やハーディング大学から多額の寄付金が集まったこと、大学設立には大甕の住民たちも参加し、用地は地元に工場をもつ日立製作所の土地の一部を安価で譲り受けることができたこと、資材は米軍から寄贈されたこと、等々。

今はもう、アメリカ人の宣教師は一人もいない。高度成長を遂げた七〇年代に、アメリカの支援財団からこれ以上支援を続けることへの疑問が出て予算が削減されたことから、まもなく宣教師たちは帰国した。

一枚の肖像写真の前で足を止める。初代学長のローガン・J・ファックス。カウンセリングの代名詞といわれたカール・ロジャーズのカウンセリング理論を日本に紹介し、日本初のカウンセリング研究所を設立した人物である。

ローガン・J・ファックスは、父親のハリー・R・ファックスが妻のポーリンと共に一九一九年に来日して布教活動をしていた頃、東京・築地の聖路加《せいるか》国際病院で生まれた。一九二二年十月、関東大震災で病棟が倒壊する前年のことである。

岡田は語る。

「父親のハリーは、福島県の磐城《いわき》棚倉や茨城県の常陸《ひたち》太田に住んで布教していたのですが、腰痛が悪化して一九三五年に家族を連れて帰国します」

ということは、ローガン・ファックスは日本には十二歳までいたのですね。

「ええ、そうです。だから、ファックス先生はとても美しい日本語をお話しになりましたよ」

満州事変の勃発《ぼっぱつ》以降、戦時体制に突入した日本では、キリスト教は敵国の宗教とみなされた。宣教師たちは次々と帰国するが、茨城県那珂《なか》郡の長沢村で布教していたO・D・ビックスラーと父親のハリー・ファックスは、終戦後に自分たちが必ず日本に戻ることを誓い合い、相互の連絡は欠かさなかった。

「ハリーが再来日したのは戦争が終わってまもなくのことで、広島原爆調査団と民情調査団の一人でした。一九四五年九月から翌年一月まで約五か月にも及ぶ旅で、変わり果てた日本を回って、その足で常陸太田に戻って来たのです」

連合国軍総司令部（GHQ）最高司令官のダグラス・マッカーサーは国家神道を解体し、信教の自由を認める一方で日本人へのキリスト教布教を推し進めようと二千名以上の宣教師を招集した。大正時代から日本で活動していて土地勘があり、日本人に知り合いの多いハリーやビックスラーは、その第一陣として、まずは日本人に必要なものが何であるかを知る調査員としての責務が課せられた。

この旅で、ハリーは第二の故郷である常陸太田で教会を訪れていた日本人たちに再会する。日本に何が必要であるかと問うハリーに、彼らは、再び戦争という過《あやま》ちを繰り返すことのないよう、キリストの愛に基づく学校をつくることだと答えた。彼らの志に感銘を受けたハリーは、帰国すると教会に訴え、救援物資や寄付金集めに奔走し、再び日本に戻った。

学校の設立を望む声は、日立製作所多賀工場や多賀工業専門学校の信徒たちからも上がり、現在の茨城キリスト教学園につながる「シオン学園綜合《そうごう》大学事業計画」が発起する。理事長には代表宣教師として再来日したビックスラーが、総長にはアメリカでの募金活動の立役者であるE・W・マクミランがそれぞれ就任した。ビックスラーはこのとき、マクミランから送金された六千ドルで日立製作所の土地を購入している。当時の新聞記事によれば、元大統領のフーバーやアンダーソン食糧長官に進言し、味《み》噌《そ》の材料となる脱脂大豆を毎月四千トン送る約束も取りつけたという（毎日新聞一九四七年五月十七日付）。

一方、ローガン・ファックスはこの間、ペパダイン大学で宗教学と心理学を学んだ後、シカゴ大学大学院で心理学の修士号を修め、シオン学園に高等部が開校する二週間前の一九四八年四月五日に再来日する。

翌一九四九年四月、ファックスはシオン学園茨城キリスト教短期大学の開校と同時に弱冠二十六歳で初代学長となり、学園の基本理念を「ノー・ルール」と定めた。「ノー・ルール」とは、教えられるのではなく、自ら学ぶということ。経営管理においても教育方針においても一切規則はなく、個々に任せた。卒業生の回想文を読むと、試験のときは解答を提出する時間が決められているだけで、あとはすべて自由だったとある。教室でも、図書館でも、どこで答案を書いてもいい。まわりにある参考書や授業のノートを見てもいい。だが、自由であればあるほど個人の責任や考えが問われる。実際には生徒たちは参考書などに頼らず、独力で解答したという。

実はこの「ノー・ルール」こそが、ファックスがシカゴ大学時代にカール・ロジャーズから学んだことの要諦《ようてい》だった。

展覧会の会場には、二人の写真があった。一九六一年夏にロジャーズを招いて行われた講演会で、ファックスが日本人の聴衆を前に通訳を務めている様子だった。

ローガン・ファックスは、ロサンゼルスに健在である。二〇一二年の時点で、九十歳。カール・ロジャーズを日本に紹介したいきさつについて教えてほしいと手紙を送ったところ快く応じてくれた。正確を期すため、手紙のやりとりは英語で行っている。

終戦後の一九四八年に日本に再来日されていますが、どんな経緯があったのでしょうか。

「十二歳で帰国する前、私は日本の友だちに、アイ・シャル・リターン、必ず戻るといっていました。まるでマッカーサーのようですけれど。私の心は日本にありましたし、戦時中、アメリカで学んでいる間も、なんとか自分が日本にできることはないかと考えていました。戦後、大甕にキリスト教学校が設立されることになって、これで自分も貢献できるかもしれないと考えて日本に戻ることに決めたのです」

学生たちにはどんな講義をしたのでしょうか。

「大学では、聖書と心理学を教えていました」

カール・ロジャーズを日本に紹介したときのいきさつを教えていただけますか。
「私はいわゆる学長なので、助手というか、インストラクター役を務めてくれた日本人がおりました。申し訳ないことに下の名前は忘れてしまったのですが、斎藤さんという方です。その斎藤さんを通して、東京教育大学（現・筑波《つくば》大学）心理学科から、アメリカの心理学について話をしてくれないかという依頼があったのです。一九四九年の秋のことです。このときの講演で、カール・ロジャーズの非指示的・来談者中心療法といわれる心理療法について話をしました。ロジャーズを紹介したのは、それが初めてのことでした」

本拠地である茨城キリスト教学園ではなかったのですね。
「そうです。すると、講演の終了後、会場で話を聞いていた東京教育大学の助手が私のところにやって来ました。友田不二男《ふじお》という人です。大変興味をもった、ぜひもっと勉強したいというので、懇親会で議論しました。

彼はたいへん熱心でしたが、さらに議論を深めるには、ロジャーズが初めて自分の心理療法について著した『Counseling and Psychotherapy』を読んでもらったほうがいいと思い、本を貸すことを約束しました。友田はすぐに大甕に本を借りにやって来ました。そのとき、自分が編集している児童心理学の雑誌に寄稿してほしいと依頼されたことを記憶しています」

日本にカール・ロジャーズのカウンセリング理論が持ち込まれた経緯については、友田不二男をはじめ当事者たちの手記や証言、品川区教育相談センターの泉野淳子《いずみのじゅんこ》らの調査や論文があり、ある程度明らかになっている。それらを総合すると、ロジャーズのカウンセリング理論は、ローガン・ファックスのほか、ほぼ同時期に複数のルートによって紹介されており、大きく分けて、GHQ主導によるものが二つ、個人主導によるものがもう一つで、計四つのルートがあった。

GHQ主導による一つめは、東北大学の心理学者、正木正《まさきまさし》が一九四八年の秋にIFEL（The Institute for Educational Leadership：教育指導者講習）教育使節団の講師として来日したコロンビア大学の児童心理学者、アーサー・T・ジャーシルドから学んだルートである。

IFELは戦後、GHQの下部組織である特別参謀部・民間情報教育局CIEと文部省の共催で設置された、教育関係の専門家の養成を目的とした講習会である。講座を指導したのはアメリカから招集された学者と日本の大学教授で、対象は、一九四八年七月施行の教育委員会法に基づいて全国に設置された教育委員会の教育長や小中学校の指導主事ら教育のリーダーたち。一九四八年十月から一九五二年三月までの約五年間に、九千三百名以上が参加して勉強した。日本の教育関係者が、ワークショップやパネルディスカッションなどのグループワークを通してアメリカの民主主義にふれた最初の機会といえるだろう。

そのプログラムの中に、進路指導や職業指導を行うためのガイダンス講座や教育心理学の講座が含まれており、ここでアメリカの教育学や心理学を学んだ人々が全国に帰り、おのおのの個性を尊重した民主教育や職業指導を行うようになっていった。

正木は、ＩＦＥＬに先立ってＣＩＥの監督・指導のもと開かれた「教員養成のための研究集会」（一九四七年七月～八月）という教育学教員の再教育を目的とする研究会のメンバーで、ＩＦＥＬでは第三期と第四期に運営委員と講師を務めている。この講座の中でカール・ロジャーズがクローズアップされたかどうかの確認は取れなかったが、友田不二男の手記によれば、正木が、第一期と第二期の講師を務めたジャーシルドからロジャーズのカウンセリング理論を教わって多大なる関心を抱いたことは確かなようだ。正木は講座の資料として出版されたジャーシルドの著書『児童の発達とカリキュラム』の共訳者でもあり、講習会ではアメリカ人講師と日本人講師の個人的な交流も多くあったことから、その過程で当時最先端だったロジャーズに出会ったものと考えられる。

その後、一九五二年の四月に京都大学教育学部に移籍した正木は、京都市教育研究所（のちの京都市カウンセリング・センター、現こども相談センター パトナ）で教育相談を開始し、そこで初めてロジャーズの方法を試みる。京都は、カール・ロジャーズのカウンセリングが普及する一つの拠点となったと考えていいだろう。

GHQ主導による二つめは、占領地救済を目的とするアメリカ政府のガリオア資金によってアメリカに送り込まれた留学生を経由するルートである。

その最初の人物は、秋田師範学校（現・秋田大学教育学部）からミズーリ大学に留学した伊東博で、のちに『ロージァズ全集』の編者となる人物だ。伊東は一九四九年の夏から一年間、ガリオア留学の第一期生として渡米し、ミズーリ大学で「カウンセリングとガイダンス」を専攻した。伊東が著した『カウンセリング』によれば、当時、カウンセリングのメッカはミネソタ大学で、そのカウンセリング・センターは全米の学生相談所のモデル（ミネソタ・モデル）となるほどだったという。

この相談所を支えるカウンセリング理論として浸透していたのは、同大のE・G・ウィリアムソンが提唱する「臨床的カウンセリング」である。臨床的カウンセリングとは、医師の診断と治療過程をモデルにした合理的な方法で、職業指導や進路指導には適するものの、その頃から問題になり始めた青少年のパーソナリティや適応の問題には十分対処できないことが明るみになりつつあった。

もっと人間の情動や非合理性を扱う心理療法的なものが求められるようになってきたところで登場したのが、カール・ロジャーズだった。

ロジャーズはシカゴ大学のカウンセリング・センターを中心に、助言も指示も与えない非指示的カウンセリングを行い、一九四二年の著作『Counseling and Psychotherapy』にクライエントとのやりとりの逐語録を初めて掲載したことから、心理学の世界に反響を巻き起こしていた。伊東博が留学したのはまさにその最中で、大学の講義でこの本を読み、一九四九年の暮れにはシカゴ大学でロジャーズ本人に会っている。

一方、ロジャーズのカウンセリングを導入した個人ルートの一つは、精神科医の井村恒郎《つねろう》である。井村は国立東京第一病院精神科部長だったときに最先端の研究論文が集まる日比谷のＣＩＥ図書館（のちのアメリカ文化センター）に通ってこれを集中的に読み、一九五一年に「診断と治療」という雑誌で初めてロジャーズに言及している。

井村はこの論文の冒頭で、「臨床は、疾患を相手にしているのではなく、疾患をもった人 Person を相手にしているという言葉があるが、心理療法は、とりわけこの

『人』を相手にしている治療法である」と書き、医師や助言者がクライエントを指導する「指示的方法」と対比するかたちで、助言も指示もしないロジャーズの「非指示的方法」を好意的に紹介している。

　翌年、設立されたばかりの国立精神衛生研究所の心理学部長に就任した際には、患者との面接を録音したテープを聴かせるなど具体的なケースを示しながら、ロジャーズのいう「クライアントの示すどのような考え、感情、態度に対しても区別なく共感を示すこと」（『井村恒郎・人と学問』）の意味について模索している様子だったと、同じ頃に厚生技官として着任した心理学者の佐治《さじ》守夫《もりお》が書き残している。

　そして、ロジャーズを導入したもう一つの個人主導によるルートが、茨城キリスト教学園の初代学長ローガン・ファックスだった。ただし、先述の三つのルートよりも直接的な方法で後継者を育て、日本のカウンセリングに大きな影響を与えた。ローガン・ファックスは、戦後の日本で一世を風靡《ふうび》したカウンセラー、カール・ロジャーズの仕掛け人といっていいだろう。

　ローガン・ファックスへの質問を続ける。

　そもそもあなたがカール・ロジャーズに初めて会ったのはいつのことでしょうか。

シカゴ大学時代ですか。

「そうです。一九四六年にシカゴ大学大学院に入ったときはロジャーズのことを知らなかったのですが、彼の講義を受けたとたん、たちまち虜《とりこ》になったんです。クライエントには自分で問題を解決する力があるのだから、治療者はクライエントが最大限の力を発揮できるように、指示も助言も与えず、それが可能になる温かい環境をつくればいいのだと。

それはまるで、教会で学んできたことのようでした。人をありのまま受容するというのは、愛することの基本です。私は幼い頃から、人を愛することの大切さを教えられ、自分が日本にできることが何なのかと常々考えてきましたので、〝これだ、カール・ロジャーズを日本に紹介しよう、もう一度、日本に行こう〟と思ったのです」

その計画をロジャーズには相談しましたか。ロジャーズの反応はいかがでしたか。

「私の考えには興味をもちましたが、自分の考え方が日本人に受け入れられるかどうかはわからないといいました」

占領期の日本には、あなた以外にもカール・ロジャーズを紹介した複数のルートがあります。推察するに、天皇の人間宣言以降、日本人の心の支えになるものとして、あるいは、精神的な離脱症状からの回復を促すためにカウンセリングが導入された側面があるのではないか。ロジャーズのカウンセリングもその一つだったのではないか。これはあくまでも私の仮説ですが、お考えをうかがえますか。

「推測になりますが、おそらくあなたの仮説は正しいのではないかと思います。ただ、GHQがあなたのいうように考えていたかどうかについて、残念ながら私には十分な情報はありません」

あなたは、日本人にロジャーズのカウンセリングを紹介するようGHQから指示されたということはないでしょうか。

「それは、まったくありません。あくまでも、私の個人的な考えでした。ただ、GHQについては、ロイド博士やロビンソン博士らを招聘して、ガイダンスの基本的な枠組みを指導するワークショップを指示したことは知っています」

重要な情報である。ロイド博士とは、ブリガムヤング大のウェスレイ・P・ロイドで、一九五一年、アメリカ教育審議会に設置された「アメリカのSPSやカウンセリングを日本の大学に紹介するための委員会」（E・G・ウィリアムソン委員長）の団長として来日し、翌年にかけて東大、京大、九州大に集められた全国の大学学長や総長に対して研修会を行った人物である。ロビンソン博士こと、オハイオ州立大のフランシス・P・ロビンソンも、そのメンバーとして四年後に来日する一人である。

SPSとはStudent Personnel Serviceの略で、日本語では厚生補導といい、「大学の構成員である学生を補助し導くこと」という意味がある。現在の学生相談所が行っている、入学オリエンテーションから就職相談、経済的支援などさまざまなガイダンスのノウハウとカウンセリングもまた、戦後まもなく、GHQ占領下にアメリカから戦略的にもたらされたということだ。これも推測になるが、導入当初は、レッドパージ（共産主義者の追放）の嵐《あらし》が吹き荒れる中、大学における学生たちの左傾化を抑え、統制を図ることも厚生補導の目的の一つだったことは想像に難くない。

この研修ではロールプレイを行ってロジャーズを学ぶ講座もあったが、茨城キリスト教学園の山田耕一の調べによれば、講座の中心は、委員長のウィリアムソンが提唱したミネソタ・モデルだった。指導や助言が中心の指示的な手法である。日本の大学にカウンセリングを紹介する窓口となった委員会の代表者が「臨床的カウンセリング」を考案したウィリアムソンである以上、当然だろう。これを受けて、一九五三年一月の東大を皮切りに、各大学に学生相談所が設けられてカウンセリング業務も始まった。

以上のような流れをみると、GHQの主導であれ、個人主導であれ、この時期にアメリカから五月雨《さみだれ》式に入ってきたカウンセリングが、日本の教育者に影響を与え、民主主義を根付かせる原動力となったことは確かだろう。

ところで、ローガン・ファックスに議論を挑んだ友田不二男とはどういう人物だったのか。このとき、なぜそれほどロジャーズに感銘を受けたのだろうか。どんな優れた技法でも、その価値を理解し、伝えていく人物がいなければ普及していかない。

手記によれば、友田はそのとき東京教育大学教育相談部に設置された一般向けの相談室で教育相談員をしており、日々感じていた仕事と心理学への失望が背景にあったようだ。当時の教育相談の模様を少し長くなるが引用する。戦前、久保良英によって導入された知能検査や性格検査を利用した教育測定が、すでに教育相談の現場に浸透していたこともわかる。

教育相談というのは、母親なり教師なりが子どもを連れてやって来る。当時のことですから週に2、3人しか来なかったのですが、私はまず相談にみえる子どものの知能検査をやる。性格検査もやり、次の週までにそれをすっかり整理しておいて、母親なり先生なりと話し合うわけです。たとえば母親が来たときに検査結果に基づいて、〝お宅のお子さんはこれこれこうでこういうふうですから、こういうお子さんはこんなふうに扱って、こういうふうに指導して〟と、順次に話していました。母親はその時はたいてい感心して帰るのですが、一度、〝心理学者って占い師なんですか〟と言われたこともあります。まず感心して帰ってゆく。

ところが、次の週に来ると、〝じつはこの前先生がこんなふうに言われたから、子どもをこんなふうに扱ってみたら、子どもがこんなことをやりだすんですよ〟などということから始まります。そこで私が〝お母さん、そういう時には、子どもというのはこういうふうなんだ。そういうことをしたらこういうふうな観方をしなくちゃいけないんだ〟と言うと、〝ああ、そう言われればそうですね。私はまだダメですね。考え方が足りなかった〟と言って帰ってゆく。

次の週が来るともういけない。〝先生、最初はこう言って、その次の週はこう言ったから、今度はこうやったら、余計どうしようもないんです〟、〝そういう時は、こうやるんだ〟と押し問答をやって、とどのつまりは、〝先生は机に向かったままで言っているからいいけど、家に来て明け暮れこの子どもと一緒に生活してごらんなさい〟とくる。まあ結局、表面上体裁のいいこと言っていても、実際はケンカ別れみたいになって帰ってしまう。私の下にもう2人助手がいたのですが、〃あのおふくろじゃあ無理ないね。子どもがあんなになるのも〃などと、3人で憂《う》さを晴らして終わってしまうのが関の山でした。

（『友田不二男研究』）

友田はこれまで教育相談をしてきた先達はどうしていたのかと文献を調べたが、行き着いた結論は次のようなものだった。

――教育相談というのは、あくまでも相談である。担当者は科学的な根拠に基づいて、誤りのない指示と助言を与えればよい。その指示と助言に誤りがあるかないか、ということは担当者の責任であるが、その指示を忠実に履行するかしないかは向こうの責任であって担当者の責任ではない――というところに、それまで漁《あさ》った文献の結論が全部結びついていってしまう。これを見たとたんに、私は〃やめた！〃と思いました。もうこんりんざい心理学はやるまい、と思ったのです。

（同前）

友田がローガン・ファックスの講演を聞いたのは、まさに心理学に見切りをつけて大学の退職を決意していたときだったのである。ローガン・ファックスのいう「カウンセリング」が、自分たちのやっている教育相談や職業相談、児童相談と大して変わらないものだと思いつつ、「一言半句聞きもらさないぞ」「ちょっとのスキがあれば切り込んでやろう」（『わが国のクライエント中心療法の研究』）と聞き入った。終了後にローガン・ファックスと議論になったのはファックスの証言通りである。

大甕から帰る車中、友田は借りたばかりの『Counseling and Psychotherapy』を夢中で読んだ。この本は、今までの心理学書とはぜんぜん違う。この本には、本当のことが書いてある。この本には、生きている人間が生きているままに映し出されている。そんな思いが駆け巡り、興奮した。

一週間かけてこれを読了すると、心理学から足を洗うのはいつでもできるのだから、とにかくこの理論を現場で確かめてみようと、大学で試験的にカウンセリングを始めた。日本人のカウンセラー第一号であり、友田とローガン・ファックスの出会いによって日本のカウンセリングが始まったといえるだろう。

もっとも、当時、カウンセラーという言葉は、一部の専門家の間で職業指導を行う教職員という意味で使用され、心理療法と結びつけて使われていたわけではない。一九五一年に友田が翻訳した、『Counseling and Psychotherapy』も、『臨床心理学』というタイトルで刊行しなくてはならなかった。

だが、友田のカウンセリングへの熱意は生半可なものではなく、一九五五年には日本全国にカウンセリングを普及させるため、民間団体の東京カウンセリング・センター（のちの財団法人日本カウンセリング・センター）を設立し、カウンセリングの研究やカウンセラーの養成に務めるようになった。

友田に続いてローガン・ファックスのもとにやって来たのは、のちに茨城キリスト教学園カウンセリング研究所の初代所長になる遠藤勉である。遠藤は茨城県中央児童相談所に勤務する相談員で、戦争で親を亡《な》くした子どもや、万引きや窃盗を繰り返す少年たちの心理検査を行ったり、家庭訪問を行って相談に乗ったりしていた。だが、自分の仕事が少年たちの役に立っているという実感がない。ロジャーズの論文に出会ったのはそんなときだった。手記には「渇者が水を得たほどの思いで彼の論文を熟読した。そしていくたびとなく友田、ファックス両先生の門をたたいた」（『ロージァズ全集十八巻』）とある。

友田と遠藤は二人とも戦前は学校教師だったが、戦後は教育相談や心理検査の仕事に転職したという共通点をもつ。仕事上のいきづまりがロジャーズのカウンセリングに惹《ひ》かれた要因ではあるが、二人の手記を読むと、戦争体験が無関係とは思えない。

友田の場合は、幹部候補生として野戦砲兵学校で訓練を受けたのち、砲兵部隊の将校として広島に派遣された。勤務態度がよくなかったことから九州に異動命令が出て被爆を逃れ、終戦を迎えている。この経験が友田を厭世《えんせい》的な気分にさせたのか、終戦後は学校に戻るものの、教師の世界に嫌気が差してやめてしまい、東京教育大学で教育相談に従事するようになっていた。

一方、遠藤は南方戦線に従軍し、終戦と同時に南ボルネオの収容所に十か月間抑留された経験をもつ。教壇に戻る決意がつかずに肉体労働をして日々の糧《かて》を得ていたところ、一九四七年に児童福祉法が成立して各都道府県に児童相談所が設置されたことから、これからは青少年の福祉に身を捧《ささ》げようと決め、ここでロジャーズの論文に出会っている。

戦前は教師として子どもたちに軍国主義の精神を説き、軍隊では厳しい命令と規律のもと、理由もなく体罰が振るわれるなど理不尽な日々を送らざるを得なかった二人が、人をありのまま受け入れよと説くロジャーズの精神に目を開かれたのは、ごく自然なことだったのかもしれない。

私は引き続き、ローガン・ファックスに訊《たず》ねた。

研究熱心な友田や遠藤とどんなことをしましたか。

「彼らに発表の場を作ろうと、ワークショップ（カウンセリング研究討論会）を開催しました。大甕で最初の夏のワークショップを開いたのは一九五五年のことです。四十名ほど集まって、友田や遠藤たちが世話人となってこれを支えてくれました。日本中から人が来ましたよ。東京大、京都大、北海道大……いずれも若い学者たちです。産業界からも来られました。年配のえらい教授たちはこれを無視して、否定的に見ていましたけれど。ワークショップはそれから十年間ほど続いて、最後に行われたのは一九六四年でした」

ワークショップに参加した人に聞いたのですが、「大甕参り」という言葉もできたそうですね。一九六一年には、カール・ロジャーズ本人が来日して講義もしています。茨城キリスト教学園の展覧会であなたがロジャーズの通訳をしている写真を拝見しました。

「一九六〇年に私が一時帰国したとき、ウィスコンシン大学に異動したばかりのロジャーズを訪ねました。彼が、自分に何かできることはないだろうかと聞くので、日本にはあなたが必要です、来年の夏は日本で過ごしたらどうですかと提案したのです。

ロジャーズはしばらく考えてからこれを承諾し、約束通り、一九六一年の夏に来日しました。日本では、茨城キリスト教学園の仲間たちが六週間の間に五つのワークショップを企画してくれました。京都大学、法務省、東京の企業、大甕、そして、神戸の企業です」

一九五六年夏に発表された経済白書が「もはや戦後ではない」と記し、日本は高度経済成長の道を進み始めていた。賃金は上昇して生活水準は上がる一方、事務のスピード化や生産のオートメーション化が進むにつれて精神的な悩みを抱える人が職場で目立つようになっていた。一九五九年一月二十七日の読売新聞朝刊には、「職場のカウンセラー　働く人たちの悩みをきく相談役」と題する記事がある。語学試験に通って国際電話の交換手になったものの、単純な反復作業の連続で自信をなくしてノイローゼになった女性のエピソードに続いて、ロジャーズとおぼしき非指示的（ノンディレクティブ）なカウンセリング手法がその解決策として紹介されている。

では、こうした悩みを防ぐにはどうしたらよいのでしょう。まず話し相手を持つことです。グチをこぼしてきいてもらえる相手を持つことが、ノイローゼの何よりの予防策です。最近は、大企業でぼつぼつカウンセラー制度を取り上げていますが、精神的な相談の場合は多くノン・ディレクチブ、つまり悩みを持つ人にもっぱら話させて、お説教めいたことは一切いわないやりかたがとられています。当人は話しているうちに自然に自分で解決の方向を見つけ出していき、しかも自分で乗り越えたという自信をうるわけです。

家財道具から産業廃棄物、核のゴミまであらゆるものを穴に捨て続ける人間の姿を描いた作家・星新一のショートショート「おーい　でてこーい」が発表されたのが、一九五八年のこと。日本が復興期から脱してめざましい経済発展を遂げようとすると き、終戦直後の精神的な離脱状況とは異なる新たな問題が日本人の心を蝕《むしば》もうとしていた。カウンセラーという語句が新聞の見出しになるということは、ここへきてようやく、カウンセリングが認知され始めた証《あかし》とみていいだろう。

そんななか、一九六一年夏のロジャーズの来日は、カウンセリングが全国に伝播《でんぱ》する大きなきっかけとなった。これまでは第三者を介して、あるいは書物でしか学べなかったことを、創始者本人から学べるのだから、関心が高まるのも無理はない。

東京と神戸の企業でワークショップを主催したのは、大企業の中堅クラスの管理者たちが参加する日本産業訓練協会のメンバーだった。日本産業訓練協会は企業内教育の研究サービス機関で、当時の通産省と労働省、日本経営者団体連盟（現・経団連）が中心となって一九五五年に設立した社団法人である。日本企業の民主化と近代化を進めるためにGHQが導入した管理者教育のプログラムであるMTPや、工場や店舗の監督者向け教育プログラムTWIなどの訓練方法を、企業や官公庁の枠を超えて管理運営する機関だった。

東京の会場は品川のプリンスホテルで、参加者たちは自分の名前と会社名が書かれたプレートをテーブルに置いて着席していた。彼らはすべて人企業から参加した中堅の管理職の人々だった。同席していたファックスはその堂々とした姿を見て、彼らが「あなた方はわれわれに援助になるようなことは何もできないと思うが、ともかく話をしなさい」といっているように感じたという。

ロジャーズは、自分はカウンセラーとして産業界の問題に携わった経験がほとんどないからあなた方のお役に立てるかどうかはわからない、と断った上で、「企業にとって最も重要な資源は人間であり、会社が人間関係の諸問題を研究するのは意義深いことである」と述べ、終始慎重に、指示も命令もしないカウンセリングについて説明した。上下関係が厳しく、指示や命令は仕事を進めるために必要なことと考える日本の企業風土から見ると、ロジャーズの考え方はあまりにも斬新《ざんしん》で、何よりも自由である。ロジャーズと参加者の間で熱を帯びた議論が行われた。

法務省で行われたワークショップは、検察官、保護観察官、犯罪学者たちが対象だった。相手をひたすら受容するというロジャーズの方法は、容疑者や犯罪者と向き合う現場では応用できないと実感している人々である。ロジャーズは彼らの懐疑心に理解を示しつつ、「法的な任務と人間の尊厳を保ちながら処遇することの妥協点を見出《みいだ》すことは困難だけれど、それでもなおひとつの道を求めつづけなければならないと思う」と語った。

地元大甕のワークショップには、これまでカウンセリングを学びに来ていた人々やそれぞれの機関で教育相談を実践している人々が一斉に集まった。ふだんは三つのグループに分けて研修を行っていた約百二十名がロジャーズを待ち受けていたから大混乱を来《きた》した。この後に神戸の六甲山ホテルでワークショップが行われたが、六甲山の美しい景色とホテルの手厚いもてなしに癒《いや》されることがなければロジャーズもスタッフたちも疲労困憊《こんぱい》してスケジュールをこなせなかっただろう、とファックスは回想している。

ロジャーズはこの間、ファックスや友田らの熱意にほだされて旅回りの役者のように各地を回り、予定外の講演も引き受けた。神戸のワークショップの終了後には、松下電器の要請で、急遽《きゅうきょ》、工場での講演会も行われた。この講演ツアーを機に、カール・ロジャーズの名は「非指示的療法（Non-directive therapy）」という技法名と共に、教育相談に従事する人々や産業界に深く浸透していった。カウンセリング、イコール、カール・ロジャーズであった。

「ワークショップにやって来た人たちからは、ロジャーズの『受容』という考え方は禅のエッセンスと非常によく似ているという声が多く聞かれました。たしかにロジャーズは禅に大きな関心をもっていたので、京都では禅師との会合を計画しました。結果的にこの会合は、こちらが期待したような対話にはならなかったのですが、ロジャーズは、終始ポジティブに出会いを楽しんでいたと思います」

日本人にはあなたが必要だといってロジャーズに来日を要請したと伺いましたが、ロジャーズに挑むような態度で熱心に聞き入る日本人を見て、どんなことを感じましたか。

「この来日に限らず、一連のワークショップを通じて思ったのは、日本の皆さんも、誰にも咎《とが》められない受容された環境にいれば、自分の抱える問題を自分で解決する潜在的な力があり、その力に対する確かな渇望があるということです」

『カウンセリング』の著者、伊東博の一九六三年の調査によると、当時、カウンセリング制度を採用した企業は全国で百二十社以上、学校は約三百校、このほか役所や病院、社会福祉施設などでも次々と導入されていったとある。

「悩みごとを専門の相談員に　カウンセリング　静かなブーム」（読売新聞一九六三年五月二日朝刊）と題する記事は、ロジャーズの手法に沿った上手な話の聞き方を紹介し、「そこには説得も訓戒も助言、忠告も討論もありません」と念を押している。

この頃にカウンセラーを導入した代表的な企業は、東京電力、東京瓦斯《ガス》、松下電器、東洋レーヨン、帝人、日本鋼管、三菱《みつびし》商事、日産自動車などで、専門の相談員が置けない中小企業では、管理職ではない「職場の手近な人間をカウンセラーに当てている」ところもあり、その気やすさから定着率は目に見えて向上していったという（「職場の不満、吹っ飛ばせ　企業カウンセリングも花ざかり」読売新聞一九六五年二月二十一日朝刊）。

大甕で行われたワークショップの参加者の中には、心理学者の村瀬孝雄の姿もあった。のちにカール・ロジャーズの弟子ユージン・ジェンドリンが開発したフォーカシングという技法を日本に紹介する人物である。当時はまだ三十代の前半で、千葉にある国立精神衛生研究所国府台《こうのだい》病院に常勤の心理職として勤務していた。

村瀬の夫人で、自らも米国留学中の一九六二年にロジャーズの講演を間近で聞いた経験をもつ村瀬嘉代子は回想する。

「主人はもともと理系で建築を専攻していたのですが、体があまり丈夫ではなくて、病床で本を読む中で人の心の大切さを知り、心理学に興味をもつようになったそうです。物静かですが、思うことを曲げない人で、東大にいたときは助手の身分で大学の相談室を立ち上げました。お金がないのでガールフレンドにぬいぐるみを作ってもらって、子どものクライエントのプレイセラピーに使ったともいっていました。

ただ、この大学の相談室に来られるのは恵まれた人たちで、臨床はもっと大変な境遇にある人たちのためにあると考えて東大の助手をやめ、おそらく日本で初めての心理職として国府台病院に勤め始めたのです。心理職はまだ珍しくて、病院で医者でもない人がいったい何をしているのかと思われていたみたいです。その頃、大甕に通うようになったんですね。臨床的カウンセリングで知られるウィリアムソンが東大で講義をしたときは、なんか違うなあという思いを抱いたようですが、ロジャーズに対しては、非常に新しい世界が開けたと感銘を受けたそうです。
ロジャーズのいっていることは心理学というよりもメタサイコロジーで、人に関わる仕事をしていれば誰しも心得ておいてよく、決して余計なものではない。終戦で世の中の基本的な価値が揺らぎ、家族制度が解体し、民主主義になって人が誰でも自由な言動ができるとなったときに、また、これから社会はどうなるのか、家庭はどうなるのか、そんな不安に包まれたときにロジャーズの考え方は非常にマッチしたのです。人を大切にして丁寧に接するというのは、こういうことなのだと、非常にわかりやすくそれを具体的に書いてあるのですから」

ロジャーズの功績で目を瞠《みは》るのは、その著書『Counseling and Psychotherapy』で、医師とカウンセラー、患者と相談者を区別することなく、「セラピスト」「クライエント」と呼んだことである（『カール・ロジャーズ入門　自分が〝自分〟になるということ』）。とくに、「クライエント」というネーミングは画期的だった。職業相談や教育相談で行われるカウンセリングは、ロジャーズに出会う前の友田不二男が母親の面接で行っていたように、相談に対してアドバイスや指示を与えることが中心であり、それでは自分で解決する力を奪うことになりかねない。人は本来、自分の問題は自分で解決する力をもっているのだから、相談者が主体であるべきだと考え、自発的に依頼した相談者という意味で、「クライエント」という言葉を使用したのである。

ロジャーズがさらに新しかったのは、同じくその著書の中で、世界で初めてカウンセリングの構造と方法を示したことだった。この本には、逐語録も掲載されており、カウンセリングのやり方や、面接を経てクライエントがどう変わっていくのかが具体的なやりとりを通じて理解できるようになっていた。

この逐語録は「ハーバート・ブライアンの事例」といい、神経症を患《わずら》う三十歳前後のクライエント、ブライアンの全八回に及ぶケースだった。守秘義務のもとで行われるカウンセリングを、カウンセラーの一方的な報告ではなく、オープンリールのテープで録音したやりとりをそのまま公開している。どんな会話が交されているのか、初回面接から一部を引用すると――。

ロジャーズ　そのー、もっとくわしくお話しいただけませんか。何が、どんなふうに、もう死んでしまったほうがいいと思うほど、あなたを追いつめるのか。

ブライアン　そうですね。その感覚をうまく正確に言葉にできるかどうかわかりませんけれど。それは、とても強烈な痛みを伴う重圧で、まるで斧《おの》がお腹《なか》全体を押しているというか、押しつけているような感じなんです。だいたいどの場所かわかるんですけど、その重圧がとても激しくぼくを圧迫してくる感じです。それが、ぼくの活動を支えているエネルギーの根幹のところまで下りていってしまうので、どんな方向でどれだけ努力しても妨害されてしまうんです。

ロジャーズ　どうやっても手も足も出なくなってしまうんですね。

ブライアン　ええ、そうなんです。しかもそれは、体にも現れるんです。その悪い感じが襲ってくると、背中を丸めて、お腹が痛いときのように歩いていますす。実際腹痛をよく起こすんですけれど、精神的にそんな感じになってしまうんです。

ロジャーズ　うーむ。それでは、何というか、半分くらいの人間になってしまいますね。半分くらいの力しか出せなくなってしまう——。

ブライアン　そうなんです。それがちょうど文字通り、自分の中に斧を持っているような感じなんです。〈後略〉

（『Counseling and Psychotherapy』引用者訳）

逐語録の公開はもちろんクライエントの承諾を得た上でのことであるが、クライエントのカウンセラーに対する信頼と、自分のケースが他者の役に立つのであればという思いがあってのものだろう。カウンセラーも自分のやり方を白日のもとに晒《さら》されるわけであるから、ロジャーズ自身、厳しい試練を自分に課したといえる。

引用したこのやりとりだけを読んでも、ロジャーズが相手に深い共感を示し、内容よりも感情を汲《く》んで丁寧に応答していることがわかる。一九五一年に友田不二男が翻訳した『臨床心理学』では、本が厚くなりすぎるという理由でハーバート・ブライアンの事例の全文が割愛され、六七年に完訳が出るまでは熱心な専門家は原著でこれを読むしかなかった。

アメリカに留学してカウンセリングを日本に持ち帰った伊東博は回想録の中で、初めてハーバート・ブライアンの事例を読んだときはむずかしくてほとんど理解できなかった、ロジャーズが来日したときに行った京都大学の講義で初めてわかった、と明かしている。伊東でさえもそうなのだから、書物で読んだだりの日本人の大半はちんぷんかんぷんだったにちがいない。

心理学者の氏原寛《ひろし》は、一九六〇年代前半の日本のカウンセリング界がロジャーズをどのように受け止めていたかについて次のように回想している。河合隼雄がスイス留学から帰国した頃の日本の状況を知る上でも興味深い記録である。

先生がチューリッヒから帰国されたのは昭和四〇年（一九六五）である。その頃の日本ではロジァーズの考えと方法（当時のわれわれがそうと考えていた）が大きな熱狂をまき起こしており、ロジァーズの三原則さえ身につければ誰でもカウンセラーになれるかの雰囲気があった。実践は主に教育界、産業界の人たちによって担《にな》われており、いくつかの大学で臨床心理学の講義めいたものは行われていたけれども、臨床経験のある先生はほとんどおられなかった。だからわれわれが実践にゆきづまって先生方の指導を仰いでも、もっと共感してあげたまえとか受容が足りないとか、ロジァーズの本に書いてあるとおりのことばが返ってくるだけで、途方にくれることが多かった。

（「追悼　河合隼雄先生を偲《しの》ぶ」）

当時、京大大学院を修了したばかりだった西村洲衛男《すえお》も振り返る。

「ロジャーズは研究のために、カウンセラーの発言を種類分けしているのですが、生身の人間にやると、これがどうもうまくいかないんです。カウンセラーの守る三原則というのがあって、まず共感的理解（empathic understanding）、次に、無条件に肯定的に配慮（unconditional positive regard）して受容（acceptance）すること、三つ目は、カウンセラーの自己一致（congruence）と誠実さ（genuineness）だというのですが、どれもよくわからない。

だからこそ、みんなローガン・ファックスに会いに大甕に集まったんです。彼はいわゆる、頭ではなく肚《はら》でわかる、という人でしたから。茨城キリスト教学園には観察室と面接室とに区切られたカウンセリング・ルームがあって、遠藤勉先生のカウンセリングを見学したこともあります。子どもが話すのを聞いて、遠藤先生が、こうかね、ああいうことかね、うんうんと聞いていく。子どもはどんどん話す。あれ、子どもの気持ちから少しずれているんではないかなあ、と思うこともありましたけれど」

カウンセラーの三原則をやさしく書き直すと、カウンセラーは自らを偽ることなく、誠実さを保ちながら、クライエントに深い共感をもって、ありのままを受け入れる——となるだろうか。決してむずかしい内容ではなく、カウンセリングや医療の現場の基本的な姿勢のようにも思えるが、具体的なことはよくわからなかった。

この頃に日本に持ち込まれたロジャーズの技法は正確には「非指示的・来談者中心

療法」と呼ばれるが、その本質はなかなか理解されず、指示をしないという側面ばかりが注目された。また、クライエントの言葉にこめられた思いを汲み取って確かめる「感情の反射」(reflection of feeling)も、言葉をそのまま繰り返せばいいと誤解され、ロジャーズの技法はクライエントの言葉をオウム返しすることだという思い込みも広がっていった。

たとえば、「先生、私、○○で困っているんです」「○○で困っているんですね」「頭も痛くて気分がよくありません」「頭も痛くて気分もよくないと……」というように。

国立精神衛生研究所にいた頃にロジャーズのカウンセリングに出会い、大甕に通いながらロジャーズの普及に務めた佐治守夫は、こう指摘している。

ロジャーズの考え方の中心的なセラピー理論やパーソナリティ論が十分理解されぬままに、人間性の性善説に代表されるような、暖かい雰囲気とか、心地よい穏やかさといった、望ましいと日本人が考える漠然とした空気が、これも日本的な対人関係の親和性をよしとする風土と結びついて、何とはなしに親しみやすい考え方としてうけとられた感じがあった。ロジャーズの数度の来日や、アメリカへの留学で彼と接触した数少ない人たちだけが、彼の唱える臨床の科学の論理性・合理性を学んだにすぎず、この点でも、日本化された「アイマイな理論」が、広まっていったといえるだろう。ロジャーズ全集の翻訳・刊行も、どれだけその内実を理解して読まれたのかはなはだ疑わしいと筆者は考える。

（『カウンセラーの〈こころ〉』）

来日した頃のロジャーズは、アメリカでは不遇の時間を過ごしていた。シカゴ大学から移ったウィスコンシン大学では、統合失調症の患者に対する大規模な研究を行おうとして十分な成果が得られず苦しみ、学内の人間関係にも悩まされていた。

一九六二年にカリフォルニア大学大学院バークレイ校に留学した村瀬嘉代子は、ロジャーズが大学で講演を行うと知り、大学院の友人や指導教官に日本ではロジャーズが大変人気があって尊敬を集めていると熱をこめて話すと、「この国では、彼は少数派である、だがどんな話し方をするか、どんな人物かは関心があるから聴きに行く」と冷ややかな反応が返ってきたと手記『柔らかなこころ、静かな想《おも》い』の中で回想している。

講演会場に出かけてみると、予定されていた大教室は瞬《また》く間に満員となり、一千人は収容できるトルーマンホールに変更されたものの会場からはみ出るほどの関心の高さだった。最終的にキャンパスから徒歩五分の教会が会場となり、村瀬はそこで講演を聞くことになるが、聴衆の間には「『何を話すか、どれだけ説得力があるかを聴いてみようではないか』といったこころもち皮肉な空気が漂っていた」という。

ロジャーズはその日、自らの生い立ちに始まり、学生生活や臨床を行っている中での課題などを紹介しながら、現在の非指示的・来談者中心療法が生まれるまでの経緯を語った。日本で一部の研究者から揶揄《やゆ》的に「ノンデレ（non-directive を略して）」と呼ばれ、「受容」や「共感」といった言葉が教条主義的に語られるのとはまったく違い、「ロジャーズその人の思索と経験の中から必然性をもってその学説が語られ」、「言葉の背後から人間存在への畏敬《いけい》と事実に率直に直面する姿勢が伝わって」くるようだったという。

村瀬は当時を回想する。

「ロジャーズが登場したときは、冷ややかな、見えない何かが冷たく突き刺さるような雰囲気でした。ところが、ロジャーズが自分の経験をふまえて静かに語るうちに、聴衆はだんだん催眠術をかけられたように聞き入って、最後は拍手が鳴り止《や》みませんでした。これには驚きました。

話しているのはシンプルなことなのに、みながそうだと深い共感を覚えた。精神分析などこれまで会得《えとく》した技法のアンチテーゼとして非指示的・来談者中心療法を打ち出し、たくさんの実践の中で何度も何度も確かめていったことや本質だけを語っていたからでしょう。素直に感動、というのとはちょっと違ったんですけれど、本物って何かというのがわかった経験でした。

それなのに、日本人はその産みの苦しみや本質を理解せずに自分に都合よく解釈して、ロジャーズは甘い、あたたかいと思い込んでいる。これでは安直な宗教みたいになってしまいます。実際にロジャーズの講演を聞いて、それは違うんじゃないか、エモーショナルではあるけれど、非常にオブジェクティブで知的で、つまり、矛盾したものが絶妙なバランスで融合している。だからこの人はこんなふうに人を魅了するのだと思いました」

河合隼雄はロジャーズの流行をどのように受け止めていたのだろうか。ロジャーズが導入された頃の河合は天理大学でロールシャッハテストの研究に勤しんでおり、一九五八年には、京都市カウンセリング・センターの嘱託相談員として働き始めたものの、翌年からアメリカのカリフォルニア大学大学院へ、一九六二年からはスイスのユング研究所へ留学しており、ロジャーズの日本における隆盛は目《ま》のあたりにしていない。

ただし、スイスから帰国するとき、教育分析を受けていたC・A・マイヤーに、「日本のロジャリアン（ロジャーズ派）とどうやっていけばいいか」と相談している。マイヤーは「何も反対することはない（Nothing to object）。でも、彼らにはサイコロジカルな内容がない」と答えたという。クライエントの心の内を探る精神分析や箱庭療法と比べると、ロジャーズの方法には言葉のやりとりがあるだけだという意味である。

帰国した河合はロジャーズを否定することなく、その意義について次のように記している。

理論を知らなくてもカウンセラーの態度さえよければカウンセリングは成功するということを非常にはっきりいったのが、ロジャーズだと思います。だから、クライエントが来たときに、言っていることを聴いて、それは、母親に対するコンプレックスなのか、あるいは、兄弟の葛藤《かっとう》なのかそんなことを考えるよりも、ただむこうの言うことに対して第一章に述べたようにひたすら耳を傾けて聴くという態度をわれわれがとれば、クライエントが自分の力で治ってゆくというわけです。

ロジャーズの理論が日本に入ってきたことは非常に大きい意味をもっています。まず、日本ではカウンセリングはそんなに発達していなかった。何もそれを勉強していないのに、実際問題としてはカウンセリングをしなければならない状態が多い。その場合に、ロジャーズの考え方を守ってやればあまり勉強していないものでもうまくゆくことが多い。このため、ずいぶん多くの人が助かったし、私もそのひとりです。

それと、もうひとつの大きい意味は、とかく日本の教育者とか宗教家など、りっぱな人は、説教するのが非常に好きでして（外国人はこれほど説教するのが好きではないですが）、そういう日本の教育者の説教ぐせに対して、ロジャーズの理論はそれを真っ向《まこ》うからぶちこわす役割をもった。これは非常に意味が大きいと思います。それまで生徒に説教してがんばってきた先生が、ロジャーズの本を読んでがく然としたり、感激した人が多いと思います。だから、そういう意味をもってカウンセリングということが日本に広まるうえにおいては、非常に大きい役割をつとめたと思います。

（『カウンセリングの実際問題』）

河合は自伝『未来への記憶』においても、ロジャーズの功績を大きく二つ指摘している。一つは、カウンセラーの受け答えによってクライエントの話が左右されると説いたこと。もう一つは、精神分析の理論を携えずともカウンセリングができることを逐語録をもとに明快に示してみせたことである。

相談にやって来た人が、「私は父を憎んでいるんです」というのに対して、カウンセラーが精神分析の理論を持ち出し、「その憎むのはエディプス・コンプレックスです」と決めつけると話が止まってしまうが、「父親を憎んでいるんですか、辛《つら》いでしょうね」と応答すれば、話は途切れずに続く。誰にも指示されたり批判されたりしない受容された環境のもと、クライエントが自分の思いを自由に語っていけば次第に自分の感情や事実が明らかとなり、自分に対する洞察が深まって行動も意味あるものへと変化していく。これは、カウンセリングの基本的な姿勢といっていいだろう。フロイト派の精神分析家は医師であることが条件であるため、医師と心理臨床家との間に地位の格差が生まれていたが、ロジャーズの方法論はこれに対する問題提起でもあった。

とはいえ、ひたすら共感し、受容するだけではどうにもうまくいかないケースが存在するのもまた事実である。もし、クライエントが親を殺したいという願望を述べたとき、それをそのまま受容できるだろうか。妄想に苦しんでいたら、妄想をそのまま受け入れるのか。あるいは、人生に絶望し、自殺したいといわれたらどうか。沈黙したまま言葉を発しなかった場合はどうすればいいのか。クライエントの適応力や回復力を治療の根底に置くことやクライエントを受容する環境を整えることはカウンセリングの基本ではあるけれど、それだけでは十分に対処できないケースがあることは確かだろう。

私は、一度は自ら命を絶つことを考えながらも、箱庭療法によって生まれ変わることができた一人の女性に会った。

# 第四章 「私」の箱庭

「目玉は、もう、先に天国に行ったと思っています」

近鉄四日市駅に近いレストランで、伊藤悦子はいった。奥行きのあるあたたかい声の持ち主であることが、こわばっていた私の緊張をほどいた。

伊藤は、私がこの取材を始めるきっかけとなった木村晴子の論文「中途失明女性の箱庭制作」のクライエントであり、箱庭制作者である。論文には、自ら箱庭を作りたいと木村に申し出たとあり、なぜ視覚優位と思われる箱庭療法という技法に関心をもったのか、箱庭療法によって何が変わったのかを訊《たず》ねてみたかった。木村との面接の過程で、視力を失うという経験が伊藤の人生にもたらしたものに変化があったのかどうかも知りたかった。

本来、カウンセリングは守秘義務のもとで行われ、カウンセラーが自分のクライエントを第三者に紹介することはありえない。別のカウンセラーや医師に紹介することはあるが、あくまでも治療目的である。木村が論文で採り上げることは承諾しているため症例は公開されているが、表記は第一章で採り上げた「Yくん」同様、匿名《とくめい》の「Iさん」であり、どこの誰かを特定されないようにプライバシーは守られている。メディアの人間に紹介することも通常ではありえない。

木村は、伊藤がその後、彫塑《ちょうそ》の世界で活動を始め、地元紙に紹介されるようになったことで取材に耐えられると判断したのだろう。もちろん、私という取材者が信頼してもいい人物かどうかも見きわめた上で、伊藤に取り次いでくれたはずだ。音声変換ができる携帯電話のメールアドレスへ取材主旨を送ったところ、自分の体験が見知らぬ誰かの参考になるならば、と快く取材に応じてくれた。伊藤はこのとき、五十七歳。木村の「クライエント」であったときから、すでに十七年の月日が過ぎていた。

伊藤が視力に異常を感じたのは、結婚とほぼ同時期だった。大学卒業後しばらく高校の英語教師をしていたが、三十二歳で見合い結婚をして退職する。同じ年に、視力の異常を感じて眼科を受診したところ網膜色素変性症と診断され、それを理由にまもなく離縁された。失明は、離婚の要件の一つである「婚姻を継続できない重大な理由」とみなされたのである。医師の説明では、今すぐ失明するわけではないし、人によっては視力を保持し続けるという。ただ、自分の未来に失明が待ち構えているかもしれないという不安が、伊藤を絶望の淵《ふち》に突き落とした。

昨日までまっすぐに見えていた線が、今日は曲がって見える。視野が狭まり、ほんの少しの道の段差につまずく。看板に衝突する。世の中から見捨てられたような、自分以外の人はみんな敵のような、ささくれだった思いに支配された。他人の幸せを妬《ねた》み、不幸を喜ぶ。そんな自分が醜く思え、罪の意識に苦しんだ。世の中のこと、他人のこと、自分以外の物事に一切無関心になり、自殺することばかり考えた。自分に囚《とら》われ、冬の間ずっとしつこい咳《せき》に苦しんでいる母親を気にもかけず、肺がんを患《わずら》っていたことなど思いもよらなかった。

伊藤は、三十六歳で両眼を失明するまでの思いを、ミヒャエル・エンデの『はてしない物語』第一部の冒頭に描かれた景色にたとえて、次のように表現している。

人間の心の中の想像の世界、または幻想の世界であるファンタージェン国を恐ろしい「虚無」が発生して少しずつその国を崩壊させていく。「虚無」に侵された所は、ポッカリと穴が空いたようになって、何も存在しなくなってしまう。私の心の中の世界も、能力が失われていく度に、そこがポッカリと穴が空き、灰色の「虚無」に支配されていた。

あたりはカラカラに乾いていて、しかも、寒々と凍《い》てついた冬の砂漠で、冷たい風がゴーゴーと吹き荒れている。茨《いばら》の枯れ草がボールのように丸い塊になって風に吹かれて転がる。その度に、凍て乾いた大地をガリガリと引っ掻《か》いていく。茨の棘《とげ》は、私の心を傷つけるばかりでなく、その傷口から新しく生えた棘で私の周りの人々の心をも傷つけた。

(『いのちの木』、原文ママ)

このまま失明をじっと待つぐらいなら死んだ方がいい。いや、自分は死ぬわけにはいかない。激しい闘病の末に母親が亡《な》くなってから、伊藤はそんな二つの思いの間で引き裂かれた。自殺という楽な道を選んでは病と闘った母親に申し訳がたたない。母親が死んでから父親がひどく落胆して衰弱し、このうえ自分まで自殺したら父親は死んでしまうとも考えた。

「あきらめた。あきらめきれずにあきらめた」

父親のそんな口癖を聞きながら、伊藤は恥を晒《さら》してでも生きていかないといけないのだと自分に何度もいい聞かせた。そんな自分のところにも、英語と数学を勉強しに来てくれる中学生たちがいることが唯一《ゆいいつ》の生きがいだった。

両眼を失明したのは、一九八八年一月三日の夕方である。気になった単語を調べるために、いつものように虫眼鏡をもって百ワットの電球をつけ、その下に辞書を置いた。だが、何も見えない。昨日までは見えていたのに、今日は見えない。

いよいよ来たか……。伊藤はそう思った。神経が麻痺《まひ》していたのか、涙はまったく出なかった。中学生たちには、塾をやめることを告げた。

コーヒーを入れるのも、コンセントをプラグに差し込むのも、何をするにも失敗する。情けなさと悔しさから、自己憐憫《れんびん》の涙を流した。

外に出かけることができたのは、失明から八か月が経《た》った頃だ。名古屋にあるキリスト教系の医療機関、聖霊病院で白杖《はくじょう》を使う歩行訓練を受けることになったのである。同じ時期に、名古屋の鶴舞《つるま》中央図書館で点字の学習も始めた。この二つの場所は、伊藤のその後の人生に大きな影響を与える二つのものとの出会いの場となった。一つは、キリスト教。もう一つが、心理学である。

「キリスト教と出会ったのは、聖霊病院で白杖訓練を受けているときでした。誰かが、そばで聖書の言葉をささやいていたんです。目が見えないのは誰のせいでもなく、神の栄光を表す、と。そんな一節に、釣り上げられたの。イエスが、生まれつき目の見えない人について弟子たちに語る、ヨハネによる福音書第九章でした。

訓練を終えてから、四日市の教会に出かけてみたんです。礼拝を終えた帰り際《ぎわ》、玄関で神父が一人ひとり見送っておられました。私も靴を履いて玄関を出ようとしました。すると、神父さんが、お気をつけて、と声をかけてくださった。普通ならば、大丈夫ですか、といわれるところです。大丈夫、の主語はあなた、YOUですね。エスカレーターや階段でも、大丈夫ですか、Are you OK? といいますね。主語がYOUの言葉にいちいち傷ついていたものですから、お気をつけて、Please take care, というYOUのつかない言葉をかけられたことがとても嬉《うれ》しかったんです」

このとき、伊藤が会ったのは、宇治のカルメル会修道院から招かれていた奥村一郎神父だった。玄関でかけられた言葉に心を動かされた伊藤は、教会の事務を担当していた女性に相談し、奥村神父が主宰する聖書深読黙想会というグループワークに参加することになった。聖書の文章を鏡として自分自身を見つめ直す、その後、一五年にわたる黙想の始まりだった。

一方、心理学と出会ったのは、図書館で点字を習っていたときだった。点の配列を覚えるのはむずかしいことではなかったが、一文字ずつ判別して文字列全体の意味をとらえるのはたやすいことではない。そのうち文字列の意味が脳に届かなくなり、わかるまで点字の同じところをじっと触り続けていることもあった。五百字を読むのに二、三分はかかる。これでは本など読み切れない。そんな伊藤を見て、点字指導者の原田良實《よしみ》が、たくさん読めばそのうち早く読めるようになるからといって点字の本を次々と伊藤に貸した。その中の一冊が、河合隼雄の『ユング心理学入門』だった。

「原田先生は、のちに名古屋市身体障害者総合リハビリセンターを立ち上げるメンバーの一人でもあるのですが、私のことを見抜いておられましたね。自分では病んでいる認識はなかったのですが、相当問題のある心理状態であることをわかっておられたのでしょう。

河合先生の本はたくさん点字化されていて、中途失明者にはよく読まれているんです。原田先生にお願いして、河合先生の点訳本がある全国の図書館に問い合わせて取り寄せていただきました。不思議な巡り合わせですが、これがきっかけで私はカウンセラーになりたいと思うようになったのです」

いつものように図書館に出かけたときのことだ。ふと、「河合隼雄」「メリーゴーランド」「四日市」という三つの単語が耳に飛び込んできた。声のするほうにゆっくりと歩いて行くと、どうやら、河合隼雄が四日市に来て、メリーゴーランドという絵本専門店の主催で講演会を開くらしい。伊藤は迷わず申し込んだ。

その講演会で河合が何を話したのかはほとんど思い出せない。ただ、こんなにわかりやすい日本語で話す人はそうはいない、と思った。なんてあたたかくて、おもしろいおっちゃんだろうと親しみを覚えた。

河合の本をきっかけに本格的に心理学を学びたいと考えた伊藤は、原田に相談して心理学科のある大学をいくつかあたった。しかし、心理学には実験が必要なので、目が見えないと支障があり、受け入れる準備がないという返事ばかりだった。唯一、南山短期大学が社会人向けに夜間開講している人間関係基礎講座が受け入れていたため、伊藤はすぐさま申し込み、まるで小学校への入学を控えた幼女のような思いで、登校初日を迎えた。一九九〇年秋のことだった。

それから伊藤が木村晴子と出会うまでの一年間は、自分の置かれている状況を客観的に捉《とら》え直し、自分が、治療が必要な心理状態であることを自覚するための準備時間だった。

ある講座で三人ずつのグループに分かれ、白い画用紙に自己像を描いたことがあった。伊藤は二人に何色かを訊ねながら白のクレパスを取り、ゾウリムシのような形を一筆書きで描いた。そのあと、赤、橙《だいだい》、黄、黄緑、緑、青、紺、紫の八色を使って短い毛を何本も描き込んだ。白い紙に白いクレパスで体の輪郭を描いたのは、伊藤には自分の体が見えないから。体からたくさん生えている八色の短い毛は、自分からさまざまな感情が発せられていることを表したつもりだった。

描き終えると、グループで絵を互いに見せ合い、説明し、感想を分かち合った。伊藤は二人の話を聞きながらショックを受けた。二人は人間の形を描いていたからだ。自己像なのだからそれが自然なのだろう。それに比べて、自分はゾウリムシである。二人は驚き、困惑したのか何もいわなかった。講師からもなんらコメントはなかった。伊藤は、彼らの配慮に感謝しつつも、自分がなぜそんな自己像を描いたのか、考えざるをえなかった。

「失明してから、私は自分の体が眉間《みけん》を中心とする透明な卵の殻の中にいるような気がしていたんです。卵の大きさや形は、その時々で異なります。元気なときはパンと張りがある感じ、疲れているときは少しへこんでクニャッとした感じでしょうか。卵の大きさも周辺の様子や私の体調で大きくなったり小さくなったりします。人と人は一定の距離をあけています。パーソナル・エリアというのでしょうか、その枠を越えて人が入ってくると自然によけます。私の場合も、突然誰かに触られると怖い。見えない距離があるのです」

白杖で歩くときに頼りになるのは、聴覚と触覚と嗅覚《きゅうかく》である。一番大きな働きをするのは聴覚、次が触覚で、直接肌で触れて感じられる手触りや風、空気の動き、そして、地面に触れる足の裏と杖《つえ》の先端から伝わってくる地面や床の感覚が頼りである。耳はとくに敏感になり、強風が窓を強く叩《たた》く音や近所で建物を取り壊す音には、目が見えていた頃には考えられなかったほどの恐怖を覚えた。

白杖を使い始めたときは余裕もなく、緊張もあって杖をもつ腕を伸ばしてゆっくり歩いていた。そうすれば、二歩先までは安全が確保されると思っていたからである。ところが伊藤が歩いていると、後ろから追い越そうとやって来た人が杖に足をひっかけて倒れることがたびたびあった。「すいません、おケガはありませんか」。小さく詫《わ》びると、たいていの人は何もいわずに立ち去るが、「どこに目をつけてやがる」「危ないじゃないの。家で鍼《はり》でもやってなさいよ」と怒鳴る人もいた。

ある朝、決定的な事件が起こった。四日市駅のコンコースを点字ブロックを頼りにゆっくり歩いていたときだ。伊藤の前を誰かが横切ったかと思うと、杖に引っかかってバタンと倒れてしまった。「大丈夫ですか、おケガなさいませんでしたか」。問いかけても返事がない。まもなく駅員が二、三人駆け寄ってきた。すると、倒れた老女が突然、ああ、痛い痛い、とうめき声を上げ始めた。駅員はしばらく様子を見ていたが、大丈夫だから行きなさいと伊藤を促した。どうしたらいいかわからず、伊藤は、すみませんと詫びてその場を去った。

その数日後、同じ時間、同じ場所を歩いていたときのことだ。誰かがよく意味のわからないことをいいながら、突然、パチーンと伊藤の頬を張った。あのときの老女だった。

この事件があってから、伊藤は外に出かけるのがいっそう怖くなった。そして、心の中に一つの変化が起こった。二人の悦子が現れて次のようなやりとりを始めたのである。

「ちゃんと周りの人の足音を聞いていないからよ。それに杖をそんな前に出しちゃいけないのよ。だから他の人の足を払うのよ。大きなケガでもされたらどうするのよ」

「だって、怖くて怖くて……。腕を伸ばしてないと歩けないのよ……」

実年齢の悦子と、失明してから誕生した子どもの〝チビ悦子〟だった。

他人の何気ない一言に傷つき、自分の中にいる二人の自分の争いに葛藤《かっとう》する。伊藤は心の中がどうにかなってしまう気がした。杖に引っかかって人が倒れると、「大丈夫ですか、おケガはありませんか」と声をかけるものの、なぜか頬が緩んで笑いそうになった。他人に痛い思いをさせながら笑うとはなんということか。大人の〝悦子ママ〟とチビ悦子の言い争いはさらに激しくなる。二人の価値観と考え方が違うあまり、自分が二つに分裂してしまいそうになった。このままではいけない、なんとかしなければ自分はとんでもない人格になってしまう……。


伊藤が木村晴子と出会ったのは、それから間もなくのことだった。南山短期大学に通い始めて二年目の春、伊藤は四十歳になっていた。木村が箱庭療法で知られる臨床家であり、スイスでドラ・カルフに直接学んだ直弟子であることは知っていた。木村のユング心理学講座を受講して三か月が経とうとする頃、伊藤は勇気を振り絞って、箱庭療法をやりたいと頼んでみた。盲目である自分を受け入れようとしても受け入れられない。自分が思うように他人が自分を見てくれない。そんな怒りと葛藤に支配され、身動きがとれないでいる自分をとにかくなんとかしたかった。

「全盲の人がどこまで能力を開発できるかの、一種の実験だと思っているのです」

木村にはそう訴えた。

木村は、一週間考えさせてほしい、といった。目が見えないことが箱庭作りや治療にどんな影響を及ぼすか、考え抜く必要があったためである。

箱庭療法はまず、棚にずらりと並んだミニチュアの玩具《がんぐ》を眺め、自分が置きたいと思ったものを選ぶという行為から始まる。目が見えない場合は、なんらかの方法で木村が玩具選びに手を貸すことになる。つまり、玩具との偶然の出会いが存在しない。なによりも気がかりだったのは、伊藤が、自分が作った箱庭を自分の目で見ることができないということである。自分の箱庭の風景が発するメッセージを視覚から受け取ることができないことが伊藤を傷つけたり、悲しませたりすることはないだろうか。伊藤の頭の中に構築された世界と、木村が目で見る世界はどの程度まで一致し、あるいはどの程度ずれるのか。検討しておかねばならないことはたくさんあった。

とはいえ、箱庭が作り手と見守る側の共同作品であることには違いはない。伊藤が全盲という障害をもちながらも、はっきりと意思表示できる意欲的な人であることは木村の心配を打ち消した。さまざまな思いをめぐらせた末、木村が取ったのは、伊藤に最もよいと思われる方法だった。通うのが負担にならないよう面接は月に一回で、通常より制作に時間を要するため約一時間半にした。伊藤には収入がなかったため無料で実施するつもりだったが、本人の申し出によって玩具代の名目で若干の料金は支払われることになった。

こうして、伊藤の箱庭療法がスタートした。

手順は次の通りである。まず、伊藤が使いたいと思う玩具を木村に伝える。木村はその玩具か、できるだけそれに近いものを棚から探し出して伊藤に手渡す。そのとき、玩具の色や材質、形、見た目の印象などをできるだけ詳しく伝えておく。伊藤は渡された玩具を十分に触って確かめ、自分がイメージしたものと合致すると思ったらそれを手探りで砂の上に置く。原則として、木村が玩具を砂箱に置くことは手伝わない。伊藤が作りつつある過程で、自分が感じていることや伊藤が作ろうとしている世界の印象を、木村がその都度できるだけ言葉にして伝えるようにした。

実際の面接でどのようなやりとりが行われ、何が起こり、二人が何を感じたか。木村の論文「中途失明女性の箱庭制作」と、伊藤自身がこの過程を忘れないよう毎回つけていた「箱庭日記」に基づいて再現してみたい。

＊

第一回の面接は、一九九一年七月二日に行われた。箱庭日記の「さわやかに晴れた心地よい風の日の午後」という一行に、木村と共に新しい世界に一歩踏み出そうとする伊藤の胸の高鳴りが感じられる。

面接室に入ると、木村はまず、箱庭療法についてどの程度知っているかと伊藤に訊ねた。まったく知らないという返事だったため、目の見えない伊藤が箱庭を作ることについて考えたこと、特に、自分が作った世界を自分の目で見ることができないために悲しい思いをすることにならないか心配していると伝えた。

「それでもお引き受けしようと思ったのは、一つには、箱庭は視覚と同時に触覚の要素を併せ持つといわれているからです。触覚はあなたの分野。砂は箱庭の大事な要素です。砂が表現の主役になることも考えられるし、そこに可能性を見つけることができるかもしれない。お引き受けしたもう一つの理由は、全盲者がどれほど可能性を延ばせるかの実験だといわれたあなたの言葉です。箱庭という素材がその一つの試みになればと思いました」

木村がそう話すと、伊藤は嬉しそうにうなずいた。

木村に促されてそっと砂箱に手を伸ばす。箱の大きさ、深さ、高さを確かめる。

「ああ、ずいぶん大きいんですね」

箱の底は水や川、湖、海、空などを表すためにブルーで塗ってあると説明される。

「深い青色ですか」

「やや濃いめの空色です。今日の空はこんな色ですよ」

「秋の青い空のような……」

木村は伊藤を棚に導き、ミニチュアの玩具がずらりと並んでいると説明した。子どもから大人まで、職業もさまざまな人形があること、動物、木、花、家、家具、車、柵《さく》、石、ビー玉や貝もあると伝えた。伊藤は木村に渡された玩具を一つ一つ丁寧に触り、色や形を確かめる。失明すると、色が見られるのは夢の中だけだ。時間が経つとイメージがだんだん無彩色に近づいてくるため、そうならないようにいつも色を意識しているといった。

「こんなにたくさんあると触っていてもきりがないですね」

伊藤はそういって箱庭の前に向き直ると、両手をそっと前に出して砂に触れた。少し湿ってひんやりとして柔らかい。両手を埋めてみると手の温もりが吸い込まれ、心まで砂の中にすうっと入り込んでいくような気がした。

「まず川を掘ろうと思います。途中から二つに分かれています」

伊藤は、砂を「人」という文字のように三分割した。中央の手前に三角州がある。右上が上流で、左上の隅に高い山を作り大きな木をたくさん置いた。木には実や花はついていない。中央右よりに和風の小さな家を三軒。山の麓《ふもと》に当たる「人」の字のはらいの部分には、大小の石を五、六個置いた。右のはらいにあたる陸地に芝生を敷くと、伊藤は「ここに乳牛が欲しい」と木村に伝えた。あいにく乳牛の玩具はない。代わりに、小さな羊を三頭置いた。羊を遊ばせたら、今度は動物が欲しくなった。山の麓に猫が一匹、家の近くに犬が一匹、家の右上に鶏が四羽、その上には杉林があるとイメージした。人間は、いない。一瞬、手前の三角州に釣り人を置きたくなったが、手渡された人形が大きすぎたためバランスを考えて断念した。

「日本の田舎のようですね。母のふるさとかな。芝生を敷いた場所は私の中のヨーロッパ的なところ。まだ小さい。それと日本風のところはつながっていません。川には何もない。橋も架けなかった」

「世界を分ける川ですね」

「人はいません。石があるのも意味があります」

伊藤は手前の三角州を両手で大事そうに押さえながら話をした。

「ここにもし置くとしたら釣り人なんですが……」

「そこはあなたの身体に最も近いところですね」

「そうですね……、私に一番近いのが父。父は釣りが好きなので釣り人がここに来るのかもしれません。でも今はここに人はいません」

伊藤は、砂の上に置いたものは何なのだろうと考えた。失われずに残ったものなのか、それとも、一度は失われたが回復したものなのか。もし失われたものであれば、回復したいと思った。ただ、左右の土地をつなぐ橋はなく、人もいない。川の中に生き物を置こうとも思わなかった。伊藤はこの箱庭を「分裂した二つの世界」と名付けた。タイトルを付けることによって、箱庭の世界が一つの物語として立ち上がるようだった。

伊藤はいう。

「そのときはわからなかったのですが、後日、音声化された木村先生の著書を読んですごくショックを受けたんです。箱庭の左側は内界、右側は外的世界、手前は自分の身近な世界。そんな解釈があると書かれてありました。私の箱庭の右側には芝生と羊以外は何もない。芝生はたぶん、英文学を勉強していたときに見たイギリスの芝生なのでしょう。そのほかには、外界がない。職を失い、離婚し、母を失った自分は、社会的に死んでいるということです。橋も架けず、つながることもできません。ぞっとして心が引き裂かれたようで泣きました。この日の終わりに、箱庭はぜひ続けていきたいとお願いしましたけれど、木村先生はこの回と次の回の箱庭をご覧になって、続ける必要があるとお感じになったと思います」

箱庭の空間配置について、伊藤が読んだような一般的な解釈はあるものの、左右逆転しているものなど例外はいくらでもある。それよりも一人のクライエントの中での変化、玩具の位置の移動を追い続けることのほうが大切だと木村は書いている。だが、このときの伊藤にはまだ気持ちに余裕がなく、文章の一部分を拡大解釈して、自分はこうに違いないと思い込んでしまったのだった。

「箱庭に橋を架けられなかったことで、これはどういうことなんだろうと考えたんです。他人が怖くて、人と関わるたびに傷ついていましたけれど、あの頃は自分が不安であることにも気づいていなかったんですね。それからは、不安な心理状態にあるときには、自分が不安であるということに気づくようになりました」

　第二回目の面接は三週間後に行われた。伊藤は自分が見た夢を作りたかった。木村は「もちろんいいわよ」といって微笑《ほほえ》んだ。

「気になっている夢。続きがあるんです。まだ続いているようで」

　伊藤はそうつぶやいて、砂の中央上方に岩山を、左に緑の山、右に雪山、手前に湖を作った。

「湖畔の山です。湖岸に三人の女性がいて、一人が登山姿の私です。私は二人の女の子に向かって、これから、このがれきの岩山を登るからねと宣言しています。次に登るのは雪山、最後に登るのが緑の山だと心の中で思っているんです。二人の女の子は誰かはわかりません。私かもしれない」

「全体の印象、なにかとても神秘的な感じがしますね」

「はい。神秘的な夢でした」

「いつ頃のどんな状態の夢かしらね」

「私が心理学に出会って、老いるということと、人生の途中で障害をもつこととの共通性を考えて、いかに生きていくかを考えていた頃でしょうか。その頃には心理学と哲学、キリスト教の勉強も始めていました」

失明するとわかってから、見えているうちにできるだけ多くのことを見ておこうと思った。だが結局何もできず、失明してから手当たり次第、本を集めて読んだり、大学で勉強したりしている。目が見えない大多数の人は盲学校に通って鍼や灸《きゅう》、マッサージなどの資格を得て生活していくが、自分は彼らとは違う道を選んだ。その孤独と覚悟がもっとも険しい岩山に登るという夢に現れたのではないか。伊藤はそう思っていた。ところが木村の指摘は少し違っていた。

「岩山に登ることは大変やけど、その後にはもっと命に関わるほど辛《つら》い雪山が待っているということやね。それが何であるのか、心理学なのか、それはわからないけれど、これからあなたがやろうとしていることはそういうことだとこの夢は教えてくれている。この夢の中のあなたは予言者のような感じがしますねえ」

伊藤はこの頃、キューブラー・ロスの『死ぬ瞬間』を読み、視力をなくしていく過程は死を宣告された人がそれを受け入れていく過程に似ていると感じていた。この本は、死を宣告された人が①否認と孤立、②怒り、③取引、④抑うつ、⑤受容、の五段階の過程を辿《たど》るという「死に至る五段階説」で知られ、この説ばかりが一人歩きして多くの誤解や批判を招いていた。しかし伊藤は、精神科医であるキューブラー・ロスが終末期にある二百人以上の患者に向き合い、患者自身に自分の病気や死について語ってもらった、対話そのものに本書の素晴らしさがあると思った。

自分が病をどう捉えているのか、その先にある死をどんなふうに感じているのか。病と死を敗北と捉えるような、医療者側が陥りがちな予断を患者に与えることなく、患者が自分自身の語りを通しておのおののユニークな人生の物語を紡《つむ》いでいく。その時間とプロセスが患者にもたらすものにこそ意味があると伊藤は考えた。第三回から第十二回の面接は、木村によれば「失明という思いがけぬ不幸に負けず、一度死んだ自分を再生させ、ゼロから育て直しをしていく」(「中途失明女性の箱庭制作」)過程である。伊藤は、人生の物語を編み直す作業が始まっていることを実感していた。

第四回目の面接で、伊藤は切り立った高い崖《がけ》に一人の女の子の人形を置いた。眼下には花が咲き乱れ、果実が収穫されている。家から家をつなぐ道がある。緑が豊かで衣食住の足りた世界は、伊藤の憧《あこが》れである。だが、少女はそこにはいない。崖を下りたいが、行くことができないでいる。バケツをもった農婦が家の前に立ち、こちらを眺めている。

「崖を下りる勇気がないのではなく、盲目の私は永遠に崖の上に一人でいるべきだと思っているんです」

伊藤がそういうと、木村は「行けるよう、道はついているのにねえ」と応じた。

土地と土地の間を結ぶための道はついている。吊《つ》り橋も架けられた。それだけでも大きな進展である。なのに、自分は動けない。

この頃の伊藤は、目が見える人と行動しながら、しばしば疎外感《そがいかん》を抱く自分がいることをこれまでよりいっそう強く意識していた。自分と彼らを比較して、何不自由ない生活を送っている彼らに強い羨望《せんぼう》を抱いた。そんな自分に気づくと、いたたまれなくなる。「エデン1」と名付けたその箱庭は、木村との出会いによって踏み出せたかに思えた道が、決して平坦《へいたん》ではないことを自分に突きつけているかのようだった。

第九回の面接では、初回と同じように「人」型の川を作った。ただし今回は、緑の木だけでなく花のついた木、赤い実のついた木なども茂らせた。左側の遠景には高い山、左下の草の生い茂る牧場には母子の乳牛が寝そべり、三匹の子豚が頭を寄せて噂《うわさ》話《ばなし》をしている。牛と豚の間には女の子が膝《ひざ》を抱えて座っている。河岸近くには男の子が走っていて、その後ろにもう一人、女の子がいる。女の子はどちらも自分かもしれない。伊藤はそう思いながら人形を置いた。

初回はほとんど玩具が置けなかった右側も、今回は少しにぎやかである。小ぶりの森があり、川には橋が架かり、その近くにハンターと猟犬が一匹いる。右下には、三本の大木が生え、もう一つの橋の近くには狐がいる。その手前には、獲物を狙《ねら》うように背を低くする豹《ひょう》がいる。上流の左岸と右岸をつなぐ橋の近くには、バケツをもった農婦が再び登場した。第四回と似ていることから、伊藤はこれを「エデン２」と名付けた。

「これで世界が全部つながりました」

「これは、なかなか……」

「命がたくさんあります」

「そうねえ。右の世界はまだ少しさみしいけど、ここは未来を表すからあまりごちゃごちゃしないほうが可能性がたくさんあるかもしれないねえ」

「右下はちょっと怖い世界……」

「そういうのが出るのはよくあることやけど、右下と左下が川でさえぎられていて直接つながっていないから安全。それでも全部の世界が橋でつながったねえ」

　箱庭療法を始めてから、ほぼ一年が過ぎていた。


　木村が一段落ついたと思ったのは、第十二回目の面接である。「いのちの木」と題するその箱庭では、赤い服を着た少女が右側の近代的な空港から橋を渡り、並木道を抜けて「いのちの木」の下にやってきて、木を見上げていた。

　ああ、たどりついた。でも、これからまた始まるのだ――。

　木村はそう感じていた。

「左手前の山の頂上にある大木を目指して、がんばって、ずーっとやってきて、見上げている女の子、伊藤さんそのままのように感じます」

「わかります。でも、女の子、世界に入っていけないことが多いですね……」

伊藤はそう答えながら、そこまで女の子が辿り着いたことを喜ぶべきなのかどうか考えていた。空港の飛行機は離陸、川に浮かべたヨットは船出。どちらも新しい出発を示すというが、うまく出発できるのか不安でならなかった。ただ、作り終えたあと、ホッとしたのは確かだった。

実生活では、次の一年、南山短大の人間関係研究センターで研修生として学ぶことを決めていた。不安もあったが、自分の進むべき道がようやく見えてきたのかもしれない。伊藤はそう思った。

その後の約二年間は、フォローアップとして、二人の都合がつくときに三度、箱庭を作った。そのすべてに「いのちの木」が置かれた。

第十三回の面接では、緑の山の頂上に大きな「いのちの木」があった。そこから山を迂回《うかい》して道路が箱の中央に向かっている。赤いスポーツカーや青い車、黒のリムジンがそれぞれ都会を目指して走っている。湖岸には、亀《かめ》がどっしりと構えている。ミヒャエル・エンデの『モモ』の中で、亀は人々から時間を奪っていく「灰色の男」たちに闘いを挑むモモの相棒で、伊藤が大好きなキャラクターだった。何をするにも時間がかかる自分自身を表しているようにも感じていた。

この日初めて登場したのが、ジーンズ姿にリュックを背負った若い女性である。一人で山に向かって歩いている。農家の家の前には、赤い服の少女が一人いて、傍らではマリア像が見守っている。彼女のそばにもう一人、ピンクのブラウスを着た少女がいて、二人の斜め左には、いつも登場する少年が箱の中央に向かって走っている。ヨットは川をさかのぼろうとしている。すべてのエネルギーが山に向かっているという印象であった。山そのものも、当初は岩山、雪山、緑の山だったものが、「いのちの木」を頂上に抱く緑の山である。

伊藤は自分の大きな変化を自覚していた。リュックを背負った若い女性は現在の自分の姿だろうと思った。過去の自分かもしれない少女の人形は、それ以降、大人の女性に置き換わった。

最終回となった第十五回の箱庭では、箱の左後方の切り立った高い山の麓から「く」の字型に川が流れ出し、少年が船に乗って登場した。川には橋が架かり、中央の奥には、「いのちの木」もある。道路には数台の車が行き来し、川の入江にはシーフードレストランがあり、外ではビキニ姿の女性が日光浴をしている。右下にはビルが建ち並び、若い女性やシャツ姿の男性がいて、こちらを見ている。ここにはもう、少女も亀もいない。ハイキング姿の大人の女性が一人、新たな山に向かって歩いている。木村の論文には、「Iさんの次の出立である」とあった。

この間、伊藤は現実の生活での悩みや苦しみを木村に打ち明け、相談していたわけではない。早急な問題解決を目指すのであれば、年単位の時間を必要とする箱庭療法はじれったい。だが、伊藤のように、一度は死を考えるほどの絶壁や人生の大きな転換点に立たされた場合、クライエントが望むのは目の前の悩みや苦しみを取り除くことだけではない。ただ話を聞いてもらうことでもない。伊藤が必要だったのは、自分の人生を自分の力でゼロから紡ぎ直すことだった。

失明したとき、伊藤の暗闇《くらやみ》の世界で新しい子どもが生まれた。チビ悦子である。歩行訓練中はまだよちよち歩き、点字の読み書きができるようになってようやく小学生になった。短大で勉強していた頃に思春期に差し掛かり、箱庭と出会い、五年かかってようやく大人の悦子になった。木村に見守られながら、箱庭に展開した物語に人生を投影する。伊藤にとって、箱庭は杖であり、道標であり、暗い道を照らす灯りだった。

「なんとしても、チビ悦子を育てたかった。まともに育てたかったんです」

伊藤は振り返る。

「それまでの私は、母親の思うように育てられて生きてきました。でも、今度は自分で自分を育てたかった。箱庭には本当に自分が出ます。未来もある、今も、過去もある。全部出る。恐ろしいですね。自分で自分のことを予言しているんです。箱庭は、その時々の心の状態をリンゴの切り口のように輪切りにした感じでした。箱庭を作ることで自分に気づき、行動が変化し、さまざまなことを考えて、また箱庭が変化する。それを繰り返しながら自分が脱皮していったように思います」

十五回目の面接をもって、木村との箱庭療法は終結した。どちらからともなく、これで終わりだという感覚があった。少し前に、ある彫刻家と出会い、粘土の世界に惹《ひ》かれ始めていた。

「粘土を触り始めた私を見て、木村先生も、道が見つかったと思われたのではないでしょうか。粘土を触ると土の中にすうーっと心が吸い込まれていくようで、作っている作品の形が見えてくるのです。これは箱庭のときとまったく同じなんですね。もしかして箱庭は、アートのトレーニングになっていたのかもしれません。箱庭は私に作る喜びと見る楽しみを与えてくれたと思っています。箱庭をしていなかったら今の私はいないでしょう。

私を包んでいた透明な卵の殻はいつの間にか消えていました。それがいつだったか、はっきりとはわかりませんが、今はもう見えないことは確かです。失明してから、ずっと手に入れたいと思っていたナイフもピストルも、今は欲しいとはまったく思いません」

＊

伊藤は、近くに住む親戚《しんせき》の助けを借りながら一人暮らしをし、自宅にある工房で彫刻の制作に励んでいる。作品は、どれもやさしく軽やかな音がする。音が鳴るものを作りたいと思ったのは、リハビリに通っている頃、地下駅のホームで奇妙な音を偶然耳にしたときだった。水道の蛇口の閉め忘れが原因であることはすぐに気がついたが、そのまましばらく耳を傾けていた。ホーム全体に音が響き渡り、自分がまるで水琴窟《すいきんくつ》の中にいるようで心地よかった。いつかあんな音がする作品を作りたい。そう思って音が鳴る作品に挑戦するようになった。

一九九八年の「アートパラリンピック」で銅賞を受賞。展覧会からも少しずつ声がかかるようになり、二〇〇七年に静岡県榛原《はいばら》郡川根本町で行われた「音の彫刻コンクール」では審査員特別賞に輝いた。作品名は「黙《もく》」。両腕で抱えられるほどの大きな球体や、子どもの手でもすっぽり包める石のような形のものがある。両手で振ってみるとコロコロとやわらかい音が鳴り、台に置くと一転、凛《りん》とした存在感を醸《かも》し出す。

近作は、高さ六十センチほどの軟体動物のような柔らかな造形の「タマタマコロリン」という作品である。黒陶の内部をビー玉がコロコロと転がる。転がるごとに音色が変化するため玉の通り道はかなり複雑になっていると想像されるが、外から眺めただけでは中の構造はまったくわからない。ただ伊藤の心の目には、透明標本の中を縦横に走る赤い血管のように、ビー玉の道筋がはっきり見えているのだろうと思われた。

後日、木村の論文に掲載されている伊藤の箱庭の写真をこの本のために提供してもらえるかどうか相談したところ、二人とも快諾してくれた。だがしばらく考えて、写真は使わないことに決めた。伊藤自身が見えない伊藤の箱庭を、どうして第三者が見ていいだろう。写真でわかる玩具の色やデザイン、配置されている場所が、伊藤の心が見ている箱庭と同じである保証はどこにもない。晴眼者が知り得ない色、見えない構図を伊藤は見ているかもしれない。そう考えると、セラピストとして伴走した木村以外の人間が、伊藤も見たことのない箱庭の写真を掲載していい理由などどこにもないように思えた。

伊藤は、その後も木村と携帯電話でメールのやりとりをしている。木村が論文の末尾に記した、「失った視力と引き換えにこれからの人生で得る収穫が、豊かに実をつける命の木であることを信じたい」という一文は、その後の伊藤の大きな支えとなっていた。木村もまた、伊藤の歩みに励まされ、パーキンソン病の発作を抑える手術を受ける決意を固めていた。二人は、木村の症状が少し落ち着いたら久しぶりに箱庭を作る約束をしている。

「そのときはぜひ、あなたにも見てほしい。今の私の箱庭を」

伊藤はそういって、最初に会ったときと同じように静かに微笑んだ。

# 第五章　ボーン・セラピスト

一九六五年に河合隼雄がスイスから持ち帰った箱庭療法は、カール・ロジャーズのカウンセリングに四苦八苦する日本の心理学者やカウンセラーたちに大きな関心をもって迎え入れられた。それは、学生時代の木村晴子が日本臨床心理学会で目撃したように、人間には内面の世界があるということへの気づきだった。京都市カウンセリング・センターには問い合わせが相次いだが、河合は何よりも事例を積み上げることが大事だと考え、臨床を行いながら、同僚のカウンセラーたちと勉強会を続けた。

一方、箱庭療法を全国に先駆けて臨床現場に導入した大学病院があった。名古屋市立大学の精神医学教室である。私はこの導入の経緯を詳しく知る、京都大学名誉教授の山中康裕を訪ねた。山中は今は京都府宇治市のマンションに京都ヘルメス研究所という研究室をもち、クライエントのカウンセリングにあたっている。

「箱庭療法を導入したのは、当時の医局長、大原貢《みつぎ》先生でした」

山中は当時を振り返る。

「大原先生が京都大学精神医学教室の演習会に参加されたときに、その日の講師を務めた河合隼雄先生から箱庭療法を紹介されたんですね。河合先生がのちに抄録としてまとめる京都市カウンセリング・センターの症例集のコピーも入手できたので、これを参考に遊戯療法の部屋に箱庭を設置して精神科外来で臨床を始めたんです」

箱庭療法にもっとも関心を寄せ、積極的に取り組んだのが、一九六六年に同大医学部を卒業して医局員として働き始めたばかりの山中だった。箱庭の枠組は大工に依頼して作ってもらい、鉄道模型などの既製品は大原がデパートや夜店で購入し、人形や動物などの一部の玩具《おもちゃ》は山中が妻に手伝ってもらいながら紙粘土で工夫して作った。

同じ年に、ドラ・カルフの原著書『SANDSPIEL』（ザントシュピール、砂遊び）がスイスで刊行されたことから、これもすぐに丸善経由で入手して、児童を担当する五人ほどの有志で輪読を始めた。その内容のおもしろさと奥深さに引き込まれながら半分ほど読み終えたところで、せっかく読むなら訳してみようと思い立ち、山中が中心となって翻訳に着手した。

「ぼくは、ほかの箱庭療法の実践者たちと違って、河合先生本人と会う前にカルフの原書を読み、カルフ・オリジナルのザントシュピールを独学で学んでいたんです。ただこの時点では、河合先生の箱庭療法とカルフのザントシュピールが必ずしも同一のものではないとは知りませんでしたがね」

山中はそういって、箱庭を臨床に導入する前提となったさまざまな試みについて語り始めた。

山中は、大学病院に在籍して二年目の一九六七年五月から週に二日、名古屋市東北部にある守山荘病院に勤務していた。院長がチングレクトミーといって、衝動性が薬物で抑えられない患者の脳の帯状回を切除する手術の専門家だったことから、〝生物学の病院〟といわれた精神科病院だった。

山中は、当時はまだ先駆的な存在だった社会復帰病棟に配属され、統合失調症の患者の社会復帰を促す治療を担当することになった。昼間、積極的に外に出て工場で働く社会復帰療法や院内で軽作業を行う作業療法などの療法はあったが、心理療法ができる医師はまだいなかった。誰もいないということは、新しいことに取り組むチャンスがあるということでもある。

山中はなんとかして患者を知りたかった。白衣を脱ぎ、病棟を歩いた。ほとんどの患者が山中を患者だと思っているようだった。病院に通い始めて二、三週目、躁《そう》うつ病の躁状態にある人や、精神発達遅滞のある子どもたちが山中に近づいてきた。統合失調症の人は、自分からは決して近づいてこようとしなかった。

ある日、山中は統合失調症の成人患者に「隣りにいてもいいだろうか」と声をかけてみた。その患者は「ま、何もしなければいいですが」と答え、「何しに来たんですか」と質問してきた。

「教えてほしいんやけど、病院に入院してて毎日つらいと思うんやけど、本当はこういうことがしたいと思うことがあると思うんだ。それが何なのか、聞いて回ってるんです」

「本当にしたいことをいったら、本当にさせてくれますか」

「それは私個人では簡単に答えられへんけど、ぼくにできることだったら一緒にしたいね」

すると、患者はいった。

「これが自分でやったことだ、といえることがしたいです」

自分でやったことだといえること——。何をすればそんな実感をもってもらえるのか、山中は考えに考えた。患者にとって、病院が実施している外勤工場や院内の軽作業などの作業療法は、自分がやり遂げたと実感できる作業ではなかったということだ。あれこれと考えた結果、山中が思いついたのは、絵なら描けるかもしれないということだった。院長に新しい治療のお金を出してもらえるかどうか相談してみた。

「いくらかね」

「一万五千円ぐらいです。十五人ぐらいの患者さんと絵を描こうと思っているので、毎週十五枚の画用紙、一病棟につき一か月六十枚、二病棟だと百二十枚、それに鉛筆とクレヨンなどで、合計一万五千円ぐらいかと」

「なんだおまえ、金が出せるかと勢い込んで来たもんだから、五千万円ぐらいかと思ったよ」

当時の精神科病院で最新の治療機器といえば脳波計で、一台およそ五千万円はしたため、院長はそのぐらいの金額を持ちかけられるのではないかと身構えていたのである。結局、院長のポケットマネーで材料を購入し、翌月からさっそく患者に絵を描いてもらうこととなった。

山中が第一のターゲットと考えたのは、入院三年から十年になる長期入院の患者たちだった。彼らのカルテが、たった三頁《ページ》しか記載されていないことが気になっていた。何年も入院しているのに、三頁しかないとはどういうことか。カルテを見てみると、「無為不関」「幻覚妄想著明」「言葉をしゃべらない」「空疎《くうそ》な笑みを浮かべ意欲がない」とあり、次の頁を繰ると「前の頁に同じ」と書いてある。これはつまり、患者の症状に変化がないということだ。ほとんどが、言葉によって伝達することができない統合失調症の患者だった。この患者たちが動く治療こそ行わなければならないのだと、山中は意を強くした。

第二のターゲットは、看護師を困らせている患者たちである。逆にいえば、看護師がいつも気にかけている患者だから、変化があればすぐに気づくはずである。そこで、山中は一病棟十六人の看護師に協力してもらうことにした。看護師一人あたり五票を与え、この患者さえいなくなってくれれば、スッとするだろうと思う患者の名前を投票させるのである。一人の患者に五票投じてもいいし、一票ずつ五人でもいい。まるで不人気投票のようで、看護師長はなんて不謹慎なと眉《まゆ》をしかめたが、山中が丁寧に事情を説明すると、「おもしろそうですね」と理解を示した。

投票の結果、一人の患者が、合計八十票のうち三十二票を集めた。看護師一人あたり二票は入れている計算になる。二位が八票だから不人気ぶりは際立《きわだ》っている。五位までの患者の行動を見ると、わざと人に嫌われることをしているという共通点があった。面会客のおみやげを独り占めする、不潔、くさい、女子事務員の前でズボンを下ろすなど性的な逸脱がある。看護師がこの患者さえいなければと思うのも無理はなかった。彼らはみな、対人関係に支障をきたす関係性障害の患者たちだった。

山中が第三のターゲットとしたのは、「先生、何やるの」「ぼくにも描かせて」と自ら願い出た患者たちだった。第一ターゲットから第三ターゲットまで五人ずつを予定していたが、積極的に願い出た第三ターゲットの希望者は十数人も集まったため、最後はあみだくじで決めた。

まずは男子病棟の患者から、絵を描いてもらうことにした。材料は八つ切りの画用紙に、クレヨンや絵の具を用意した。山中は、部屋に集まった十五人の患者に語りかけた。

「これから申し上げる三つのうち、どれかに合致するものをこの画用紙に描いてください。一つは、今気になっていること。おまんじゅうが欲しい、でもいいし、休息していたいでもいい。胸が痛い、のような困っていることでもいいです。気になっていることを描いてください。二つめは、夢、です。昨日見た夢でもいいし、今週見たどの夢でもかまいません。三つめは、気になっていることも夢も思い浮かばないという人で、その場合は、好きなものをなんでもいいので着想していることを描いてください。今、ちょうど午後一時ですから、二時までにお願いします。そのあとは、個室で一人ずつ面接します」

始めから「好きな絵を描いてください」といわないのは、統合失調症の患者の場合、好きなものといわれても、なかなか描けないためである。好きなものをうまく選べないことが、この病気の特徴でもあった。

男子病棟ではこれを二か月間にわたって実施して患者にも好評だったことから、三か月目からは女子病棟でも行った。火曜に男子、木曜に女子、と同じ曜日の同じ時間に週一回ずつ、それぞれ九か月間。面接では、絵を媒介として患者と山中の間でさまざまな会話が交わされた。絵の中に自分が気づかなかった自分の力を見出《みいだ》す者、両極端の考えに揺れる者、新聞の絵を描き写しながら自分は借り物でしかないと語る者もいた。さまざまな苦悩が語られ、新たな気づきや変化もみられた。

三か月ほど経《た》った頃、第一ターゲットと第二ターゲットの患者の一部に症状が悪化した者が出た。症状が悪くなるということは、外から悪くなったように見えるということで、これから変化する可能性があるということでもある。山中は看護師にそう説明し、できるだけ見守っていてほしいと伝えた。すると、二年もしないうちに、まずは第二ターゲットの、看護師に不人気だった患者たちが全員退院していった。二年目以降は、第一ターゲットの長期入院患者の一部が退院した。一方、ちっとも治らず、いつまでも退院できないのが、第三ターゲットの自ら絵を描くことを願い出た患者たちだった。

この研究を通して山中が認識したのは、絵は防衛手段である、ということだった。絵によって、真実が自分に迫るのを防御する。絵があれば、本当の自分を見せずに済むという意味だ。自ら絵を描きたいと願い出た患者たちには、うまいと褒められることへの期待があった。それは、表面的な自己満足である。本当の自分に肉薄し、晒《さら》け出し、そこからもう一度、自分を再構築するという考えをもちにくい。そのため、いつまで経っても治らず、むしろ社会復帰療法で体を動かすことでようやく退院することができたのだった。彼らに対しては、描画は有効ではなかったというのが山中の実感であった。

看護師を困らせてばかりいた第二ターゲットの患者たちの退院が早かったのは、山中との個人面接を通して、ネガティブな自分は仮の姿であることを発見したからだった。これからは本当の自分を生きてもいいのだと気づくと目に見えて回復していった。

山中は語る。

「私の知る限り、絵画が治療の手段になりうることを最初にいい始めたのはユングだと思います。患者に対してだけでなく、ユング自身が精神的な危機に陥った際にも絵を利用し、マンダラと呼ばれる図像が現れることについて記述しています。ただこの頃の私はユングの発見などまだ知る由《よし》もなくて、バウムテストや描画を通して自《おの》ずとそれに気づき、イメージの世界に関わる洞察力と治療者観を養っていきました。そんな経験があったので、箱庭療法はすごい、と気づくのに時間はかからなかったんです。絵に比べれば、技術はまったく必要なく、上手下手は問わない。子どもやお年寄りでも抵抗なくできますからね」

山中は、ドラ・カルフの原書の翻訳を進めながら、河合が主宰する京都箱庭療法研究会に年三回通い、大学病院で箱庭療法を実践するようになった。京都箱庭療法研究会の中心メンバーは京都市カウンセリング・センターでカウンセラーを務める人々で、長岡京市立教育センターの中村良之助、仏教大学教授の浪花博、金閣寺心理相談大谷クリニックを開業する大谷不二雄、京都大学助手の西村洲衞男ら、いずれも教育畑の人々である。大学病院でのケースはきわめて珍しく、河合は山中の参加を大いに歓迎し、事例を報告するよう促した。

ユング研究所からドラ・カルフを招いて行われた第三回目の京都箱庭療法研究会で

のこと。山中は自分の症例を発表することになった。「口無し太郎」(以下、太郎)と名付けた八歳の少年のケースである。

太郎は家の中では普通にしゃべるのに、幼稚園から小学二年になるまで、家の外では一度も口を開いたことがなかった。これを心配した担任教師の勧めもあって、母親に連れられて大学病院にやって来た。子どもがしゃべれないのは大人以上に大きなハンディである。友だちができない。感情を発散できない。そこにさまざまな問題が重なって、不自由や悲しみが子どもを襲う。症状から判断すれば場面緘黙《かんもく》症といって無意識的に言葉を発せなくなる一種の神経症という診断になるが、この場合は薬物で治療してもあまり意味はないと考え、太郎を箱庭に誘ってみた。言葉を用いずに会話するにはうってつけの方法である。太郎はほっとした表情でこれに応じ、動物の玩具を置き始めた。木々の間にキリンや牛や馬が二頭ずつ、象が一頭だけ、背を向けて離れた場所にぽつんと置かれた。山中は、太郎がめったに鳴かない象に自分を託したのではないかと感じていた。

二回目の診察では、部屋に入るなり箱庭を触り始めた。始めに象を置き、次にその象と対決するように別の象を置いた。続いて牛やワニや馬やカバをやはり互いに対決するように並べ、箱庭はまるで二つの動物群の闘いの構図になった。ひと呼吸置いたあと、牛と牛、ワニとワニ、というように同じ動物を次々に闘わせ、すべての動物を倒していった。動物たちが死に絶えたかとみえたら、最初の一頭の象がむっくりと起き上がり、反時計回りに箱庭を一周すると、さきほど闘った象を起こし、続いてほかの動物も次々と起こしていった。少年の作った死と再生の儀式を思わせる箱庭に山中は目を瞠《みは》った。

三回目の診察のとき、太郎は前回の箱庭にエネルギーを吸い取られてしまったようにしばらくぼうっと突っ立っていた。十分以上してようやく棚に手を伸ばしたかと思うと、ぱらぱらっと家の玩具を四軒だけ置き、あとはもう何もせずに放心したように立っていた。前回の箱庭に衝撃を受けていた山中は、期待のあまり、「箱庭を知りたいんじゃないかなあ」と太郎にいった。すると、そこまで山中の発表を黙って聞いていたカルフが、突然、「何いってるの、山中さん」と口を開いた。

「屋根が、赤い屋根が、一つ出ているじゃない。これ、ものすごく大事よ」

カルフは四軒の中の一つの家を指さした。

「この屋根が赤いでしょ。どう思う?」

屋根の色は、灰色、黒、茶色、赤だった。

「感情が出てきたと思わない?　彼は三年間ほとんど感情が表出できなかった。じーっと沈黙していて感情の出し方もわからなくなって口無しになっちゃった。それなのに、色が出た。これはすごいサインよ。色に注目してみたらどう？」

なるほどそういうことなのかと思った。アイテムばかりに注目し、実のところ、この回の箱庭は失敗だったと重きを置いていなかったのである。カルフのアドバイスはまったく違った。カウンセラーは箱庭の何に注目すればいいのか、その視点の置き方に目を開かれた。

太郎は七回目から終了直前の十一回目までの箱庭で、蛇の親子と新幹線の工事の様子を表現し続けた。蛇の親子が冬眠から目覚めて土から這《は》い出る。やがて砂箱から出て、ついには部屋を飛び出し、別室から新幹線の模型を見つけ出した。砂箱の外では新幹線工事が着々と進み、大型新幹線が完成する。蛇の親子がこれを征服すると、親蛇は子どもの蛇を背中に載せて砂箱に戻っていった。

カルフは、これこそ現代日本の象徴的な姿ではないかと指摘した。親子関係や肌のふれあいを象徴する蛇の親子が、日本を象徴する新幹線を征服する。これは「親子関係を社会的次元の発達よりも大切なものだとみなした」しるしではないかともいった。

山中には思い当たることがあった。奇《く》しくもこの日の面接の帰り際、太郎が「あのね、ぼくね、学校でしゃべったよ」と話しかけてきたのである。突然言葉を発したことに驚いて山中が聞き返すと、太郎は訥々《とつとつ》とではあるが、学校での出来事を説明し始めた。

母親からは、太郎が最近、「掃除機をかけるお母さんよりも、編み物をするお母さんのほうが好きだ」と話したと聞いていた。掃除機の音がうるさいときは話せないけれど、編み物をしているときなら母親と話ができる。母子関係が回復したことを示唆《しさ》するエピソードだった。

山中は、興奮のあまりカルフに何度も質問した。夢中で原書の翻訳をしたのだから、カルフの考え方については隅々まで頭に入っていた。これは一生の仕事になるかもしれないという直感があった。

箱庭療法を手がけるには、自分も教育分析を受ける必要があると知り、京都箱庭療法研究会からの帰りの電車で、河合に頼んでみた。教育分析なら、カルフのほかには河合しか考えられなかった。だが、山中がまだ二十代半ばであると知ると、河合は首を横に振った。

「分析を受けるには、あなたはまだ若すぎますな。それに、何人も待っている人がいる。でも、ウェイティング・リストには入れときますわ」

そのまま二年半ほどが過ぎ、自分が分析を頼んだこともすっかり忘れていた頃、河合から電話がかかってきた。

「山中君、今でもまだ分析受けたい思うてはりますか？」

山中の記憶では、一九六九年のことである。早口で一瞬何のことかわからず、しばし沈黙したあと、ハタと気づいた。

「あ、分析のことですか？　今でもお願いしたいです」

「では、来週×日×時に吉本先生《せんせ》のとこに来てくれはりますか」

「吉本先生のとこ」とは、京都丹波橋で開業している精神科医の吉本千鶴子《ちずこ》のクリニックである。河合はいつも、このクリニックで弟子たちの教育分析を行っていた。河合の教育分析を受けるのは山中で五人目、ただし、精神科医は初めてである。クリニックの場所を説明すると、河合は山中に訊《たず》ねた。

「山中君、夢見はります？　必ず見るから持ってきて」

「夢を持っていくってどういう意味ですか？」

「見た夢をいくつか紙に書いて、それをコピーでええから、二通作って話し合うんよ」

その夜から不思議なことが起こった。河合がいった通り、次から次へと夢を見るようになったのである。

一週間後、夢をメモして持っていった。その日はたまたま山中の誕生日だったので始める前にそう伝えると、河合は「ほほう、じゃ、今日から、生まれ変わるんですな」といった。この日、報告した夢は七つ。

「次からはもう少し数を減らすようにしてください」

「でも先生、夢を多くしたり少なくしたりってできるんですか」

しかし、またも奇妙なことに、そんなやりとりのあとでは夢が少なくなるのだった。あるときには、「まだ、見方が甘い。もっと、しっかりと見てきてもらわんと」といわれ、夢の続きを見るなんてできるわけないと思っていたら、ちゃんと続きが出てきたので驚いた。

精神分析といえば、患者が寝椅子《ねいす》に座るフロイトの方法を映画などで目にするが、ユングの夢分析は、テーブルを挟んで椅子に座って向き合う対面法である。正面に座った河合は終始、半眼で山中の話に耳を傾けていた。神話や宇宙についての夢もあれば、少年時代や学生時代の夢、ベトナム戦争を想起させるものもある。そのほとんどは日常的な夢で、劇的なものは少ない。河合は山中の内面をのぞき込むようなことはせず、ほとんどの時間は沈黙し、時折、短い感想を述べ、簡単な問いかけをするだけである。それでも山中は次第に何か深く広いものに包まれ、自分の無意識の底に分け入っているような気がした。

十四回目の分析で山中が報告したのはこんな夢だ。

辺りはとても薄暗い。あちこちで、鋭い叫び声がしたり、物凄《ものすご》い唸《うな》り声がしたりする中を歩いていく。足には何も履いてなくて、鋭い石の角や茨《いばら》の棘《とげ》が痛く素足の皮膚に食い込んでくる。背中には重い荷があり、それを吊《つ》った紐《ひも》が肩に食い込むし、足枷《あしかせ》、手枷が硬くて痛い。血の池あり、針の山ありで、どこかの寺で見た地獄図の光景。……周りに老いさらばえた人や血だらけの人、いろんな責め苦を受けている人たちが、助けてくれと手を伸ばしてくるが、私は何もできない。……彼らの顔をよくみると、患者さんのX、Y、Zさんらもいる。皆、自分の苦しみに耐えきれず自殺した方々だ。……私は、私なりに一所懸命尽くしたのだが、如何《いかん》ともし難かった。いや、手立てはまだあったに違いないのだが、私にはその先が見えなかったし、手も施せなかった。凄い悔恨の情が私を責める。

（『臨床家　河合隼雄』）

山中が夢を語り終えると、河合はいった。

「壮絶ですな」

「……この人たちは、実に何年も私が関わった方々です。自殺は同時に起こったのではなく、この数年の中でちらほらと……。1人は、何とご自身で作ったピストルで、たった1発の弾丸で頭を打ち抜かれて。1人は、自宅の松の木で首吊り。1人は高いビルから飛び降りて亡《な》くなられました。私の配慮がどこかで足りなかったのだと……」

「何とも言えませんな。あなた方精神科医は、こういう場面に出会わねばならんことが我々よりは多いね」

「……」

「人の計らいではどうにもならんことがある」

「人事を尽くして天命を待つといいますが、綺麗《きれい》ごとではすまされません。何か、自分に落ち度があったのかと自身を責めるのですが、どうにも、力が湧《わ》かないです」

「自分の力だけでどうこうしようと考えていませんか？」

「それはないです。むしろそうなら、不遜《ふそん》ですよね」

「そう。人には人のさだめがある」

「でも、ああ悲惨でなくとも……」
「……自分を責めすぎてもあかんし、ほっとくのも駄目。じっくりと、受け止め、じっくりとその辛《つら》さを味わう……、そこから、次なる解決の道が出てくることも……」（同前）

河合は山中の夢を解釈しているのでも治療しているのでもなく、山中が自分自身について語るのをそばで見守っているだけである。ほかの夢の報告でも、「ほほう」と相づちを打つばかりで、ただ聞いていることが大半である。何もしないことに全力を傾けているといえばいいだろうか。こうした姿勢について河合は、宗教学者の中沢新一との対談で次のように語っている。

中沢　たとえば先生が言ったことに対して、クライアントが「違うんです」と反対したときは、どうされるんですか。別のほうから攻めるんですか。
河合　僕はね、自分の意見を言うということはめったにないです。
中沢　それは、特殊なケースですか。
河合　そうでしょうね。大体その人の言いたいことをなんとか僕がよい言葉にしようとしています。その気持ちは強くありますね。

中沢　それが「箱庭療法」につながるんですね。

河合　ええ。それと「あなたはこうだ」というふうな言い方はほとんどしないいんじゃないでしょうか。そうした場合、大体「否定」されますね。

（『仏教が好き！』）

山中は、一九六九年から七二年の二年半は吉本医師のクリニックで、河合が京都大学教育学部の教授になってからは教授室で臨時に二、三回、その後は、奈良西大寺にある河合宅で二年半、都合五年あまりにわたって河合のもとに通うことになる。始めの二年間は一回につき五十分間の分析を毎週一回、その後は二、三週に一回で、分析を受けた回数は計一七七回になった。

河合の分析を通じて山中が得心したのは、ユングやフロイトがいったように、夢は人間の無意識に至る王道であること、自分の無意識から生まれる内容を慎重かつ丁寧に観察し、それによって自分の生き方を決めること、そして、心理臨床の営みの目的は悩みを取り去ることではなく、悩みを悩むことであるということだった。

河合に訊ねたことがある。なぜそもそも河合はユング心理学を日本に持ち帰ったとき、ユング心理学を真正面から紹介するのではなく、まずは箱庭療法から始めたのか、箱庭療法が日本人に向いていると考えたのはなぜかと。山中自身が大学での臨床で箱庭療法の手応《てごた》えを確信し始めていた頃だ。河合はこう答えた。

「日本人いうのは、言語化するのが苦手な民族なんや。それが得意な人が治療者としては精神分析を選ぶ。でもほとんどの人が得意じゃない。ところが、箱庭というのは一回見ただけで、クライエントの力量も治療者の力量もわかる。見ただけでわかるという直感力が優れているのは日本人全体の通性なんや。だからこれは使えると思った」

これに関連して、河合は次のようにも語っている。

「日本では自と他、物と心の区別があいまい。心の問題は人間関係全体の中に溶け込んでいると認識され『心』だけを取り上げることはなかった」（毎日新聞一九九三年二月二十六日付朝刊）

日本人は西洋のように物と心を区別しなかったから、心だけを採り上げて言葉にすることがなかった。そのため、患者だけでなく治療者も、自分の心の内を言葉にするのが苦手である。だが、盆栽や盆景を好む日本人ならば、イメージで表現することはできるのではないか。箱庭ならば抵抗なく接することができ、心の内を託すことができるのではないか。河合はそう考え、ひたすら事例を積み重ねた。

思っていることを言葉にするのが苦手であるという日本人の特性は、現代の国際化社会では否定的なこととみなされるかもしれない。「あなたの意見はと言われると、まず周囲のことを気にする日本人の傾向は、欧米人に言わせると『自我がない』とまで極論したくなるほど」（『日本人とアイデンティティ』）だと河合も書いている。

だが、およそ半世紀前の、復興期を脱したばかりの日本人のメンタリティには、箱庭のように、自分の外側にある物に気持ちを託す方法はとっつきやすく、なじみ深いものだったに違いない。

河合が箱庭療法の導入に対してかなり慎重で戦略的だったことを裏付けるエピソードがある。山中は名古屋市立大学病院の同僚と一九六七年の末にドラ・カルフの『SANDSPIEL』の翻訳を終え、出版前に河合にも読んでもらおうと原稿を渡した。ところが、いつまで待っても原稿が戻ってこない。そのうち、天理大学と京都市カウンセリング・センターの事例を集めた『箱庭療法入門』が河合隼雄編で出版された。一九六九年夏のことである。あの訳稿はどうなったのかと訊ねると、河合は申し訳なさそうにいった。

「山中君、原稿読んだんやけど、あれが先に出てしまうとちょっと困るんよ」

「どうしてですか」

「あれはカルフさんの解釈が勝ちすぎてる。箱庭療法ってこれぐらいしないといけないんやないかと世間の人が思うかもしれないけど、全然違うんや」

河合によれば、カルフの箱庭療法は、創始者であるローエンフェルトの世界技法をユング心理学の考え方で解釈し直したもので、ローエンフェルトはそもそも、フロイトの精神分析の理論を子どもの遊びにもあてはめて分析する児童分析の流れに対し、解釈や転移といった考え方なしに子どもを治療でき、視覚や触覚などの感覚的な要素の多い技法として世界技法を編み出した。

カルフはこの世界技法を学びながらも、ユングから学んだ心理学の考え方を加味して自らの技法を発展させた。ユング派分析家の資格をもたないカルフがユング研究所の分析家たちを納得させるには哲学的背景をふまえた方法論を確立する必要があったからである。そのため、カルフの初めての解説書となる本書はどうしても解釈に傾きがちになっていた。

たとえば、カルフの著書の冒頭に紹介されているクリストフという九歳の少年の事例がある。彼が箱庭を最初に作ったとき、左端にガソリンスタンドの玩具を置いたのを見て、治療者は「新しいエネルギーが、無意識のなかに貯《たくわ》えられた」と喜んだ。これを文字通り読めば、読者は、治療者が喜んだのはガソリンスタンドが置かれたからだと思うだろう。だが、実際にはどこまでが偶然に置かれたものなのか、どこまでがクリストフの内的必然によるものかはわからない。箱庭には偶然の要素が大きいため、患者の状態から生活史、治療の流れまで、それぞれを総合的に考慮して判断しなければならない。河合は、ガソリンスタンドとくれば患者のエネルギーだと短絡的に結びつけるような解釈には慎重になるべきだと考えたのである。

山中が訳したカルフの本『カルフ箱庭療法』が出版されたのは一九七二年だが、その解説を担当した河合は、ユング心理学の影響を大きく受けたカルフの象徴解釈の理解については慎重であるよう注意を促す文章を寄せている。つまり、ドラ・カルフのSandspielと河合隼雄が発展させようとした箱庭療法は、厳密にいえば別のもの、ということである。河合の処女作『ユング心理学入門』にも箱庭療法の項目はなく、注に小さく事例が紹介されている程度で、両者を切り離そうとしていたことがわかる。

天理大学や京都市カウンセリング・センターの事例を集めた本邦初の箱庭療法の本『箱庭療法入門』にある「われわれの立場」という章を読めば、カルフとの相違は鮮明である。河合はカルフに従って箱庭療法を行っており、カルフが強調した「箱庭は治療者と被治療者との人間関係を母胎として生み出された一つの表現」であるという基本的な姿勢は踏襲している。クライエントが言葉で表現する代わりに玩具や砂によって示す世界を共に味わい、訴えてくるものをしっかりと受け止める。それはこの治療法の重要な前提である。ただ、その際、治療者が早急に解釈することに対して、河合は注意を促している。

私自身、この取材を始めた頃、玩具には一対一で対応する意味があるものと思い込んでおり、木村晴子の取材ではそんな質問を繰り返していた。だが、ある作品はこういう世界を表す、と断定することは治療の流れを阻害してしまうばかりでなく、クライエントの、一言では表現しえない思いを決めつけることになりかねない。無用な介入はしないし、完成したあとの質問もできるだけせずに、心の動きに従うことの大切さを河合は強調していた。

では、河合は、箱庭療法は一切、解釈を行わなくていいと考えているのかといえば、そうではない。受容と解釈は相反するものではなく、相補的なもので、意味のある解釈が行われれば受容的態度も深まる。そのためにも治療者はクライエントの表現から感じ得たものを言語化する必要があると考えていた。そうしなければ、「あまりにも感じだけに頼ったり、ひとりよがりになってしまったりする危険性も生じてくる」(『箱庭療法入門』)ためである。

先に引用した中沢新一との対談にあるように、「その人の言いたいことをなんとか僕がよい言葉にしようとしています。その気持ちは強くありますね」とは、そのことを意味するのだろう。そして、言語化する場合も決して断定的ないい方はせず、あくまでも、こういう見方もあるという姿勢である。同じく先の対談の「『あなたはこうだ』というふうな言い方はほとんどしない」というのも、河合が箱庭療法を導入して以来の基本的な態度だった。

私は、山中にどうしても確認しておきたいことがあった。一般向けの雑誌に山中が寄稿した文章についてである。そこには、箱庭療法が日本の心理療法の世界にもたらしたものについて書かれてあった。

本誌は、広く読者を持つ一般誌なので、この治療法（引用者注・箱庭療法）の内実についてくどくど詳細に書くつもりはない。しかし、以下のことだけは、きちんと触れておきたいと思う。それは、この、一見ちゃちな、幼児の遊びにすぎないかのごとく見える方法が、実は、日本の心理療法、ひいては、精神療法全体に、微妙な、しかし大きな、内的変革をもたらす力を持ちえたことについてなのである。

（「imago」一九九一年三月号）

内的変革をもたらした――。これはどういう意味なのか。山中は先の文章に続けてこう書く。

日本の心理臨床の歴史をひもとくと、無論、河合氏以前にも大きな足跡はいくつか散見される。ジークムント・フロイトを旗頭とする「精神分析療法」の流れは、古沢、懸田《かけた》、山村から小此木氏らに至るまで昭和初期から連綿と続いているわけであるし、一方、それへのアンチテーゼとしての、カール・ロジャーズを先頭とする「非指示的・来談者中心療法」の流れは、ことに、精神分析が排斥した非医師である佐治、友田、伊東、畠瀬氏らといった心理学者たちの中に強く浸透していた。そして、第三の流れである「行動療法」の流れが、これらとは厳しく対立して内山、梅津氏らを中心にして浸透しつつあった。

（同前）

それぞれの療法の詳細はおくとして、箱庭療法以前の臨床心理学には、まずは大きく、精神分析療法と非指示的・来談者中心療法という二つの流れがあり、古澤平作ら精神科医はフロイトを起源とする精神分析療法を、佐治守夫ら心理学者やカウンセラーは、精神分析への批判として登場したカール・ロジャーズの非指示的・来談者中心療法を臨床に導入していた。そこへ、主に精神分析に対する批判として、動物実験から導かれた学習理論に基づいて問題行動を治療しようとする行動療法が内山喜久雄ら心理学者の力によって普及しつつあった、ということだ。

山中は語る。

「率直に申し上げましょう。当時、日本精神分析学会の雑誌でいろんなケースを聞いたり読んだりしてきました。心の中の無意識を言葉にすることで意識化するというのが、精神分析の考え方です。でも、論文を読んでいると、ここで意識化が起こり、ここで同一視が起こり、ここで抵抗があって、ここでエディプス・コンプレックスが顕《あら》わになって、といろいろなテクニカルタームは出てくるのですが、クライエントの心の中で何が起こっているのかが全然伝わってこない。テクニカルタームをまぶした天ぷらの衣ばかりで、中身がエビなのか、エビの格好をしたじゃがいもなのかわからない。何が起点となって何を生み、どういうルートでどこが展開しているのかが説明できないんです。同期生の友人に成田善弘という分析家がいて、ぼくは彼の報告を一番信用しているからある程度は読めたんですが、それでも当時のぼくには理解できませんでした」

そもそも、意識すれば治るというのは、不思議な話である。意識することでかえってひとつのことに固執したり、悩みが深まって身動きがとれなくなったりすることもある。ところが、精神分析に限らず、十九世紀末、西洋近代に誕生した臨床心理学のほとんどの理論では、意識すれば治る、が大前提となっていた。心を知ることができるのは自分だけだが、自分にもわからない部分があって、それを無意識と呼ぶ。そして、無意識を意識化するための橋渡しをするのが精神分析などの心理療法で、意識化はいずれも言葉によって行えると考える。無意識に留まっているものが病を引き起こすと考えるからこそ、言語化することが治癒につながると考えられた。

この点について山中は、精神分析が盛んだった一九六〇年代のアメリカから帰国したばかりの児童精神科医、小倉清と論争したことがある。小倉は一九六六年、「児童精神医学とその近接領域」誌に発表した論文「遊戯療法」の中で、自分が担当した少年のケースをもとに、治療者は子どもに遊戯療法を行う場合にも可能な限り言葉によるやりとりを行う準備ができていなければならず、患者の遊びに解釈を与えることが治療的であり、患者は言語化し、意識化することで治っていくという主張を展開していた。

論文の発表からまもなくして、山中と小倉がシンポジウムに呼ばれたとき、この論文を読んでいた山中は「小倉先生、私のケースではほとんど言語化しなくて治ったケースがあるんですが」と食いついた。念頭にあったのは、「口無し太郎」のケースだった。

「小倉先生は、そんなばかなことあるわけない、君はその子どもの意識化や言語化にセンシティブでないだけだ、とおっしゃった。それならば、と思ってぼくはいった。先生がそうおっしゃるなら、誰か、会場にスライドもっている人いませんかと声をかけたんです」

すると、客席にいた一人のカウンセラーの女性が、私でよろしければと手を挙げ、絵画療法を行ったときのスライドを八枚、映写機の担当者に差し出した。絵を見れば子どもが描いたものだとわかるが、それ以外には、性別も年齢も、どういう理由でカウンセリングを受けたのかについても情報はない。小倉は当然のように、あなたはクライエントにどんな問いを発して、それに対してクライエントはどう答えたのかを聞こうとした。ところが、山中は、その問いには後で答えてもらうことにして、先にやらせてほしいと申し出た。八枚の絵を全部見てから並べるのではなくて、一枚ずつ映し出された植物らしきものの絵を見ながら次々と読み解いてみせたのである。

「二枚目でこの部分が伸びてきましたね、あなたに会ったことを喜んでますよ」

「この絵には、自分で伝えたい、伝えたいという思いが現れているじゃないですか」

「この絵を描いたときには症状は消えて、元気になって学校に行き始めましたね」

そして、八枚目の絵でみごと花が咲く。

「花が咲いたらもう話し始めますよ」

山中がそういうと、カウンセラーの女性は感無量の面持ちで、「そうです。話し始めたんです」といった。

「山中君、本当に言語化しなくても治るケースがあるんだね」

小倉は驚いた。


山中は、箱庭療法について、こうも書いている。

「箱庭療法」は、治療者が見守る中で、クライエントがただ黙々と置いていくだけで、ただそれだけで、ほかの幾多の方法などより、はるかに立派な成果を上げる。この治療法が教えたことは、実に大きい。すなわち、「治療者の臨在」の意味の大きさや、「敢《あ》えて言語化せずとも、癒《いや》されうる」こと、つまり、必ずしも「意識」を通過せずとも、心理療法は成立しうること、言語や意識の代わりに、「イメージ」が治癒にあずかっていることなどを知らしめたのである。

（同前）

Y少年や伊藤悦子の箱庭の経緯を見た今では、山中のいうこともわかるような気がする。回復には言語を必ずしも必要としないこと。絵を描いたり砂の上に玩具を置いたりするとき、クライエントは必ずしも意識的ではないこと。それでも、箱庭や絵画にイメージの世界が展開することによってクライエントは変容すること。言語や意識が人を治す、ではなく、言語や意識が介在しなくても人は回復する、である。

小倉清に訊ねると、このシンポジウムのことを詳しくは記憶していなかった。

「だからといって、作り話だというわけではありませんよ。覚えていないということは、覚えていたくないということかもしれないから」と苦笑いした。

「たしかに、言語化しなくてもよくなった人はいるでしょう。それよりも大事なことは、患者さんと治療者が繰り返し会っているという治療関係です。患者さんはその関係の中で治っていくんだから、言葉を使う場合も使わない場合もあっていい。彼とはそれからも学会でたびたび議論しましたし、河合先生の研究室の勉強会には何度も参加して話をしました。昔のことですが、私も患者さんに絵を描いてもらったり、箱庭を作ってもらったりしましたよ。ただ、二歳の子どもでも自分が何に困っているかを言葉で説明できますからね。私にすると物足りない。人間だからやはり言葉を使いたいんです」

精神分析は第二次世界大戦前にいち早く持ち込まれたものの、患者の症状を記述することを重んじるドイツ精神医学が日本の精神医学の主流であったこともあって、日本では日陰の存在に甘んじることになった。医学部の講義科目にないため、臨床現場で治療法として使えないというのも大きなハンディだった。

山中は語る。

「箱庭療法が日本に紹介された一九六〇年代の半ばには、精神分析よりも、カール・ロジャーズの非指示的・来談者中心療法が席捲《せっけん》していました。今の私はどの学派にも意味があると理解しているから悪いということはありませんが、当時はロジャーズ派の人たちのケースを読むたびに頭にきていましたね。たとえば、こんなやりとりがあるんです。

クライエント　先生、私、○○で困っているんです。

セラピスト　○○で困っているんですね。

クライエント　そうなんです。

（五分沈黙）

クライエント　じつはぼく、昨日、××××と考えて、どうにも気分が重いように感じたんです。

セラピスト　昨日、××××と考えて、どうにも気分が重いような感じがすると。

クライエント　ええ、そうです。

延々とこんなやりとりが交わされる。セラピストはクライエントの心の中でどんな変化が起こっているのかまったくわかりません。受け入れられていると感じて安心しているのか、自分の思いにハッと気づくのか。その場にいるセラピストならわかるのでしょうが、逐語録だけ読んでも、何がなんだかさっぱりわからない。

ところが、箱庭療法は違いました。一目瞭然《りょうぜん》でした。一回目こういう箱庭を作りました、二回目はがらりと変わってこうなりました。砂箱の左側でずっと強調されていたものが突然右側に移った。そのとき現実の世界でクライエントに何があったかを聞くと、大きな変化が起こっている。イメージのレベルで展開することと、現実の出来事を克明に記録しておくと、クライエントに何が起こっているかが箱庭を見ただけでわかるようになるんです。これはつまり、治療者側が、治療過程、すなわち、セラピユーティック・プロセスを明確に言語化できるようになったということです。このことは、われわれの心理療法の世界に一大変革をもたらしたと認識しています」

たとえクライエントが沈黙していたとしても、箱庭に展開されるイメージを手がかりにすれば、クライエントの変化が読み取れる。精神分析やロジャーズの方法など、クライエントとセラピストの対話のみで成立する心理療法が、クライエントが沈黙すると手立てを失ってしまうのと対照的である。

つまり、箱庭療法による「内的変革」とは、患者と治療者の双方にもたらされたものだった。患者にとっては、言葉にしなくとも回復するという点で。治療者にとっては、治療の流れを明確にしたという点で。

それにしても、なぜ箱庭を見ただけでクライエントの状態がわかるのだろうか。シンポジウムで小倉と対談したとき、未知のケースだったにもかかわらず、絵を見ただけで山中はなぜそこまでわかったのか。

「子どもの心と同じ心になってるんですよ。子どもの心の内側に入って、その子どもが何を考えているんだろうと想像するんです」

山中はそういって、Ａ４サイズの画用紙に描かれた一枚の絵を私に示した。黒のサインペンで四角く囲んだ枠の中に植物らしきものが描かれている。芋のような大きな地下茎からひょろひょろと細い芽が地上に顔をのぞかせている。地上に比べると地下が大きすぎてバランスはあまりよくない。だが、山中はこれをこんなふうに解釈した。地上は一見こんなに弱々しく、くるくるとしていて、価値があると思えないような葉が出ている、でも地下には計り知れない可能性がある、と。

「芋から芽が出た絵にすぎないのですが、これを描いた子はこんなひよわで、黒い葉しか出せなくてダメ人間っていわれているけど、地面の下にはこんなに可能性あるやん、とすぐにわかる。この子は自閉症なんですが、地下はすごい。洪水があったり火事があったりしても芽はまた出てくる。自閉症の治療とは、地下の部分をどうやって発現できるようにするかが大事なんです。そんなことがこの一枚の絵には秘められているんです」

絵や箱庭に表現するだけで、なぜ言葉が引き出されるのか。

「言葉は引き出されるんじゃないんですよ。言葉というものは、自ずからその段階に達すれば出てくるものなんです。引き出されるのではなくてね。五歳ぐらいまで一言も話さない子どもたちはよくいます。それは、言葉以前のものが満たされていないのに、言葉だけしゃべらせてもダメという意味です。言葉は無埋矢理引き出したり、訓練したりする必要はなくて、それ以前のものが満たされたら自然にほとばしり出てきます。事実、私のケースはみなそうでした」

絵や箱庭が言葉を引き出すのではない。絵や箱庭を媒介として治療者と患者が積み重ねた時間と空間が少しずつ子どもを満たしていく。

「ぼくは学生時代、精神医学の本をたくさん読んで勉強しました。ただ、勉強したから絵のことがわかるようになったとは思えないんです。口無し太郎の絵や箱庭も、それ以外の子どもたちのものもそうです。私の中にイメージの変遷過程が理論を経ずして直感的に入ってきた。理論は後付けで、ユングはこういっている、フロイトはこう、とどれも自分自身の経験を通じて理解していきました。こういうことをいうと自慢しているように聞こえかねないから慎重でありたいんだけど、ぼくは学んでからやるということはなく、学んだからできたということも、ほとんどなかったように思います」

ボーン・セラピスト、生まれながらの治療者。山中は、友人の医師たちからそう呼ばれている。

## ■逐語録（中）

「風景構成法をやってしまいますか」

中井久夫はいった。

風景構成法は、中井が一九六九年に創案し、その後、全国の精神科でも採り入れられている心理テストを兼ねた絵画療法である。今回、私がもっとも受けてみたかった絵画療法であり、ぜひお願いします、と答える。中井はスケッチブックのページを繰ると、今度は紙を千切ることなくそのままテーブルに置いた。紙の大きさはA３である。

「枠があるほうとないほうと、どっちが描きやすいですか」

「枠があると自分の天《あま》の邪鬼《じゃく》なところが出るような気がします。はみ出してやろうというのでしょうか」

「ははあ、そうしたら」

と、枠を描こうとしてペンを止め、「ないほうがいいですか」と今一度訊《たず》ねられる。

「えーっと、決められないんですけれど」

「頭の中でサイコロ振ったら？」

「はみ出すにしても、枠はあったほうがいいかもしれません」

「では」と枠を描く。

「あっという間に済むかもしれませんが、私の頭はまだ余裕があるから、早く終わったらお話してもいいし、帰られてもいいし」

「はい、わかりました」

「これから私がいうものを順に描き込んでいって一つの景色にまとめてみてください」

「はい」

「まず、『川』がくるんですよ、なぜか」

「はい」

「むろん、どこに流してもいいですよ」

「はい。これまでの取材や資料で見た他の方の絵が頭に浮かんでしまうのですが、自分が思い浮かぶ川はこれしかないという川がありまして」

「それしかないというなら、ご自分の川でいいんじゃないでしょうか」

では、とサインペンをもち、川を描く。紙の中心から手前に向かって流れてくる川である。遠近法で描いているため川上は狭く、川下に向けて川幅が広がっている。ちょうどスコットランドの旗のように長方形をXで四分割した下方の三角形が川になっているというイメージである。

「ほう……」

……。

「『山』、ですね」

川に続いて、山を描く。さきほどの川の右側に山を描くが中腹で切れて頂上は見えない。山は複数あってもよいというので、最初の山の奥にもう一つ山を描く。こちらはてっぺんが見えている。

「山ですねえ。そうすると、『田んぼ』でしょう」

描きなさいとも、描いてくださいとも、いわない。こんなものがあってもいいですね、といったゆるやかな誘いである。田んぼは少し迷うが、最初に描いた手前の山の麓《ふもと》に描くことにする。遠近法がうまく表現できずのっぺりしたかたちで不満が残る。稲は青々と育っている。

「はい、じゃあ『道』ですね」

道はさほど迷わない。川の両岸を散策できる道と、もう一本は、田んぼの脇《わき》から山へ登っていけるような道を描く。

「道があったら、おうちがあってもいいでしょう。『家』です」

家は木造一戸建てのイメージである。川沿いの広い平地に小さな平屋を描く。ただしこちらから見えるのは左半分だけだ。

「家、ですね。次は『木』を。日本語は便利なので単数とも複数ともとれます。英語ならいちいちいわなければなりませんがね」

猫のぷうが、のわーんと鳴く。はーい、と中井が返事をする。

木はさきほど描いた家の前に左右に二本。一本は全体が見えているが、一本は右側が枠に隠れてしまって見えない。

「ははあ、木だったら、次は『人』、ですかね」

「人は、一人でしょうか」

「これも英語じゃないから」

「ああ……」

そうかと思い、家の前に少年を一人、描く。顔はこちらを向いて黒いランドセルを背負っているので、今から出かけようとしているのだろう。

サインペンが紙をすべる音とぷうの鳴き声だけがする。

「そうしたら、『花』でも咲かせますか」

「はい」

花、となると季節はいつだろう。プランターなのか、野の花なのか。少し迷って、家の前に花壇を作り、花を咲かせる。ペチュニアのイメージである。

「花だったら、『動物』もいていいけど」

いわれてみると、たしかに動物がいてもいいかなと思い、犬が庭を駆け回る様子を描く。私はこれまで庭付き一戸建ての家に住んだことがない。犬も飼ったことがない。我ながらステロタイプで凡庸なイメージだなと思い、小さくため息がもれる。あまりに絵が下手なので、なんだかねずみみたいですが、一応、犬です、と説明を加える。

「ええ、犬ですね。動物ですね。……あとは、『岩』とか『石』とかそういうもので」

花壇を囲むように小さい石を並べる。岩はとくに思い浮かばないので描かなかった。

「あとは、なんでもどういうふうにでも描き足してください」

眺めてみると、山も田んぼも家も花壇もみんな中央の川よりも右側にある。バランスがよくない気がして、あまり気が進まなかったが、川の左側にコンクリートのビルを並べる。ビルの前の道を車が一台走っている。通行人が複数いる。ただし表情があるわけではなく、小さくひょろりとしたマッチ棒のようである。

描いているうちにずいぶん長い時間が経《た》ったようで、またもや、こんなに時間をかけてしまって申し訳ないという思いがわき上がってくる。

「そんなところでしょうか？」

「あのう……、橋を架けたいんですが」

「どうぞ」

川下の一番手前に橋を架ける。簡単なものだが手すりもある。こんな感じでよいだろうか。

「そうしたら、また色を塗って仕上げてくださいますか」

「あ、はい」といってクレパスに手を伸ばす。

同系色が複数あるため迷いながら、山と田んぼは緑、家の屋根は深緑、扉は水色、庭の花は赤やピンク、対岸のビルは灰色、車は赤、川は灰色……と塗っていく。

この間、中井はじっと横に座って見守っている。時折、ぷうの声に、ほーい、と答えながら。

なにしろ、Ａ３なので塗るのに時間がかかる。この間、活発に会話をしているわけではなく、ほとんどが無言である。中井の家に到着してからすでに一時間が過ぎていた。風景構成法だけで三十分ほどが経過している。そばに座っているだけでも相当疲れるだろうと思われた（口絵７）。

中井が、絵の中の少年を指して訊ねる。

「男の子？」

「そうです、男の子です」

「だいたいよろしい？」

「はい」

「こういう風景ですか。（絵を眺めつつ）描きやすかったですか、それとも」

「邪念が入るといいますか……」

「あなたのいわれる邪念ってなんでしょう」

「ある資料で美大生の風景構成法を見たものですから」

「美大生もされていますか」

「はい。ある雑誌で見てとても印象に残ったものですから、自分が彼らと似た絵を描いてしまうんじゃないか、ああいうものを描かないといけないんじゃないか、などという意識が働きました」

「あなたの書かれたものを全部読んでいるかどうかわからないけど、どれが一番かわいいですか」

えっ、かわいい……？　かわいいかどうかという視点で自分の書いたものを考えてみたことはない。不意に話題が私の仕事に転換したことに戸惑いつつ、少し考えて『なんといふ空』というエッセイ集を挙げる。今は書けないという意味で、といい添えながら。

「今は書けない？」

「はい」

「最初に出されたのは『絶対音感』？」

「いえ、最初に出したのは競輪のルポルタージュなんです」

「それはぼくは知らないなあ」

「二十代のときに出版のあてもなく三百枚書いてしまったものです」

「あなたの名前が知られるようになったのは」

「それはやはり『絶対音感』でしょうか。もう十数年前になりますが」

「あれは一番、世に迎え入れられたという感じですか」

「世に迎え入れられたというよりは、物議を醸《かも》したということではないかと思います。絶対音感を礼讃《らいさん》する本じゃないかと誤読されたこともありましたし、音楽を知らない素人《しろうと》が、といわれたこともありました」

「そうですか。それは知らなかったな。絶対音感があるかないか、ぼくは子どもの患者に聞いていましたね。それによってずいぶん違うんです。精神科医でも絶対音感がある人がいますし、音楽家でも絶対音感がない人がいます。ない人は非常に苦しまれますね。私には決定的なものが欠けていると劣等感をもつ。絶対音感がある音楽家でも必ずしも活用されている方ばかりではない。もっちゃうわけですからね。地下鉄の駅に流れる音楽が苦痛だという人もいます」

絶対音感とは、基準音を与えられなくても音の高さをいい当てられる能力のことである。自分で音を作る弦楽器などを弾く場合は便利である一方、音程が多少でもくるっていると煩《わずら》わしく、ストレスになる人も多い。音当てを繰り返し訓練された人の中には、ＢＧＭが音の名前で聞こえてしまって本を読むことさえできないと嘆く人もいた。多くの音楽家を取材した結果、音楽の才能とは無関係というのが私の結論だった。

中井は、一九九〇年前後に受け持った十代の少女の診察をきっかけに絶対音感のもたらす快、不快に気づいたという。以来、統合失調症や強迫性障害と診断されながら絶対音感をもっているケースがないかどうか、注意するようになったと教えてくれた。拙著も刊行されてすぐに読んだという。

ただ、こうして私の仕事を話題にされるのはありがたくも居心地があまりよくない。仕事が終わったらすぐ次に進むようにしており、そもそも過去の仕事を振り返るのは好きではない。今日は私が被験者であるから当然なのに、どうか私のことは脇に置いていただければという思いになる。ただきっとこれまでの絵を通して、私の抱えるものが仕事とも深く関係していることに中井は気づいていたのかもしれない。

「この絵にはどんな印象もってはりますか。思ったもの描けました？　意外なもの出ました？」

「意外なものは出なかったという気がしています」

「なるほどね。これは川でしょう。濁ってるでしょう」

「あ、そうですね。でも、濁らせたつもりはないんです。私の実家は神戸市東灘区にありますが、山と海が近くて坂道が多いので、川はどれも急流で、よほどの雨量がない限りは川底のコンクリートが見えるんです。川といわれると、どうしてもその川が頭に浮かびます。灰色はコンクリートの色です」

「ということは、神戸の川ですね」

「そうです。一般的に川はどんな色で描かれるのですか」

「ふつう固有色は学校で教わるんでしょうね。川や海や空は青く、木は緑。虹は七色。印象派は固有色を否定しましたけれどね。絵の具が発達したせいでもあるのでしょうが……。この川は手前が広くなっているんですか」

「はい、手前の橋の真ん中に立って、上流から流れてくる川を見ているというイメージです」

「一番広いところに橋を架けたような」

「遠近法で描いたつもりなので手前が広いのですが……」

ここまでで私は、濁った川を描いたことといい、川幅が一番広いところに橋を架けたことといい、中井に指摘されたことをいずれも即座に否定している。私なりの理屈をいい添えて。ただ、私の無意識は何かを表現しようとして川の水を灰色に塗り、わざわざ幅の広いところに橋を架けたのかもしれない。

「この山はものすごく高い」

「ええ、高いです。てっぺんが見えません」

「川の左側は都会ですね。男の子は庭にいて犬が見ている。学校に行こうとしているのかな。お花畑のまわりには石が並んでいて、この道は学校に行くのかしら」

「ええ、学校は都会側にあって、少年は橋を渡って通っています」

「学校は都会にあるわけですね。山の高さは……」

「六甲山の二倍ぐらいでしょうか。千五百メートル以上はありそうです」

といってから、いやこの絵では三千メートル以上はありそうだと思い直す。

「こちらは怖いぐらいの朝の海ですね」

中井は、はじめに描いたなぐり描きに目を転じた。枠取りをしない紙に描いた七尾の海のような絵だ。もう一枚が、枠取りした紙に曲線で描いた地図のような絵である。

「こちらは朝鮮半島で何を連想されます？」

「大きさがだいたい朝鮮半島ぐらいではないかという意味で、朝鮮半島そのものをイメージしたわけではないです」

「これはこれで完結しているわけですね」

「はい」

「水晶の玉ではありませんのでね……」

見透かせるわけでも、いい当てられるものでもない、という意味だろうか。何をいわれるのだろうと緊張していたため、肩の力が抜けて、ふっと笑いがもれた。

中井は以前、自分が考案した風景構成法を始めとする絵画療法について、決定版となる参考書や一般向けの入門書を書くつもりはないと話していた。これについては自著でもロールシャッハテストの例を挙げながら繰り返し述べている。

ロールシャッハテストは、インクの染《し》みのような絵を患者に見せて、どこに何を見たかを答えさせる心理テストである。創案者のヘルマン・ロールシャッハはこれを本にまとめようとするが、図版の印刷について出版社側の理解が得られず不本意なまま刊行し、それからまもなく病気のため夭逝《ようせつ》した。だが、決定版がないことから後進によってさまざまに研究され、ときに批判され、発展した。

のちに国際標準となる実施法を示したジョン・E・エクスナーは、もしロールシャッハが長生きして決定版を書いていたら、今日のように自由に発展しなかったかもしれないと語っている。

同様に、風景構成法の自由な発展のためには、考案者は決定版的解釈を書くべきではない、というのが中井の考えだった。それはつまり、これが正解だというような読み解き方はないということになる。

入門書を作らないもう一つの重要な理由は、絵画療法のわかりやすさにある。紙を渡し、指示にしたがって絵を描いてもらうのは一見、容易な作業である。ぐるぐるなぐり描きするのも、分割するのも、川、山、田、道……と順に描いていくのも、とてもやさしくて簡単だ。医師や臨床心理士、作業療法士といった資格などもたなくても、方法さえ身につければ誰でもすぐに実施できるだろう。国家資格はなく、短期間の講習を受けただけでアートセラピストを自称する人もいる。だからこそ危険であると中井は考えた。とくに、学校の先生にふんだんに利用されることを危惧するという。どういう意味かと訊ねたとき、中井の返事はこうだった。

「先生って、子どもの秘密、知りたがるでしょう？　秘密を尊重するところから、始めるのです」


「さて、いきなりこの絵を見せられたらどうかな……」

はじめに私が描いた二分割の絵のことだ。

「私という者の前だからということでもあるのかな」

「ええ、それは絶対に関係があると思います」

「こういうふうに二つに仕切って半分だけに色を塗ったのは、私の長い生活を通してカトリックの修道女でかなり高齢のえらい人だけです。修道女というのは自分を神に捧《ささ》げているわけですから、個別的な心理、自分の世界を見せたくないのかもしれません。その人は色を混ぜなかったですね。でも、あなたは色を混ぜた。そこは見えない部分でもあり、可能性でもあるのでしょうね」

ああ、私はそうなのかもしれない、と思う。

中井は、続いて、てっぺんが見えない樹木画を手にとる。

「家庭に入っている奥様で、紙を三枚並べてようやく木のてっぺんまで描いた人がありましたね。お子さんの相談に来られたのですが、勢いがあって積極的な方でした」

自分なら紙を継ぎ足しても、てっぺんが描けないだろうという思いが過《よ》ぎった。

「これをあなたの名前を知らされずに見たとしたらどうかな……」

と、中井は最後の風景構成法の絵をゆっくり眺めながらいう。

「都会的なものと故郷的なものの間を架橋している、ただ一番幅の広いところに橋を架けているなという印象をもつかもしれませんね。あなたの今の境遇は、家族を背負っているというのでしょうか。そんなつもりはなかったのに向こうからのしかかってきた」

ああ、と苦いものがこみ上げる。

「家を担《にな》う者としてのトレーニングなど受けていなかったのに、予定していなかったのに、家を担わなければならなくなった。まだ小学生だというのに。だから重いランドセルを背負ってらっしゃるのかもしれません」

胸がどきどきする。私は、二十代のときに母親が脳出血を起こしてからこの二十年あまり、東京と神戸を往復する遠距離介護を続けてきた。ここ十年は父親ががんで声と舌を失って普通食を摂《と》れなくなり、すでに家を出ているきょうだいも幼い子どもを抱えていたため、私が動かなければどうにもならない状態が続いていた。とくにこの一年はいよいよ父が危なくなってほとんど仕事が手につかなくなった。会社勤めだったなら退職に追い込まれていただろう。中井とも連絡が途絶えがちになってしまい、年末に父を送り、喪が明けて四十九日を終えたその翌日に、取材者として甘えていると知りつつ、家に不幸があったことを説明した上で取材を再開させてほしい旨《むね》、手紙を出していた。

「父が亡《な》くなって実はほっとしております」と、思わずそんな言葉が洩《も》れ出た。

「わかります」

「まだ一滴も涙が出ません」

「ああ……」

「神戸は火力が弱いのでしょうか、それとも焼き場がもう古かったからでしょうか、骨が灰になって砕け切らず、頭蓋骨《ずがいこつ》もあばら骨もそのまま炉から出てきました。骨壺《こつつぼ》に骨が入りきらなかったことから、残りの骨はひよどり共同墓地に納めると説明されました」

「まさか、生々しくはないんでしょう?」

「生々しかったです。愛情の深いご夫婦だったら、あんなふうに夫や妻の全身の骨のかたちがそのまま崩れずに出てきたら大変ショックを受けるのではないかと思いました。私はずいぶん冷静にそれを観察しておりまして、『飢餓海峡』だったか、昔、日本映画で見た人里離れた焼き場がこんなひなびた雰囲気だったなあ、などと考えておりました」

「へえ、それは思いもよらなかった。……出血していますよ、こっちの目」

中井は、私の目に赤いものが混じっていることに気づいたようだった。

「これは三日ほど前から右目が充血して血管が浮き出ていたのですが、痛いわけではないので放置しておりました」

「痛みがあるものではないのです。でも血圧ぐらいは測っておいたほうがいいでしょう」

「あ、だいじょうぶです。ご心配いただき申し訳ありません」

私は、中井が患者と向き合うときにまず何よりも始めに身体の診察を重視する精神科医であること、また、精神科医になる前は眼科医であったことを思い出した。東大分院の研究生として働き始めた頃は、知人のつてで勤めていた眼科クリニックでの仕事が生活を支えていたという。さかのぼって京都大学時代はウイルス研究所に所属する生物学者でもあり、医学博士号を授与された論文のテーマは、日本脳炎ウイルスだった。ポリオや日本脳炎が急速に終息に向かう中、分子生物学者になるか、それとも臨床医になるかと迫られていろいろな科を見学していたとき、精神科から患者が退院していく光景を目撃し、精神科医になろうと決めたと聞いていた。

目の充血はたいしたことではないと思っていたが、それを気遣う言葉をかけられてふと気持ちが緩んだ。だが、瞬時に、あ、いけない、と思わず現実に立ち返る。私は中井の診察を受けているのではなく、取材者としてここにいるのである。風景構成法について聞かねばならないことがあったのだ。

「風景構成法は、なぜ最初に川から描き始めるのでしょう」

「答えはご存知ですか」

「構図をまず決める必要があるからだと書かれていたのを拝読したことがあります」

「私なりの答えです。山ってふつうでしょう。山、川、とはいうけど、川、山とはいわない。ではなぜ川かといえば、最初の秩序を持ち込むのが川なんですね。流れとか、岸が決まる。山ですと、決まりすぎる場合があるんです」

「最初に秩序を持ち込むのはなぜでしょうか」

「だって、何もないところは秩序以前でしょう」

「川は無意識を表すと説明している方がいるようですが」

「ユング派ではそういうことになるのかもしれませんね」

「そういう意図はないということですか」

「そうです。そもそもはね」

「田んぼは一番描きにくかったです。自分が生まれ育った場所になかったものですから、今ひとつリアリティが感じられないものに仕上がってしまいました」

「そうでしょうね。川が秩序を最初に持ち込み、山が風景の水平線を決めるとしたら、田んぼは平面を決めると考えたんです。山肌に貼《は》り付いたような田んぼを描く方もおられますよ」

川、山、田、まで描けば構図が決まり、空間のもつ歪《ゆが》みがあらわとなる。統合失調症の患者でも、不安や緊張が高まっている急性期ではうまく描けない人が多いという。

「この田んぼに全部、稲を描き入れる人がいるんですよ。ちいちゃな稲、地図の記号みたいに。几帳面な人がいるんです」

「そうなんですか」

同じアイテムを描いても、人によって大きさや位置はもちろん、線の太さも方角も違う。細やかな人もいれば、おおざっぱな人もいる。距離感をうまくつかめる人もいれば、そうではない人もいる。私は、これが上手下手を問われない絵であることに改めて安堵《あんど》した。

「稲作のない国ではどうなるでしょう。田んぼを見たことがない人には描けないのではありませんか」

「風景に依存する限りは、地域性を脱却してユニバーサルにはなりません。ですから、そこの人たちが工夫して考えるでしょうね。西洋でやるときは、田んぼの代わりに牧場を描いてくださいとおっしゃる先生もいます。なんでも一般化するのには限界がありますね。……こういうの、疲れますでしょう？」

「何度も申し上げているようですが、邪念が渦巻きます。これまで読んだ参考書にあった絵が思い浮かびますし、何かとんでもない自分を晒《さら》してしまうのではないかという不安があって、ごまかさなくてはならないという思いもあるようです。とくに今回は取材者でありながら被験者であるという両面がありますので、それが疲れるということなのかどうか……」

「ある編集者は、絵画は情報量が多いから疲れるといっていました。十人分も見たらひっくり返りそうだと」

「他の方の絵だと、読み取ってやろうという意識が働くからでしょうか」

「どうでしょうか。今までにおそらく何千枚と見てきたので、それが重なってしまうということもあるかもしれません。みなさんやはりユニークですから。全体としては、パウル・クレーのような絵が多かったですね。崖の途中に男の子がいる絵を描いたクライエントがいて、私は下へも落ちないけど上へも上がれない、といいました。地球を遠くのほうに描いて、これだけ離れていると私の悩みも小さく見えます、といった人もいました。私はそういうクライエントの言葉が大事だと思います」

「絵はメタファー、喩《たと》えを使えるのがよいと、以前おっしゃっていましたね」

「ソーシャル・ポエトリーといって、絵を描いていると、たとえば、この鳥は羽をあい。絵画は言語を助ける添え木のようなものなんですね。普通の会話ではメタファーはないでしょう。絵にはそれがないんです。だから治療に威圧感がない。言語は因果律を秘めているというよりも、因果律のないものを語ることがかなりいいと私は思っています」

「因果律がないものを語るのがなぜいいのですか」

「因果関係をつくってしまうのはフィクションであり、ときに妄想に近づきます。そもそも人間の記憶力は思い出すたびに、不確かなところを自分でつくったもので埋めようとする傾向があるので、それがもっぱら働き出すと思いつくものが次々とつながっていく。一事が万事ということもありますし、質問するときに使うせりふを自分に向けたりもします。誰かが私のうわさをしているかもしれない、誰かに追いかけられているかもしれない、それがたとえば公安に結びついて、公安に尾行されている、と思ってしまう。

私の考えでは、妄想というのは統合失調症の人の専売特許ではなくて、自分との折り合いの悪い人に起こりやすいかなあ。ほかのことを考えるゆとりがないとか、結論をすぐ出さなきゃいけないというときです。でも恐怖がなくなると、妄想はかさぶたのようにはがれていきます。語られなくなる。たとえば今、この部屋にはヒーターの音がしていますけれど、あれが周期的に人の声に聞こえても不思議ではない。でも恐怖がなければなんということはないのです」

自分にもそんな経験があったことを思い出した。母が倒れて意識不明の重体となり、病院に通い詰めていた二十代の頃だ。夜、一人で実家にいたときにふと台所の時計を見上げたところ、八時四十分四十秒と四十二秒の間を秒針が行ったり来たりしていた。電池切れかと思って交換したが直らない。同じところを行ったり来たりする時計は不気味である。

そのうち、恐怖が襲ってきた。その時計は私が子どもの頃、母につらくあたることの多かった親戚《しんせき》が会社の創立記念日につくったものだった。母の呪《のろ》いが時計に乗り移ったと思いこんだ私は、あわてて時計を壁から下ろして古新聞に包んで捨てた。恐怖はそれでは治まらず、顔の右半分が痙攣《けいれん》し、夜中に頻繁に金縛りを繰り返した。東京での暮らしにも余裕がなく、疲れ切っていたときだ。時計はたまたまあの日、偶然壊れただけなのに、思いつくものすべてが結びついてしまったのである。

「指揮者の岩城《いわき》宏之《ひろゆき》さんがどこかに書いていたのですが、飛行機に乗ってそろそろ富士山が見える頃だと思うと、頭を雲の上に出し～、富士は日本一の山～と、富士山の歌が頭の中に鳴り始めるんだそうです。新幹線でも琵琶湖が見える頃になると、我は湖《うみ》の子〜と琵琶湖周航の歌がエンドレスで流れ出す。私のような大指揮者がなんたることかと格闘すればするほど歌で頭が占領されてしまう。音楽が頭に入ってなかなか離れないというのはかなり多くの人が経験していますね。まもなく改訂されるアメリカ精神医学会の診断基準では音楽が頭に入ってしまうことも小さく書かれるという話もあるようですが、さてどうなりますか」

歌やメロディが頭の中にエンドレスで流れて勉強や仕事になかなか集中できずに困った経験は私でさえあるが、音楽を職業とする人ならば、楽譜から音の名前、歌っている人や演奏している人の顔や仕草まで頭に浮かんでうるさくて仕方がなくなるのかもしれない。新幹線や飛行機のように長時間同じ場所にいて体を思うように動かせない場合は尚更《なおさら》だろう。診断基準に付記されるということは、苦しさのあまり医師に訴えるケースまであるということだ。

妄想は統合失調症の専売特許ではない——。私たちが言語をもち、言語の世界を生きる限り、そこから逃れることはできない。だからこそ、いったん因果律から解放される必要がある。特に治療の場面では。

自分自身が被験者となったことで、私はここではからずも自分の身辺について書き記している。さらに踏みこんだ見解を聞くために、日を改めて中井を訪ねた。時間が経っているせいか、自分の絵を客観的に見るゆとりも多少は生まれていた。

「絵画療法の参考書を読んでいると、幹が太いのはどうの、切り株がどうの、はみ出しているのはどうの、とさまざまに意味付けされています。治療者側はあえて、何かを読み取ろうとすれば読み取れることもあるということでしょうか」

「全体を感じる中でも意味付けることはできます。絵の右側は未来、左は過去、上は社会、下は心の中といわれます。たとえばあなたの山、ですが」

風景構成法で描いた、頂上の見えない山のことだ。

「高さがわからない山ですね。あなたがこれから登ろうとする山で、これからどうするか、ちょうど今はそういう時期なのでしょう。後ろに描いた頂上が見える山は、ひょっとしたら『絶対音感』で、あなたとしては誇りに思っているけれど少し過去に遠ざかっている。今はそれ以上の山を作りたいという気持ちがあっても不思議じゃないからかもしれませんね」

ああ、と思う。終わった仕事は過去のものとして振り返らないようにしていたつもりだが、自分のうしろにあって自分を追い込むプレッシャーとなっていたのだろう。あれ以上のものを、という思いがてっぺんの見えない木や山となって現れたのかもしれない。それが自分を鼓舞するよきプレッシャーであればいいのだけれど、そうではないときもある。仕事を誰かにほめられても素直に喜べない自分がいることは常に感じていた。満足したことがない。満足できない。どこまで行けばいいのか、頂上がなかなか見えない。そもそも頂上がどこかに存在しているという思いから逃れられない。恬淡《てんたん》とありたいのに、執着のかたまりである。

「田んぼがまだ裾野《すその》にありますね。努力がまだ裾野にあるのに、家の重荷がかかっていて大変そうです」

「田んぼは耕したり、整えたりする。努力を示すのですね。家の事情はすでに少しお伝えしておりましたが、それでもこの絵からお感じになられましたか」

「半分隠しているからね、家も木も」

「ああ……」

心が波立つ。そうかもしれない。一戸建ての家も、その前にある一本の木も、みごとに右半分が切れていて見えない。見せたくないからか、見せられないのか。描いた自分自身でもよくわからない。

「男の子が一人出てきて、ランドセルを背負っている。まだ小学生ですか……。一から勉強しなきゃいけないんだといっている。あと、この川はやっぱり大変だよね」

絵の中心から手前に流れ込む灰色の川のことだ。

「遠近法からみたら急に広がっていて、まるで池みたいだ。道は全体をつないでいないよね。そういう時期なのかもしれません。左側に都会があって、左というのは過去なのだけれど、ぼくがいたから見せたくないのかもしれないですが……」

改めて自分の絵を眺めると、左半分がスカスカだ。バランスをとろうとしてつけたしのようにビルは建てたけれどとくに意味はない。思い入れもない。過去を見せたくないからなのかどうか、そうかもしれないし、そうでないかもしれない。そもそも過去の記憶が薄いという自覚は多少ある。自分でも、理由はよくわからない。

「川が広がっているのはエネルギーでもあり、最初に空間に個性を与えるものなんだけど、川の水が流れているようには見えないし、どちらへ流れていくのかもわからない」

迷いに迷い、この先に向かっていく方角がよくわからない。自分が置かれている状況をいい当てられたようで思わず逃げ出したくなる。

「別の日に描いたらまた違うかもしれませんけれどね」

「山も田も家も木も、右にばかり寄っていますね。なにか意味はあるのでしょうか」

「右が空いていると絵は明るく見えるんです。どうですか?」

「あ、そうですね」

たしかに、アイテムが右にばかり詰まっていると逃げ場もなくて窒息しそうだ。山も家も私の前に立ちはだかっている。今の私にとって、未来は息苦しい。やるべきこと、やらなければならないことがたくさんあるといいながら、未来の仕事をわざわざ先取りして喘《あえ》いでいるかのようだ。そんなイメージがしっくりくる。

「これはなかなか、あなたの苦労を表している」

と、中井は、枠取りをしていない画用紙にぎざぎざした直線でなぐり描きした海の絵を指す。能登半島の七尾の海を思い浮かべた絵だ。

なぜそんな光景をイメージしたのだろう。七尾は、私が二十五歳で上京することになったとき、その直前に母と二人で出かけた場所だった。母は私を出産したときに右足の付け根の骨が砕けて左右の足の長さが変わってしまい、右足を少しひきずっていたが、それでもまだ元気に歩いていた。この旅行では温泉に入り、海の幸を食べた。

だが、その三年後に脳出血となって車椅子《くるまいす》の生活が始まる。だから、自分の足で歩く母と二人で旅をしたのはこれが最初で最後だった。ランドセルを背負った少年が、そんなつもりはなかったのに家を背負うことになったといっているなら、まさにこれが分岐点といえる旅だろう。でもそんな昔のことは忘れかけていた。ほとんど忘れかけていた旅のことが、中井の前で突然飛び出してしまったことに自分自身が一番驚き、うろたえていた。と同時に、苦労を理解しようとしてくれている人がいるということに安堵を覚え、癒《いや》されていくようにも感じた。

「これは地図でしたか」

枠取りをした中に曲線で描いた朝鮮半島ぐらいの大きさの半島の絵だ。

「なにかの計画段階ということでしょうね」

半返し縫いのように、先に行っては今来た道を半分戻る。自分の生き方はそんな遅々としたものであり、なにかの途上にあることは間違いない。

「こちらのほうは初めてだから、あれだけど……」

と、中井は最後の一枚に目を転じる。二分割して片方のみに色を塗ったのは、中井の長い精神科医人生を通じて一人しかおらず、私は二人目といわれた絵である。被験者になってみて、私がもっとも自分を表していると感じ、もっとも気にかかっていた絵だ。

文筆業に従事しているとはいっても、駆け出しの頃は特に、自分が何を感じようが、いいたいことがほかにあろうが、「私」を消すことを要請される仕事を続けてきた。他者をインタビューするときは、今も、まず自分の存在を消すところから始める。中井の被験者になっても相変わらず自分の心の内をなかなか見せようとしないのは、自己抑制が習性になってしまっているためもあるだろうと考えていた。しかし一方で、自分はもうずいぶん前から、幼い頃から、そういう人間だったんじゃないかということもうすうす感じていた。

「カトリックのシスターじゃないけれど、自分を見せない」

「ええ、前回そのようにおっしゃられたので考えていたのです。私は、自己開示を拒んでいるということなのでしょうか」

「拒んでいるというか、できない」

「……そうかもしれません」

時計の秒針が行ったり来たりする様子に恐怖を覚えたことなど、妄想や幻覚に苦しんだ日々を回想した「心の時間軸」という私のエッセイがある。あの頃は東京で一人暮らしをしており、かかりつけの内科の診療所に近所の医大から非常勤の心療内科医がやってくると、看護師から来院するようにわざわざ電話がかかってきていたほど精神的に不安定な日が続いていた。待合室はいつも満席で、ゆっくり話を聞いてもらう余裕はない。診察時間は数分程度。ただそれが普通だと思っていたため不満はなかった。数種類の薬を渡されていたが、自分のどこが悪かったのか、いったいどんな薬を飲んでいたのか、まったく記憶にない。

このエッセイを収録したのが『なんといふ空』で、奇《く》しくも私は、中井に問われてこの本が自分の仕事の中で一番かわいいととっさに答えていた。にもかかわらず、今はもう書けないと付け加えたのは、あれ以上自分について書くことはできないし、あなた（中井）にも申し上げられません、という抵抗であり、自己防衛だったのではないか。

話しても理解してはもらえないだろう。そもそも私の話など聞いてもらえないだろう。そんな諦念《ていねん》はどうも子どもの頃からあったような気がする。それは私がそのような家に育ったということなのだろうか。あの頃は親も若かった。経済的にも苦労していた。私はそんなふうに親を理解し、自分ががまんすればそれでいいと考えてきた。家族にも他人にも自分の悩みを打ち明けたことはほとんどなく、自分自身で解決してきたという思いがある。内面を言葉にしない。いや、言葉にできない。私のそういう姿勢が、逆に家族や友人にどんな思いをさせ、どんな影響を与えてきたかは想像したこともない。だが、もし、子どもの頃に中井に会っていたらどうだったろう。大人になって妄想に苦しんでいた頃だったらどうか。

およそ四十分、前後のやりとりを含めれば一時間半。私は、中井の導きでただ絵を描くだけの静かな時間を過ごした。交わした言葉は少ないが、ほう、という応答も、こちらに語りかけているわけではない、ひとりごとのようなつぶやきも、包み込まれるような温かなものだった。中井が猫のぷうの鳴き声に、ほーい、と返事をし、かつお節や焼きのりをやる姿は、急いで色を塗る必要はないという無言の配慮のように思われて、焦《あせ》る気持ちが薄らぐようだった。

絵を鑑賞しながらのやりとりでは、中井のたった一言がきっかけとなって自分の中の苦い部分と直面することとなった。その苦い部分も、まだ半分以上は隠したままだという。中井には何かが見えているのかもしれないが、それをこじ開けようとはしない。半分以上隠したまま生きることしかできないできた自分を知る、ということなのだろうか。自分はそうすることしかできないと開き直るのではなく、そうすることしかできなかった自分がこれまでどう生きていたか、他者にどんな影響を与えてきたかと考える。すると、あのときのつらさや息苦しさはそのためだったかと、次々と思い当たるふしがあることに気がついた。中井の家を訪れる前とはまったく違う景色が目の前に広がるような、不思議な解放感がわき上がってきた。

# 第六章　砂と画用紙

一九六九年十一月二十二日、東京は新宿区牛込柳町にある精神科病院、神経研究所附属晴和病院の講堂で第一回芸術療法研究会が開かれていた。木枯らしが吹く寒い日だった。

この日、研究会を主宰する晴和病院の医師、徳田良仁《よしひと》の招きで、河合隼雄が関東の精神科医たちの前で箱庭療法を紹介することになっていた。精神医学界との接点は児童精神医学の領域にあるのみで反応が今ひとつだったところ、研究会の創設メンバーの一人であり、フランクルの『夜と霧』の翻訳者として知られる心理学者の霜山徳爾《しもやまとくじ》が、評判を聞きつけて河合を推薦したのである。

芸術療法研究会は、精神医学と心理学の垣根を取り払い、学派を乗り越えて、芸術の視点から人間を考えようとする人々の集まりだった。

前年に六本木の中華料理店、雲楼《うんろう》で行われた発起人会に集ったメンバーは、徳田と霜山のほか、東京医科歯科大学の島崎敏樹《としき》、宮本忠雄らで、これまで各地で活動はあるものの組織化されていなかった、絵画や造形、音楽、演劇、詩作など芸術療法の理論と実践を研究発表し、広く普及させることを目的として設立された。徳田らは、研究会を組織するにあたって全国的なアンケート調査で芸術療法の実態を調べたほか、京都学派の泰斗《たいと》である京大医学部精神医学講座教授の村上仁《まさし》にも声をかけ、志ある臨床家の参加を呼びかけていた。

時代は、インターン制度の廃止と研修医の待遇改善を訴える東大医学部闘争を発端とする学園紛争が全国に波及している最中で、その年は東大の入試が中止されていた。人体実験や看護人の患者に対する暴行、集団リンチなど精神科病院の不祥事も発覚し、五月に金沢で開催された日本精神神経学会では理事長らの不信任案が提出されるなど大揺れに揺れた。心理の世界もこれに連動し、資格認定をめぐる批判を発端として最大規模の日本臨床心理学会が分裂し、大量の会員が脱会するなど、混乱をきわめていた。

ところが、芸術療法研究会が生まれる母胎となった晴和病院は、都心の一角にありながら広大な緑に囲まれ、そこだけが世の動きとは無縁であるかのように穏やかな空気に包まれていた。患者を閉鎖病棟に拘束し、床に穴を開けただけのトイレに垂れ流し。そんな劣悪な精神科病院に患者を入院させることをしのびないと考えた東大教授の内村祐之《ゆうし》が、精神科病院の改善を目指して創設した病院だった。

内村は一高時代、四強といわれた早稲田、慶応、三高、学習院を倒して全国制覇を成し遂げた敏腕投手であり、日本野球機構のコミッショナーも務めていた。そこで、懇意にしていた読売新聞社主の正力松太郎に寄付を得て、木々が豊かに育つ牛込柳町の元大名屋敷であるこの土地を購入して財団法人をつくり、当時としては画期的な全開放病棟を実現したのである。

入院患者には、大学教授や音楽家、画家、小説家もおり、ほかの病院とは異なる高踏的な雰囲気を漂わせていた。医長の徳田は常勤になる前から患者に絵を描いてもらっており、絵画が治療に効果的であることを実感していた。徳田自身、絵画をたしなんでいたが、個人の趣味を押しつけるのではなく、ごく自然に、患者が自発的な場合に描画に誘う。内村はそんな徳田の芸術に向かう姿勢に理解を示し、研究会の創設にも賛同していた。

第一回芸術療法研究会の当日、定員八十名の講堂は、満席とはならなかったものの、精神科医や心理学者だけでなく、看護師や作業療法士、教育関係者も加わってまずまずの盛況といったところだった。医師が中心のアメリカやヨーロッパの芸術療法学会とは異なり、医師とそれ以外の職種の人が隔たりなく参加していたことは大きな特色だった。

世話人には、徳田ら発起会のメンバーや河合のほか、のちに森田療法の紹介者として知られるようになる岩井寛《ひろし》や、作家や画家の精神病理を精神分析学から読み解く著作で知られる中野久夫、京都学派からは藤縄昭、加藤清の名前もある。大学紛争の拡大で学会がほとんど開催されなくなったことから、行き場を失ったエネルギーがこの小さな研究会に集結したような印象があった。

河合隼雄はこの日、三人目の登壇者だった。演壇に河合が立つと、司会役を務める霜山が河合を紹介した。

「それでは次に、第3席の天理大学の河合先生から箱庭療法について伺うことにいたします。

河合先生についてはもうご紹介する必要もないことと思いますが、先生はたいへん長い間アメリカで勉強されて、それからスイス、チューリッヒに行かれて、

Jung（引用者注・ユング）の治療を、精神療法のディプローム（引用者注・資格）を日本人としてはじめておとりになった方であります。そして、きょうのこのKalff（引用者注・カルフ）という方からの箱庭療法を日本にも紹介されて、たいへんエネルギッシュにそれをいろいろやっていらっしゃる方であります。

私が河合先生が帰られてからチューリッヒに参りましたら、たいへん河合先生のお名前は高くて、Kalffさんという人、これも、郊外に、ゲーテもかつて泊まったという非常に古い家に住んで、箱庭療法の仕事をやっているわけですが、たいへん期待されておられたようであります。

それでは河合先生、お願いいたします」

（「芸術療法」一巻、以下同）


霜山の紹介を受けて、河合が挨拶《あいさつ》をした。

「はじめにちょっとお断りしておきますが、芸術療法という名前になっておりますが、私、徳田先生からこの会に入るようにいわれましたときに、私は療法のほうはやっているけれども、芸術はほとんど能力も関心もありませんので、といいましたところ、それでも是非ともということで、やらせていただくことになりました。これからスライドをお見せしますからおわかりになると思いますが、箱庭療法というのはあまり芸術的なものではございません。いままで出されましたようなすばらしい作品ではないので、あまり期待なされませんようにお願いします」

河合はまず、箱庭療法がこれまで芸術療法と考えられてきたものとは一線を画することを参加者に明言した。河合の前の二人の発表は、一人目は「日本のゴッホ」と呼ばれた山下清の絵画など日本の画家の作品を採り上げ、二人目は、ムンクなど西洋の画家や音楽家の作品を紹介して天才作家の病理を読み解こうとするもので、いずれも表現病理学や病跡学と呼ばれる視点からの報告だった。一方、河合は、自分の報告は天才の病理とは一切関係がないどころか、自分は関心すらないといい、前の二人の登壇者や、芸術療法といえば病跡学だと思い込んでいる会場の参加者に一石を投じたのである。

河合は続いて、箱庭療法の歴史を簡単にさかのぼった。イギリスの小児科医ローエンフェルトが開発した世界技法を起源とすること。ローエンフェルトは、フロイトの娘アンナ・フロイトら精神分析の一派が主張するような転移の解釈などなくとも児童の治療はできるということを証明するため、いわば、精神分析へのアンチテーゼとしてこれを創案したこと。次に、ドラ・カルフがこれを学んでスイスに持ち帰り、ユング心理学の考え方を導入して発展させてきたこと。スイスに留学したときにカルフのSandspiel（砂遊び療法）を知り、日本人は「感覚的といいますか、直感的といいますが《ママ》、パッと見てなんとなくわかるというのが非常にうまいので」、うまく利用すれば箱庭を治療に導入できるのではないかと考え、日本に持ち帰って箱庭療法と名付けたこと、等々。

ここまで一気に話すと、河合は白い砂を敷いただけの箱庭のスライドを一枚映写しながら、これはあくまでも心理療法の一環であり、クライエントが作りたいといったときに作ってもらうものであって、決して無理に作らせるものではないことを強調した。

「われわれとしては、このような表現のもとになるセラピストと患者との人間関係というのを非常に重視しております。そのような2人の人間関係の上において表現がなされるということを重視しておりますので、われわれが見ていない間につくっておいてくださいというふうなことは決してやっていません。治療の1時間あるいは45分の時間内に患者が置きたければ置く、置きたくなければ置かないという方法をとっております」

箱庭の解釈に対しては、ユングやカルフの理論に従いながらも、自分は懐疑的であることを吐露し、実践する人がそれぞれいろんな理論を作ってもいいのではないかと述べた。

「私はわりあい疑い深い人間なのか、本に書いてあってもすぐに信用する気がありません。実際に生じるまではあまり信用せずにやってみようという考え方で、日本に導入しましたときには、あまり理論的なことをいわずに、ともかく人間関係を重視してやってもらうという方法をとりました。

そうするといろいろな作品が出てきたわけですが、それをみておりますと、やはりJungとかにのっているようなとおりのものもありますし、いうとおりでないものもあります、これはおそらくひょっとしたら患者の勉強が足らないんじゃないかと、私はよく冗談をいうているのです」

ユングのいっている通りにならないのは、患者がユング心理学をちゃんと勉強していないから。河合はそういって会場を笑わせるとすぐ真顔に戻り、患者がたとえ思うとおりに玩具《おもちゃ》を置いてくれなくても、われわれ治療者は理論にとらわれず、解釈するというよりは鑑賞する、そんな患者との関係性に治療の根本があるのではないかと考えていると語った。

「ともかく見てもらったほうが早いと思いますので」

河合はそういって、スライドを映写し始めた。白砂だけを入れた箱、治療者が各自工夫して集めた玩具を並べた棚、続いて、患者たちの箱庭が紹介される。人形と木のバランスが気になってついに人形は置かずに箱根の景色を作った強迫性障害の大人。まったく異なる二つの世界を作った統合失調症の患者。うつ状態のときに学校恐怖症（現在の不登校）と間違って診断された児童の、脈絡なく玩具が置かれた箱庭もあった。攻撃的な激しい箱庭を作った場合は病状を悪化させないために途中でやめさせるほうがいいこと、学校恐怖症の場合は、一つの類型として、空間が左右に分割されて右側の世界が非常に貧困な作品が多いと語り、写真がぶれていたときは、「よくわかっていないケースは写真がこうなるのです」といって会場を沸かせた。予定時間はかなり超過していたが、発表が終わると、霜山の判断で質疑応答が行われた。

会場　箱庭に使われている砂の色がいろいろありましたけれども、あれはなにか特別なものを与えたり、自分で選ぶとか、なにかあるんですか。

河合　Kalffさんは、白い砂と黒い砂と、両方用意しておりました。そして子供に選ばせていたようです。われわれはそこまで厳密にやっておりませんので、大体その辺の砂を使っております。それから、ちょっとお断わりするのを忘れましたが、この作品は、私が治療したもののみならず、京都市のカウンセリング・センターで行われた作品がだいぶ入っております。だから砂の色も違っていたりしています。それから、砂の色がたいへん違って見えますのは、むしろ写真のとり方だと思います。Kalffさんの例のほうが、もっとこまかい砂を使っていました。

会場　School phobia（引用者注・不登校）で右の世界ということを問題にされましたけれども、それとき手の問題とは関係ございますか。

河合　きき手の問題、これは統計的に左ききの人ばかりつくらすというようなことをやってみるといいと思うのですけれども、いまのところわれわれはそういうことをやっておりません。やってみる必要はあるとは思っておりません。

霜山　よろしゅうございますか、ほかに……
それでは時間もだいぶ過ぎましたので、岩井先生のほうへ……どうもありがとうございました。

霜山がそういって次の演題の司会役である岩井寛にバトンタッチすると、参加者は舞台を下りる河合へ拍手を送った。拍手喝采《かっさい》とまではいかない、なんとかこれを受け入れなくてはならないという戸惑い混じりの反応というのだろうか。次の登壇者として河合の発表を見守りながら会場の様子を見ていた徳田は、こう回想する。

「芸術療法をやろうとする人たちは、学派や派閥にはとらわれず、批判はあっても排除はしない。親和的というのでしょうか。ですから、広い領域のものを自分の中に取り入れなくてはいけないという無意識が働いていたと思います。フロイト派とかユング派といった学派にとらわれると、絵画も、音楽も、行動も、説明できないという違和感が先に立ちますから。ですから、私も、河合先生の話に違和感はなかったというのでしょうか、こういうものも必要なんだ、あってもいいものなんだ、ただどんなふうに治療に採り入れればいいのだろうと考えました」

表現が生まれるプロセスが大事なのであって、病んでいる本人が自発的に表現するものであれば、作為的なことはあるにしても、それが訴えている悩みの本質であるなら、何を手段としてもいい。ただ、どのように治療に採り入れればいいのか。患者にとっては心理テストのように強制的なものではなく、しかし、治療者にとっては診断の材料になる。そのどちらも満たすものが、患者にとって治療的といえるか。つまり、患者に害を与えず、回復を妨げない、治療に有効なものといえるかどうかが問われていると、徳田は考えていた。

治療的であるかどうか——。それは、この先も、芸術療法に取り組もうとする臨床家にとって大きな課題となっていく。

「河合先生ではありませんか」

第一回の研究会が終了した後、河合が冷たい風の吹きすさぶ牛込柳町の交差点で方角がわからずうろうろしていると、一人の男が声をかけた。

「行かれるところまでご案内しましょう。私は弟さんの同級生で中井と申します」

中井久夫であった。

「あ、逸雄《いつお》の」

河合は、中井が弟の逸雄と京都大学医学部で同級生であったと知ると、にわかに笑みを浮かべた。この日の宿泊先は京王線のつつじヶ丘にある。中井の家は同じ沿線にあるため、二人は途中まで一緒に帰ることになった。

中井は、河合の講演に大きなインスピレーションを受けていた。河合はこの日、統合失調症の患者の箱庭の解読のむずかしさについて述べながら一枚のスライドを示し、統合失調症の患者は、しばしば柵《さく》を周囲にめぐらせてからその中に玩具を置くと説明した。箱庭にはすでに木の枠があるにもかかわらず、統合失調症の患者は、さらにその内側の四周に、柵を並べて囲うというのである。このとき興奮しながら河合に質問した様子を、中井はのちにこう記している。

途中の都バスと京王線の間中、先生と私とは先を争ってしゃべりづめであった。

私は遠慮なく質問した。たとえば「統合失調症の患者さんのスライドで箱の枠の内側の四周に柵をめぐらしてからモノを置きはじめたのがありましたね。先生は、統合失調症の患者さんの意識のありかは柵の外側かもしれないといわれたけれども、ひょっとしたら備え付けの箱の枠では安全感が足りないので、それに沿った柵で枠を強化したのではありませんか」といった。先生は間髪を入れず「そ、そ、そ、そうです」と答えられ、この共通の認識を初めとして、話は「つつじが丘」駅に着くまで終わらなかった。終点の京王八王子までご一緒しても話は尽きなかったろう。

（『心理療法対話』）

統合失調症の患者の中には、「自分と周囲の境界があいまいになったように感じる」「周囲が自分に向かって侵入してくる」「自分の思考が周囲に漏れ出すように感じる」といった訴えをする人がいる。枠の中に柵をめぐらせるのは、患者にとって、自分を守るためのバリケードのような意味合いがあるのではないか。中井はそう考えたのである。実際、これまでの経験から、統合失調症の患者には、わざわざ画用紙に枠を描いてから描画を始める人や、描きながらいつのまにか額縁のような枠を描いている人がいることに気づいていた。

さっそく明日、病院に行ったら、枠をつけた画用紙と枠のない画用紙の二枚の紙に患者に絵を描いてもらって違いを見てみよう。そんなアイデアを思い浮かべていた。

中井は当時、精神科医になって四年目。東大分院の医局員として勤務しながら、患者が寡黙《かもく》になる回復過程に絵画が使用できないものかと試行錯誤していた。同じ東大の精神医学教室にいた心理学者の細木照敏に患者のロールシャッハテストを依頼して自分でも結果を予想して検討するなど、心理検査の勉強もしていた。

中井が病棟を歩きながら思い描いていたのは、個別研究を通じてモデルをつくることだった。モデルとはつまり、一般化することである。ターゲットとしたのは、当時、まだ混沌《こんとん》としていた精神分裂病、現在の統合失調症だった。

研究の状況を見渡したところ、医学はまず異常現象に着目するためか、妄想や幻覚を始めとする統合失調症の特異な症状についてはほとんどすべて論文に記載されていたが、症状相互の関係や、身体の状態との関わりについてはまったくわかっていなかった。ましてや発症から回復まで、時間軸に沿った変化を見渡すこともできなかった。患者は発病してから病院を訪れるため、発病過程を直接観察できる機会は少ない。だが、回復過程ならば観察できるはずである。それなのになぜ観察されていないのだろう。

　そんな疑問を抱いた中井が、患者と面接を重ね、看護日誌を読むうちに気づいたのは、回復していく過程では、患者があまりものを話さなくなるということだった。幻覚を見たり、妄想に苦しんだりしている非常時には、自分の状況をなんとか言葉にして伝えようとする。医師や看護師も注意深く対応する。ところが症状がだんだん落ち着いて消えていく回復過程では、病との闘いでエネルギーを消耗しきっているため、めったに語らなくなる。この沈黙が、医師や看護師に見過ごされるのもやむをえないことだった。

　中井は回復過程を調べるために身体の診察をし、可能な場合は患者と話をした。身体に起こる感じ、たとえば、余裕感や焦《あせ》り感といったデリケートな部分に光をあてた。さらにウイルス学者時代の常識として、グラフが描けたら、しめたものだと考えた。進行する過程を見渡せるよう、さまざまな症状や変化を生起順に時間軸で示す年表のようなものである。

　ただ、グラフを描くにはデータ集めが必要である。臨床医として、患者に害を与えたり、無用のことで煩《わずら》わせたりしては本末転倒だ。治療を妨げず、本人がいつでも拒むことができるものはないものか。そんなことを考えていたとき、中井の目の前で二人の患者が自発的に絵を描き始めた。

一人は統合失調症と診断された十九歳の青年だった。彼は、統合失調症に特徴的な症状のうち、もっとも苦痛だといわれる、自明性の喪失に苦しんでいた。日常生活を送るにあたって健常者ならば当たり前と感じていることを気にしすぎて、安心できなくなる症状である。なにかにつけて国語辞書を引き、言い換えに言い換えを重ねる無限の連鎖に陥っていく。薄い紋切り型図集の模写をしながら、菊の花を指し、「これがマバラに見えるのです」と、泣きそうに顔を歪《ゆが》めたこともあった。ところが、時の経過とともに絵は模写から自発的な絵となった。花の中をたくさんの蝶《ちょう》が飛び交う絵もあった。色彩分割画も描いた。地球を遠くのほうに描き、「これだけ離れていると私の悩みも小さく見えます」といったのは彼である。

自分から絵を描いたもう一人の患者は、躁《そう》うつ病、今でいう双極性障害の若い女性だった。躁状態のときは何時間も語り止まず、話がまとまらない。もともと勤勉だったが、何かをしないではいられないという行為促迫の症状も手伝って、一日中、英文タイプの練習をしていることもあった。

そんなある日、中井は、タイプを打ち損じた用紙に「眼」などの簡単な絵が描かれているのを見つけた。「きみが？」「ええ」「こういうものは？」「こういうものなら書けます」（『分裂病の精神療法』）。それからというもの、中井に渡される絵は、シンプルなものから非常に手をかけたものへと次第に変化していった。

二人の絵は、中井に大きな衝撃を与えた。病的で不可解な絵とはまったく異なり、意味や感情や訴えに満ちていた。

一九六七年、東大分院に加えて調布市にある青木病院の常勤医となってからは、寡黙なクライエントから描画を軽く促していった。無理強いはしない。いつでもやめられる余地を残しておいた。そこで徐々に採用されていったのが、色彩分割やなぐり描きなどのやさしい描画法だった。

分裂病に目鼻をつける――。

中井久夫が河合隼雄に声をかけたのは、そんな目標をもってさまざまな試行錯誤を繰り返していたときだった。

河合と話をした翌日、中井はさっそくアイデアを実行に移した。これまで、なぐり描きという方法で絵を描いてもらっていた患者を一人ひとり呼んで画用紙を差し出し、患者の目の前で、紙の縁近くをサインペンで枠取りしてから絵を描いてもらったのである。

「枠付け法」（逐語録〈上〉参照）誕生の瞬間であった。

患者たちはこれまで描いたことのない絵を描き始めた。非妄想型といわれる破瓜《はか》型統合失調症（思春期から青年期にかけて発症し、感情表現の欠落が主な症状）の青年は、社会復帰を間近に控え、いつもコンクリートのビルと高速道路から成る風景ばかり描いていた。

ところが、枠のある画用紙に描かれた絵はまったく違った。大きな川が左上から右下に静かに流れ、川には中流に三つの中洲《なかす》がある。中洲に生命の兆《きざ》しはないが、両岸には草がそこそこ生えている。この青年がこれまで描いてきた生硬で幾何学的な線と違って、ひそやかで寂しみを感じさせる構図で、色合いはやわらかく淡かった。川に橋は架かっていないが、青年は「橋はずっと上流にあります」といった。

青年は続いて枠のない画用紙にも絵を描いた。それは、これまでと同じ市街風景で、左側に民家、右側にビルがあった。真ん中の道路には車が走り、左側の家の軒下に一人の人間が押し寄せられている。「道路をむこう側に渡りたいが渡れません」と青年はつぶやいた。

妄想型統合失調症（成人してから発症し、幻覚や妄想が主症状）の青年も絵を描いた。

青年は、いつか人を驚かせる文学作品や哲学大系をつくりあげる日を夢見て、有名な評論家を訪ね歩いたり、音楽家の胸像を集めたりする日常を送っていた。枠のある画用紙にこの青年が描いたのは、かわいい子犬。一方、枠のない画用紙に描いたのは、無数の聴衆を前にしたステージとグランドピアノだった。

「でも演奏家はついに現れないのです」

青年はそういった。

これまでなかなか絵を描こうとしなかった患者が描き始めることもあれば、逆に、枠に激しく抵抗して、「何のマネをするんだ」と怒り出す患者もいた。枠があると保護されたようで描きやすくなる人と、逆に、描くことを強制されるような気持ちになる人がいるということか。もちろん自由に断ることができるようにし、強要はしなかった。

こうして、中井は、枠あり、枠なしの二枚の画用紙を用いる「枠付け二枚法」で統合失調症の患者たちの回復過程を追跡し、一つの仮説を得た。枠があると内面的なもの、たとえば、隠された欲求や攻撃性、幻想などが現れ、枠がないと外面的、防衛的、虚栄的で現実に引きずられたものになりやすい。枠に激しい怒りを示す患者がいたのも、内面の表出を誘われる恐怖を覚えたからかもしれないと考えた。

粗雑を覚悟で表現すれば、たとえば枠のあるほうに患者の内向的な面が、枠のないほうに外向的な面が表されている。たとえば「枠なし」には鳥を「枠あり」には魚を何週間か描きつづけている場合、「この鳥は今飛び立とうとしているのだろうか、もう少し羽をあたためてからにしようか迷っているのだろうか」と尋ねると、答えはいつも後者であった。

「枠なし」には輝くような緑の中に蛇が輪を描き、舌を出しているのに、「枠あり」には海中に漂うクラゲがある。生命力は元気を取り戻しているが、まだ内に自分でもつかみどころのなく不安定に漂うものを感じているかもしれなかった。もちろん、これは仮説であって、患者にはいつも中立的な問い方をして、誘導に走らないように心した。この枠付け二枚法は私のオハコの一つになった。

（『心理療法対話』）

中井は、河合に会った一年後の一九七〇年十一月二十一日、同じく神経研究所附属晴和病院で行われた第二回芸術療法研究会において、統合失調症患者への絵画の使用についての発表を初めて行った。その発表は、「精神分裂病者の精神療法における描画の使用——特に技法の開発によって作られた知見について」と題する論文にまとめられ、翌年刊行された「芸術療法」誌に収録された。

約百名の患者のおよそ四千枚の絵をもとにまとめられたこの論文は、精神科医となった中井久夫が学術専門誌に発表した初めての論文であり、のちの中井の仕事につながるキーワードが満載である。

中井はまず、精神医学が精神病患者の描画活動に着目してから百年あまりの歴史を見渡し、そこに、二つの問題点があると指摘している。

第一に、臨床では、なによりも徹底した研究が不足し、一般化への指向性が希薄だったことだ。一般化への指向性が希薄であるというのは、特殊な一例や興味ある一例を採集するばかりで、科学的な視点に欠けるということである。

統合失調症の患者の描画活動を論じるために必要なのは、患者が許す限り、破瓜型や妄想型などすべての病型の経過を追跡して患者一人ひとりの生活史、ライフ・ヒストリーを把握し、これを治療に生かそうとする姿勢である。そのためにも中井は、看護記録を重要なデータとみなした。「たどたどしい1本の線と、〝芸術性〟の高い完成画とを『哲学的に対等』とみなす用意が必要である」という一節を冒頭に起さ、自分の研究の出発点がどこにあるのか、その視座を示した。

従来の描画研究のもう一つの問題点は、この論文の直前に、一般誌「ユリイカ」に中井が寄稿した「精神分裂病者の言語と絵画」という随筆の次の一節に集約されるだろう。

精神病理学は分裂病者の言語がいかに歪められているかを記述してきた。おそらく、それが真の問題なのではない。真の問題の立て方は、分裂病の世界において言語がいかにして可能であるか、であろう。

（『中井久夫著作集1巻　精神医学の経験　分裂病』）

精神病理学とは、精神疾患の精神症状を克明に記載し、診断学として整理分類して発展してきた精神医学の基礎分野である。精神病理学の歴史はこれまで、患者の言語の歪みを切り取って妄想と名付け、これがいかに歪み異質であるかばかりに着目してきたけれど、臨床においてはむしろ、言語的であれ非言語的であれ、治療者と患者がいかにして交流を可能にするかのほうが重要である。描画もこれと同じではないか、精神科医は患者の描画の異質さや特殊性にばかり注目してきたが、本当に重要なのは、医師と患者がいかにして描画で交流することができるかではないか。中井はそう考えたのである。

絵の巧拙は問わない。異様さや美しさにとらわれない。絵がいかに歪められているかではなく、いかに可能かを問う。十分な関係性が保てている患者を対象とするが、いつでも拒否できるように配慮する。常に治療的な意義を問うことを忘れない——。

中井が特に心がけたのは、治療者として患者にどう向き合うかである。念頭にあったのは、沈黙する統合失調症の患者の傍らにただ静かに座って小半日を過ごしたスイス生まれの看護師ゲルトルート・シュヴィングの接近法である。

毛布にくるまって生きているのかどうかもわからない少女の傍らに、シュヴィングは毎日いつも同じ時刻に座り続けた。長く沈黙し続けていた彼女はある日、「あなたは私のお姉さんなの？」と訊《たず》ねる。あくまでも受け身の姿勢を崩さず、シュヴィングは「いいえ」と答える。「でも」と彼女は続ける。「毎日あなたは私に逢《あ》いに来てくれたじゃないの、今日だって、昨日だって、一昨日だって！」

シュヴィングの著書『精神病者の魂への道』の冒頭に記された統合失調症の患者、アリスの症例である。

中井はこの接近法に倣《なら》い、朝から晩まで患者のそばにただ静かに座っていた。夜は、傍らで寝ることもあった。

　中井は、統合失調症の発病直前から発病直後、幻覚や妄想が現れる時期、昂奮《こうふん》と混迷を繰り返す緊張病の時期、緊張病の時期を過ぎて幻覚妄想が消失していく時期、慢性状態……といった経過ごとに描画傾向を追跡し、全体を俯瞰《ふかん》しようとした。つまり、絵画は単体の心理テストとしてあるのではなく、患者一人ひとりの歴史、ライフ・ヒストリーを通時的に捉《とら》え直すための手がかりだった。

　そして、このとき、中井が箱庭療法から示唆《しさ》を得て創案し、この論文で初めて公表したのが、風景構成法だった（逐語録〈中〉参照）。河合が講演中、「箱庭は統合失調症の患者に使うには慎重でなければならない」というドラ・カルフの言葉を紹介したことを受けて、患者に箱庭療法をしてもらってよいかどうか、その安全性をテストする方法として、また、紙の上に箱庭を作るように、三次元の箱庭を手っ取り早く二次元で表現する方法として編み出したものである。箱庭の枠を大工に依頼して作ってもらっている数日のあいだの出来事だった。

　ほかの心理テストとは違って、被験者の心理的特性を探るのではなく、心理療法の適応を判断するために創案されたところが、風景構成法の大きな特徴だった。「次にあげるものを順々にかきこんでいって、一枚の風景画として完成させてください」と指示し、川、山、田、道、家、木、人、花、動物、岩、石、最後に、好きなものを何でも、といって治療者の見ているそばで描いてもらう。なぜ、川であり山、田なのか。中井はこう語っている。

まず、itemをこちらが順々に言ってゆこう。「こうしようや」と私は一気にitemと順序を決めました。単純な発想です。まず、大まかな風景。なぜ「川」から始めたか。これはよくきかれます。しかしこの時の考えでは、「山」から始めると、第一歩で構図があんまり決まりすぎる、という感じだったと思います。〈中略〉次に「田」ときたのは、すぐ前にみた箱庭の河合先生のスライドの印象が強かったこと。「道」も多分おなじだし、「分裂病の人は川に橋をかけない」という、とても印象的な河合先生の指摘が頭の中でなりひびいていたからでもあります。それから、「家」と「木」と「人」。これは、前から細木先生に教えてもらってHTPをやっていた影響があります。次に「花」と「動物」(生きもの、といったほうが楽のようですが)は、点景がほしいし、いちばん一般的な言い方をしたいから。あとで「石」「または岩」を加えたのは、こういう重くるしいものも入り用だと思ったからであり、〈中略〉では、なぜ、「花」が先か。これは、動物がいちばんショッキングなitemだろうと思ったことと、H→T→Pの順が植物→動物の順だけど、そのまま反復しないほうがよいと思ったはずです。

（『中井久夫著作集別巻1　H・NAKAI風景構成法』）

ＨＴＰというのは、Ｈ＝家、Ｔ＝木、Ｐ＝人物を描くことで被験者の家族イメージや対人関係を明らかにする人格検査である。中井はこの論文の前に心理学者の細木照敏らと共に、三枚の紙に三通りの方法でＨＴＰを描く「統合ＨＴＰ法」を開発しており、「ＨＴＰをやっていた」というのはそれを指す。

中井は細木らと相談し、箱庭療法を始めるのは少なくとも回復過程の後期にある患者から、ただしその前提として、より安全な風景構成法をレントゲンをとるような感覚で実施しようと考えた。

すると、妄想型統合失調症の患者は、かなり回復期にある患者でさえも強引で歪んだ、重力のある空間ではありえないようなキメラ的な風景を描くことが多いことがわかった。破瓜型の患者の場合は、望遠鏡から眺めたような、対象と距離をとる寂しい風景が多かった。整合性はとれているものの生気に乏しい。文字を書くように、川、山、田……と、構成をまったく放棄して絵を描き並べていく人もいた。

つまり、同じ統合失調症の患者でも、破瓜型と妄想型では、空間構成の特徴にあざやかな相違がみられることが判明したのである。箱庭療法へ導いてよいかどうかをテストする意味で考案されたものだが、いざ実施してみると、箱庭とはまったく異なる所見を与えてくれたのだった。

中井は引き続き、統合失調症の患者のすべてのタイプにわたって継続的な観察を進め、翌一九七一年十一月二十日に上智大学で行われた第三回芸術療法研究会では、「描画をとおしてみた精神障害者　とくに精神分裂病者における心理的空間の構造」と題する発表を行った。

ここで中井が行ったのは、なぐり描き法と風景構成法を用いて、統合失調症の各タイプとそれ以外の精神障害の患者をそれぞれ対比することだった。なぐり描きは、何を描いても自由で正誤も優劣の判断もないが、風景構成法は、あらかじめアイテムが決まっていて、全体で一つの風景を構成しなければならないため、空間の歪みが現れやすいなどの特徴がある。そこで対照的な二つの技法を通して得られた問題を一般化することで、統合失調症の患者の心理的空間がどのようなものであるか、その問題点を考察しようとしたのである。ゴッホの絵からその病理を読み解こうとする病跡学とはまったく異なる、科学的な手法からのアプローチである。

このとき判明したのは、なぐり描き法であれ風景構成法であれ、用いた方法とは関係なく、統合失調症の患者には、ほかの精神障害者と異なる基本的な特徴があるということだった。

絵を描くのに要する時間が非常に短く、訂正や修正をまったくしない。つまり、ためらいがない。色を混ぜずに単一色で描くことや、陰影のないことも、うつ病やアルコール依存症などの嗜癖者《しへきしゃ》とは違うところである。色彩によって距離感をつけることもなく、「しばしば真空の世界のような印象、もしくは書割的な印象」を与える。そのときに自分が置かれている状況を一望できるようなかたちで描くのも大きな特徴だ。つまり、状況に影響されやすく、絵画に現れやすい。崖《がけ》の途中にいる男の子を描き、「もう下には落ちないが、上にもあがれない」というように。画用紙の枠に影響を受けやすいのもその一つの例である。

また、依存症などの嗜癖者が描きながら過剰なまでに解説を加えるのとは違って、統合失調症の患者はほとんど黙っている。空白を有効に使うことができず、空白はただ空白のまま置かれている。こうしたいくつかの特徴は、なぐり描きよりも風景構成法に、よりはっきりと現れた。

さらに中井は、前年の論文で見出《みいだ》した破瓜型と妄想型の特徴を、平面的に羅列して静かな印象を与えるH型と、非整合的でキメラ指向的な混乱した印象を与えるP型とに分類して整理し、なぜ、彼らはそんなふうに世界を描くのかを彼らの身になって考えようとした。

破瓜型の患者が、個性とか自発性を避けるように幾何学的で歪みのない遠景的な風景を描くのは、たとえば、彼らが会社の人事を嫌うように、全体に関わるわずらわしい選択を回避する指向と関係するのではないか。妄想型の患者が、全体のバランスや距離感が考慮されない風景を描くのは、全体を見ないで強引に羅列的な選択を行う指向と関係するのではないか。そして、これらはいずれも、彼らが生きるための戦略ではないか、というように。

この日の中井の発表はすでに予定時間をはるかにオーバーし、準備していたスライドもまだ半分程度しか映写できていなかった。司会者に時間を指摘された中井が戸惑っていると、会場から、「勉強しましょう」というかけ声が聞こえてきた。

「あの声はたしか、宮本忠雄先生だったと思います」

沖縄の医療法人和泉会いずみ病院理事長、高江洲《たかえす》義英はそう振り返る。

当時、東京医科歯科大学にいた高江洲は、学部二年から四年までは大学のストライキでまともに講義が受けられなかった世代である。五年になってようやく島崎敏樹や宮本に師事し、芸術療法研究会にはこの第三回から参加していた。

表現病理や病跡学の医師が半分以上を占める研究会で、その研究が果たして治療的に意味があるのかと、発表ごとに会場から質問して登壇者をどぎまぎさせることもあった若き医師だった。のちに山中康裕が参加した折には、「西の山中、東の高江洲」といわれて各発表者に恐れられた。そんな高江洲から見ても、中井の発表はほかの誰とも違う刺激的なものだった。

「当時、統合失調症は治らない病気だと思われていました。たまたまぼくが研修に行った病院がひどい環境だったんです。かんぬきの奥にまたかんぬきがあってその先の鉄格子《てつごうし》に囲われた保護室に手を縛られた統合失調症の患者がいるという状況だった。ロボトミーといって、脳の神経を切断する外科手術をされて後遺症を負った患者もいました。

一週間当直したときは、ピストルをもってぶっ殺してやると騒いだ患者がいて困っていたら、院長がやって来ていきなりみんなで押さえ付けて電気ショックでバンッ、です。こんな治療があるんだと衝撃を受けました。精神科医ってこんなことしなくちゃいけないのか、いやだなあ、こんなことはしたくないなあ、とにかく、こんな病院の環境は絶対に変えなきゃいけないと思っていた。

そんなときに、芸術療法に出会ったんです。ぼく自身、小学生の頃からずっと沖縄の伝統的な踊りを習って、踊りが精神に作用することを実感していたし、大学時代も琉球《りゅうきゅう》政府時代のおもろという古謡を習っていた。だから、これなら自分にもできるかもしれない、そう思ったんです。

ただ、あの頃は学会が次々とつぶされたので、芸術療法研究会もいずれは誰かがつぶしにくると思っていました。患者に絵を描かせて医者と患者が遊んでいるようなこと、あるいは研究データをとるようなことに対しては、それは治療なのか、患者に害はないのか、反治療にならないか、と問うたわけです。研究だけをやるならそれは病跡学へ行きなさいと。だから、あの学会はうるさいといってやめていった人はいるでしょうね。

でも、中井先生は別格でした。もともとはウイルス学が専門で、精神医学からきた人じゃないから発想がクールで、ほかの人とは全然違うんです。話は長いけど、こちらは聞きたいわけですから、延長されることに異論はありません。帰ったらさっそく自分でやってみようと思いました」

一九七六年以降のことになるが、このとき、中井の発表に触発された高江洲は、風景構成法を実践している。アイテム同士の距離感を「間合い」と名付け、統合失調症の患者の風景画に表れる空間のダイナミズムが、「わたし」と、わたしを取り巻く「まわり」に関わる空間のダイナミズムと密接に関係することを見出した。

間合いとは、人と人、人とモノが、近づいたり遠ざかったりといったつながりのかたちである。統合失調症の患者がふだんどのような空間体験をしているのか、それぞれの病型の特徴を絵画を通じて理解すれば、治療者は、彼らがほどよい距離をとれるようになるよう働きかけることができる。風景構成法は発表以来、各病院に次々と導入されていったが、高江洲の試みは、これがいっそう治療に有効であることを証明したのだった。


ある日、名古屋市立大学で箱庭療法を実践していた山中康裕のもとに河合隼雄から電話がかかってきた。山中の記憶では、一九七二年頃のことである。

「中井久夫君というおもしろい医者がいる。東京で箱庭療法の話をしてからよく電話がかかってきていろいろ質問されるんだけど、山中君、どんな人か知ってるか」

中井の名前はそれまでにも「ユリイカ」誌に掲載された随筆を読んで知っていた。学会誌はことごとく発行停止に陥っていたため論文は読んだことがない。河合の説明を聞いてみると、かなりユニークな人物のようである。風景構成法にも興味を引かれた。

「能力のある人だから、ぼくらの仲間になってくれるといいね」

絵画療法に取り組んでいた山中は、河合のそんな一言を聞いてさっそく中井に電話を入れてみることにした。中井は、山中が河合の知り合いだと聞くと、すぐに打ち解けて気さくに応じた。

山中はこのときの会話を鮮明に記憶している。中井は、自分がなぜ風景構成法を着想したのか、芸術療法研究会での河合との出会いにさかのぼり、青木病院の患者に箱庭療法をやってもらったときの話をした。

「それで山中君、どうなったと思いますか」

「先生、悪くなったでしょう」

「そうなんです。全員悪くなった。だいぶよくなって社会復帰が射程に入ってきたなと思う患者にやってもらったのですが、それが全部悪くなった。どうして悪くなったと思いますか」

「砂が問題じゃないでしょうか。砂が崩れる。崩落するイメージがある。『一握の砂』を思い出す。いのちなき砂の悲しさよさらさらと握れば指の間より落つ……、砂って落ちやすいじゃないですか」

「その通りなんですよ。ただ、どうして悪くなったのかについてアプローチすることで本当に治るんです。そこで着想したのが風景構成法という新しい方法です。箱庭で患者さんが悪くなるのはよくないので、箱庭を始めていいものかどうかをチェックするテストです」

「先生、教えてください」

「順番があるんです。まず、これからいうものを順番に描いてくださいといって、川、山、田、道……」

　中井はそういって、風景構成法の手順を山中に教えた。

　臨床を積み重ねる中で山中がとりわけ感銘を受けたのは、ある破瓜型統合失調症の男性患者が描いた風景だった。二十二歳のその男性は、指示するアイテムをことごとく、画用紙の左下隅に、しかも、山中が描いた枠の外側に描いた。枠と紙の端までのごく狭い空間にである。山も、川も、木も、人も、とても小さく、しかし、形態はそのままに丹念に描き込まれていた。そして、最後、「あとほかに描きたいものがあればどうぞ」といったときである。男性は、その左下隅の小さな絵から枠の内側に向けて小さな橋を架け、こういった。

「先生、ボクもみんなと同じ世界にいたいのです」

この患者さんは、治療できる。このとき、山中はそう確信した。

一九七三年、中井はこれまでの研究をふまえ、のちにもっとも知られるようになる代表的な論文を発表する。

表題は「精神分裂病状態からの寛解過程――描画を併用した精神療法をとおしてみた縦断的観察」。通称「寛解過程論」と呼ばれ、一九七四年に東大出版会刊行の『分裂病の精神病理2』に収録された、単行本で六十五ページの論文である。これを読み解くには、まず、書かれることになった背景について振り返る必要があるだろう。

舞台は、東京大学教授の土居健郎《たけお》を中心に、「分裂病の精神病理」というテーマで毎年二月に開催されるワークショップだった（以下、「分裂病のワークショップ」）。

土居は、精神分析のメッカ、アメリカのメニンガー精神医学校やサンフランシスコ精神分析協会で厳しい修業をした精神分析の大家である。留学中に「甘え」というキーワードに着目し、日本人の心理と社会構造を「甘え」とその変容をもとに読み解いた『「甘え」の構造』は、一九七一年に出版されて大ベストセラーとなり、世界各国で翻訳されていた。

「分裂病のワークショップ」は、折からの大学紛争の煽《あお》りを受けて日本精神病理・精神療法学会が閉鎖されたことから、たとえ少人数でも合宿しながら討論したいと願う十数名の有志によって開かれた研修会だった。土居のほかには、日本大学教授の井村恒郎や京都大学教授の村上仁、名古屋大学教授の笠原嘉《よみし》、ドイツから帰国して名古屋市立大学に教授として迎えられる直前の木村敏《びん》の名前もある。まさに、日本の精神医学を代表するメンバーが、精神病最大の難関といわれた統合失調症の解明と治療に挑んだ会合だったといえるだろう。

中井がこの錚々《そうそう》たる教授陣が集まるワークショップに参加することになったきっかけは、大学院の「土居ゼミ」である。

東大医学部に初めて設置された保健学科精神衛生学教室の第二代教授に就任した土居は、研究会を二つ開催していた。一つは東大大学院の精神療法研究会、通称「土居ゼミ」で、もう一つは、「水曜会」という選ばれた人だけが参加できるクローズドの勉強会だった。

大学院の土居ゼミは、症例発表者がどれだけ綿密に準備していても、発表が終わるや土居の鋭い質問が次々に浴びせられる厳しい研究会だった。「そのとき、クライエントは何をいったのか」「それに君はどう答えたのか」等々、矢継ぎ早の質問に発表者は打ちのめされていくが、思いがけない視点が開けたような感動と興奮を味わえるのもこのゼミの醍醐味《だいごみ》だった。

土居の教授就任と同じ頃に東大分院の講師兼病棟医長となった中井は、ある患者の回復事例を土居ゼミで発表した。それは、ジル・ドゥ・ラ・トゥレット症候群といって、日本では当時、報告が一例あるかどうかという珍しい症例だった。中井はそうとは知らずにその患者と向き合い、絵を描いてもらっていた。発表では患者の絵を数十枚貼《は》り出し、その絵をもとに病状の経過や患者の家族関係などを説明した。中には、家族を怪獣に見立てた絵もあった。中井が、薬はハロペリドールという抗精神病薬を処方していると語ったときである。驚きの表情を浮かべた土居の隣りで、ゼミのメンバーだった小倉清が訊ねた。

「それはジル・ドゥ・ラ・トゥレット症候群だが、なんでハロペリドールなんか知っているのか」

「今まで使っていた薬を除外していって、偶然です」

以後、理由はよくわからないが土居にいたく気に入られた中井は、厳しい土居ゼミにあって唯一《ゆいいつ》といっていいぐらい土居に怒られないメンバーとなり、毎月一回、水曜日に世田谷区野沢にある土居の私邸で行われる水曜会にも参加するようになった。

「分裂病のワークショップ」の母体になったのは、土居ゼミと水曜会、そしてもう一つ、月に一回、「丸の内線グループ」と呼ばれる医師や研究者が集う勉強会である。丸の内線グループは、正式には日大拡大研究会と称し、中井の所属する東大分院と青木病院、井村恒郎のいる日大駿河台《するがだい》病院、宮本忠雄のいる東京医科歯科大学の人々で構成されていた。

「分裂病のワークショップ」は、こうしたさまざまな人的ネットワークが張り巡らされている中で誕生したのである。

毎年二月に行われたのは、宿泊先の熱海の旅館・美晴館の宿泊費がオフシーズンで安くなるからだった。初日の金曜日は夕食から始まり、午後十時頃までに二人が発表。参加者は全員発表しなければならないというルールで、一人あたり終了後の質疑応答まで含めて約二時間を使った。東大出版会の編集者がビールとおにぎり、たくわん、スナック菓子などを差し入れたあと、議論が再開され、遠慮会釈《えしゃく》のない意見や質問が飛び交った。深夜二時頃になってようやく最初に床に就く人が出るような熱心さで、翌朝も朝食後から発表が続き、午前二、三題、午後三、四題、夜二題、三日目の日曜日が午前二、三題で、二泊三日の日程を終えて解散する頃には、誰もが心地よい疲労を覚えていた。

中井は、一九七二年二月に行われた第一回のワークショップに会場の設営係のつもりで参加したが、東大分院の上司にあたる病棟医長の安永浩がインフルエンザで欠席したため、土居から、代わりに安永の分裂病の理論（ファントム理論）を説明したまえ、といわれて発表を行ったところ正式メンバーに加えてもらい、二年目から正規の発表者となった。

翌一九七三年の二月十六日から十八日まで開催された第二回のワークショップでは、またもや安永がインフルエンザで倒れたために、中井は安永の代理と自分の発表で合計四時間にわたってしゃべり続けた。それが「精神分裂病状態からの寛解過程——描画を併用した精神療法をとおしてみた縦断的観察」、すなわち「寛解過程論」だった。模造紙に手書き文字の図表を何枚も貼りだして参加者を驚かせると、あとは中井の独擅場《どくせんじょう》となった。

統合失調症の精神病理学では一般に発病の過程は多く観察されて記述されているのに、寛解（回復）の過程にはあまり関心が向いていない印象があること。薬物治療のない時代に徹底した患者の診察と自己陳述を通して統合失調症の発病過程を追ったドイツの精神科医クラウス・コンラートの『分裂病のはじまり』（一九五八）の逆行程、つまり「分裂病の終わり」を観察するつもりで患者の全面的な主治医となって観察を始めたこと。しかし、実際には寛解過程は発病過程の逆行程ではなく、まったく異なる論理で追究していかなければならないこと、……等々。

中井は、これまでの研究を振り返りながら、統合失調症の患者に向き合って判明したさまざまな事実を解説した。若き俊英の発表に、参加者の誰もが圧倒された。

これまでの中井の論文に今回新たに加わった重要な視点は、患者一人ひとりの治療の流れを、全体が見渡せるようグラフにしたことである。横軸にカレンダーを置き、縦軸には興奮や混迷などの「緊張病的症状」、「幻覚妄想」、「睡眠と夢」、下痢や血圧、舌などの「身体症状」、薬物治療の状況を示す「身体的治療」、「言語的交流」、入退院や面会、外来患者であれば日々の出来事を記す「生活史」、そして、「描画」の項目を置いた。

項目は発生順に並んでおり、途中から箱庭療法を行うケースでは、箱庭療法の項目が図に加わった。夢や幻聴、絵の内容が細かく具体的に書き込まれ、妄想もその程度が一目でわかるように山の高低で示される。一人ひとりの患者のナチュラル・ヒストリー、すなわち自然史年表のようなものだ。

多くの患者を身体症状と併行して通時的に観察した結果、中井が見出したのは、「臨界期」の存在だった。臨界期とは、急性期が終わりを告げて回復に転ずる一連の現象が観察される時期のことである。下痢や便秘、原因不明の発熱やめまい、薬物の副作用が強まることもある。さまざまな身体的な症状に加えて、夢も大きく変化する。日常を脅《おびや》かしていた幻聴や幻想が、夢の中に「還《かえ》ってゆく」。中井の観察した患者の中に、臨界期と呼べる転換期が存在しない患者は一人としていなかった。

絵画療法は強制せず、沈黙したままの患者とのコミュニケーションのきっかけとして導入した。容易にみえるなぐり描きでさえ、注意が必要だった。なぐり描きした絵が何に見えるかを問われるときにもっとも不安が高まると、患者が語ったためである。たとえ露骨で性的な投影や、臓器やレントゲン写真を思わせる解剖反応があることが明らかだったとしても追究はしない。患者が受けているだろう衝撃を自分の力で修復していくのをそばにいて見守るだけだった。

これまでの研究で見出されたように、破瓜型と妄想型の描く絵の違いが顕著となるのは、臨界期を経て回復期に入ってからである。妄想型患者の風景構成法は、全体の整合性を無視した強引な絵になり、破瓜型患者の絵は、構成に巧みで整然とした典型的な風景になる。

同じような絵を数か月あるいは年単位で何度か繰り返すうちに、身体的な症状は健常者の水準に近づき、回復期も後半に入った頃には、「幾年ぶりかに春を感じます」

「先生、秋ですね！」と中井に語りかける患者もいた。風景構成法による絵はめまぐるしく変化し、妄想型の患者は整合性を回復し、破瓜型は視点の遠い遠景的な風景だった絵に近景が現れるようになった。

箱庭ができるようになるのもこの頃からである。統合失調症の患者に行う場合は、箱を小さくして枠の存在を際立《きわだ》たせること。玩具の棚も一望できる程度の大きさとし、悪夢的な怪獣や込み入ったもの、近景的な大きな玩具はあらかじめ取り除くほうがよいだろうと考えた。ただし、風景構成法ができない患者や、構成が極端に歪んでいる患者は箱庭療法を適応してはならないこと、また、自己像が空無化したり歪曲《わいきょく》したりしている場合は禁忌である、と考えた。

中井はまた、神経症の患者や児童に箱庭療法を行った場合と、統合失調症の患者の箱庭との大きな相違を発見していた。

一般的な箱庭療法の経過は、退行してから闘争を経て統合に至るという、いわば、弁証法的な道筋を辿《たど》ることが知られている。一方、統合失調症の患者の場合は、退行から闘争を経ずにただちに統合に至るものの、再び退行して振り出しに戻るという反復的な経過をたどることが圧倒的に多く、そうでない場合も、闘争の場面が延々と続いて統合に至らない。中井は、これを「非弁証法的」といい、回復した統合失調症の患者たちの一般生活における困難、不自由さと対応しているのではないかと考えた。日常とは、不意打ちの出来事に遭遇したり、未来に対して不断の選択を迫られたりすることの繰り返しである。一般の人々は、そうした選択の局面に立たされても、その場その場で場当たり的に選択を繰り返している。いちいち全体的な見地から見なくても、とりあえず対応することが可能である。

ところが、問題をとりあえず局地化して捉えることが苦手な統合失調症の患者は、不意打ちの出来事に遭遇したり、長期的な予測を強いられる状況に置かれたりすると、もっとも破綻《はたん》を起こしやすい。いわば、世界の全体像の修正を迫られる事態に陥る。

そんな彼らの認知世界を考慮すれば、診療においても日常生活においても、「（心理的に）空間的距離をとることによって、出来事を相対的に矮小化《わいしょう》すること、（心理的に）時間的距離をとることによって、悪夢化しやすい長期的予測をさけること」（「精神分裂病状態からの寛解過程」）といった配慮が必要ではないか――。

中井のこうした考察が、のちに、高江洲の「間合い」の視点や、近寄りすぎず離れすぎず、といった統合失調症の患者と接するときの基本姿勢につながっていったことは明白だろう。

臨床医たちは、実際に患者を診察し始めてから、跡付けるように中井の寛解過程論を理解していった。神戸大時代に中井に師事した田中究《きわむ》神戸大准《じゅん》教授は、寛解過程論を回想する座談会で次のように発言している。

「前提としては、統合失調症の人はよくなるのだと。われわれの診ているのはその過程なのだということをきちんと言ってもらっている。慢性疾患で不治の病だというふうに教えられていたら、寛解過程も何もないわけですよね。最初からわれわれはよくなるというふうに教わっている。寛解する時には夢の内容が変わることや、こんな非特異的な身体症状が出ることを、それは意味があって、その過程の中の一症状なのだというふうに教わってきたことが、すごく役に立っている」

（「こころの臨床」二三巻二号）

風景構成法はその後、多くの病院に導入され、日常の診療に浸透していった。

山中康裕の回想。

「風景構成法は芸術療法研究会で毎年発表されていましたから、多くの病院で次々と採用されていきました。言語的には一定の水準を示したとしても、風景構成法をやってみると、形態水準が乱れていたり、全体像を描けずに部分だけしか描けなかったり、彩色できなかったりする。言語レベルとイメージレベルでは落差があって、言語的な接近では見逃していたものを風景構成法で発見して事なきを得たり、いくつかの配慮が可能になったりしたこともありました。

これは中井先生がご自身で発見されたことですが、風景構成法というのは、あいまいなものを提示して心理的特性を見出す〝投影法〟としての側面と、箱庭療法のように心理療法でありながら〝構成法〟でもあるという側面を併せ持つんですね。たとえば、インクのしみから何が見えるかを訊ねるロールシャッハテストは投影法です。境界不鮮明なところに形を見る方法論ですから、センシティブなものをうまくつかむのには非常に長《た》けていて、すごくしっかりしたことをおっしゃる患者さんもいるんですが、では、その人がたとえばすぐ学校に行けるか、会社に行けるかというとリアリティがない場合が多いんですよ。

構成がうまくできるかということは、ちゃんとご飯を食べているか、ちゃんと寝ているか、といったことにつながります。構成法は、日常をつなぐ部分を見るものなんです。風景構成法の場合は、構成法であると同時に投影法なので、両方のウィークポイントを上手につなげているという意味でぼくは非常に優れていると思うのです」

学園紛争の激しい一九六〇年代後半から始まった芸術療法研究会や「分裂病のワークショップ」は、知る人ぞ知る、幻の会のような趣きがあった。

一歩外に出ればシュプレヒコールが飛び交っている。学会で各学派のケース発表が行われると、「たった一人の患者がその心理療法で治った治ったといっても、〇〇病院を見ろ、その陰で、九九九人の精神障害者が悲惨な思いをしているじゃないか」と批判が飛び、教授たちはつるし上げにあい、大学や学会は機能マヒに陥った。

「精神分裂病などという病気は存在せず、社会が貼ったレッテルである」と主張するイギリスの反精神医学運動が欧米に広がりを見せ、七〇年代に入ると、その中心的存在だったR・D・レインやT・サズの著作が日本でも次々と翻訳され、学会改革を目指す若手医師らに支持されていった。

一九七〇年三月には、朝日新聞の大熊一夫記者がアルコール依存症を装《よそお》って精神科病院の潜入取材を行った「ルポ・精神病棟」の連載が始まった。コンクリートに囲まれた三畳足らずの保護室。部屋の隅に便所用の穴が空き、臭気が漂う。廊下には糞《ふん》尿《にょう》まみれの下着やおむつが放置されている。家畜でさえもっとましな待遇を受けているだろうと思わせる精神病棟の惨状を告発し、大きな反響を巻き起こしていた。

一九六〇年代初めに登場した抗精神病薬に、懐疑的な声が上がったのもこの時期である。長年入院していた患者が退院できるようになるなど、当初は、抗生物質が登場したときのようにこれでなんでも治ると歓喜をもって迎えられたが、なんの計画もなくやみくもに使われていたため、やがて再発し、病院に帰っていく患者が出始めていた。

そんななか、芸術療法の芽が秘《ひそ》かに育《はぐく》まれ、統合失調症研究は世界に類のない発展を見せた。とりわけ中井久夫が際立っていたのは、京大ウイルス研究所に在籍しながら学術振興会の流動研究員として東大伝染病研究所で研究していた頃、楡林《にればやし》達夫のペンネームで『日本の医者』（一九六三）という体制批判の本を著していたこと。にもかかわらず、その画期的な臨床研究から、教授陣にも一目を置かれていたことだろう。

初期の芸術療法研究会が表現病理優先の風潮であるために外から冷ややかに眺めていた山中は、中井のこんな一言を機に参加を決断したという。

「外にいていくら大声を出しても誰も振り向かないよ。むしろ内部に入って改革していった方がほんとうなのだよ」

# 第七章　黒船の到来

一九七四年、名古屋市立大学では教授の大橋博司が任期を終え、助教授として迎えられていた木村敏が教授に昇格するにあたり、助教授を探しているところだった。院内講師となっていた山中康裕は、木村の了解を得て候補者を医局員四十人全員から二人ずつ上げてもらう推薦の形式とし、そのとき初めて候補の一人だった中井久夫の一連の論文を読んだ。一読、治療的な研究であることを確信して中井を強く推したところ、投票の結果、二十名の候補者のうち中井だけが圧倒的な票を集めたことから、助教授に招聘《しょうへい》することを決定した。

山中は、着任したばかりの中井の診療を間近で見ている。すでに自分の診察室をもつ山中に本来そのような仕事はないが、シュライバーといって、診察中の医師と患者のやりとりを筆記する役割を自ら申し出たのである。

まず、中井が患者を診察室に呼ぶところから目を瞠《みは》った。通常、医師は次の患者の名前を看護師に伝え、患者は看護師の案内で診察室に入っていく。だが、中井は違った。診察室の扉を自分で開けて顔を出し、待合室をざっと見渡しながら、「○○さ〜ん、お待たせしました」と患者を招く。患者を呼ぶのではなく、自ら招き入れるのである。

患者が着席すると、通常なら、医師は「どうしました」と声をかけ、症状を訊《き》こうとするだろう。教授の木村敏の場合は、患者にわからないドイツ語を使って、後ろに並ぶ研修医たちに説明しながら診察していた。ここでもまた、中井は違った。患者が黙っているならば、自分も黙っていた。シュライバーを務める山中の手も止まったままである。

十分ほど経《た》った頃、中井はやさしく患者に語りかけた。

「しゃべるのが苦手みたいね」

「……はい」

患者は初めて口を開けた。

「いいよ、そのままで、いいよ」

中井がそういうと、再び沈黙となった。山中の手もまた止まった。

さらに十分ほどして、患者はようやくなぜここに来たのか語り始めた。

「……先生、ぼく……、みんなに嫌われてるんですよ。ぼく……、いてもいなくても同じなんですよ」

「そうか、それ以上、今あわてて言葉にしなくてもいいよ。そのままでいいよ」

診断のための質問は一切しない。立ち居振る舞いから、一目瞭然《りょうぜん》、統合失調症の患者であることはわかるからだ。

「今日はよく来てくれたね。この人たち（注・山中らのこと）は、今日は初診だからいるんだよ。次からは隣りの隣りの部屋に来てもらうから、ぼくと二人だけだからもっと安心して話をしてもらえるはずだよ」

中井はそういって、患者を送り出した。

中井の評判は聞いていた。論文も読んでいた。だが、診察を目の前で見るのは初めてである。これはすごい。本物だ、と山中は思った。

患者が退室したあと、中井は、陪席していた研修医たちに「どう思う?」と訊《たず》ねた。

「先生、統合失調症ですよね」

「うん、それは誰でもわかる。どこの部分でそう思った?」

「視線が合っていませんでした」

「目が泳いでいました」

「うつむき加減でした」

「おずおずしていました」

中井は、彼らの発言もすべて記録するよう山中に指示した。中井の初診のカルテはみんなそうなっていた。ただ、患者が沈黙している場合、シュライバーのカルテには「十分間沈黙」と表記されるが、中井自身が書くカルテは、沈黙は空白のまま開いており、ようやく発した言葉が数行分の空白の次に書き入れられるという具合だった。

研修医たちがいなくなる再診では、様子は一変した。診察室から大きな声が聞こえてくるのである。隣りの部屋で患者を診察していた山中は中井に訊ねた。

「中井先生、お話しになるじゃないですか」

すると、中井はなんのことかという表情でいった。

「え、ぼくしゃべってなんかないよ、何も」

「すごく聞こえてましたよ、ちなみにいってみましょうか」

山中は聞こえてきた内容を中井に再現してみせた。

「君は、壁に耳つけて聞いていたのか」

「そんな失礼なことしませんよ。ぼくのほうが患者さんが多いのでそんなヒマもありません」

「君、それは空耳だよ」

中井は絵画療法をしている最中、患者に質問するのではなく、互いにイメージを共有できるようなつぶやきを発することがあると論文や随筆に書いている。一人が描いた線描にもう一人が何かの形を見出すスクイッグルという遊びをやっていて、患者の描いた絵を思わず怪獣の絵にしてしまいそうになったときなどに、たとえば、こんなやりとりが交わされる。

「んっ、こんなゴジラなんか出しちゃ悪かったかな。これは、ヘビにするかな。ワニがいいかな」

「ワ、ワニでも困ります」

「じゃあ、君は何なら受け入れることができるの」

「せいぜいヘビでしょうか」

「わかった、じゃあヘビにしよう」

隣りで診察していた山中の耳に聞こえてきたのは、どうもこんなやりとりのようである。

中井の診療姿勢は、その後も変わることはなかった。一九八四年頃、神戸大教授だった中井のもとで研修医を勤めた田中究は、中井の診察風景はまるで「二人の世界」だったと回想している。

「絵を描いてくださいというのではなく、流れの中にある。道具もわざわざ別の所から出してくるのではなく、手元にあるものをさっと出して、ちょっと描いてみない、と誘う。とても自然です。患者が描いている間は、ほほー、ほ、ほ、といって鑑賞する。上手下手の評価はせず、二人の世界で遊んでいるという感じでした」

誘発線法という描画法がある。波やぎざぎざ、ゆるいカーブがついたS字のような線など、一筆でさっと描けるパターンを医師が描いてみせて、患者にそこに好きな模様や形を描き加えてもらう簡単なお絵かき遊びだ。中井が考案したものの論文には残さず、たまたま勉強会で中井の講義を聴いていた日本大学の医師や研究者たちが、それをアレンジしていつのまにか普及していった。ふだん多くの患者を抱えている田中も、誘発線法なら短時間でできて負担も少ないため、ときおり患者と遊ぶことがあるという。一人で描く絵とは違う。治療の場で描かれる絵は、ひとりごとではなく患者の語りであり、医師とのコミュニケーションでもあった。

中井の手元には、患者の描いた絵はほとんど残されていない。医学部生に対して行った最終講義をまとめた『最終講義　分裂病私見』に収められた三十数枚の絵が、中井の現役時代を知ることのできる数少ない手がかりである。一人で四百枚近い絵を描いた患者もいて、膨大な描画はその後、中井の教え子たちによって少しずつ整理が進んでいる。大半が未公開で、公開されているのは中井が診察を始めた頃に了解を得て公表した患者たちのものだけである。一般に公開されている絵のスライドは、何度も複写を重ねられたためか色落ちしている。医師が自分の診察してきた患者について多少のフィクションを交えながら一般向けに紹介する本は世にあふれているが、中井にはそのような本はない。注意深く避けている。患者を売らない。

それにしても、大学病院の診察室で人と人が向き合って、十分間も沈黙したままでいるというのは尋常ではない。患者数の多い大学病院では時間的に無理という以前に、そもそも治療者側がそんな長い沈黙には耐えられないだろう。

「沈黙に耐えられない医者は、心理療法家としてダメだとぼくは思います」と山中はいう。

「患者さんは、沈黙が許容されるかどうかが、医師を選ぶ際の一つの目安だと思っているぐらいです。でも、十分間の沈黙は本当に長いです。大丈夫かしらと思うくらいの長さです。でも中井先生はまったく平気でした。このまま、一時間ぐらい沈黙されるかもしれないと思うほどです。どうされましたか、みたいなこともおっしゃらない。だって、そんなものは必要ないです。患者さんはなにかあるから来ているに決まっていますから」

こういう話を聞くと、では、中井久夫は薬物治療に頼らなかったのかという疑問がわくが、そうではない。精神科医になった一九六六年には、抗精神病薬や抗うつ薬、精神安定剤がすでに臨床現場に導入されていた。自身の心理療法を回顧した随筆の中で、中井は書いている。

「精神療法か薬物療法か、という二者択一はいくつもの点からして意味をなさない。薬物が適切に投与されるところには必ず精神療法がある。精神療法が適切に行われれば、必ず薬物療法が確実に行われるようになる」（「分裂病の精神療法」）

そして、「薬物療法的には、ブチロフェノンをフェノチアジンと同時に使用しえた「私は、ハロペリドールの大量使用を行なった初期の精神科医の一人であろう」（同前）と、いずれも統合失調症に処方される抗精神病薬の名を挙げている。ただし、深刻な副作用が生じた場合を想定し、自分の出処進退をかけて投与した。

中井の論文には、たびたび「関与しながらの観察」や「関与的観察」といった言葉が使われている。病者の世界は「関与しながらの観察」によってのみわれわれの前に開示されうる、とか、絵画療法を行う場合には必ず「関与しながらの観察」の原則を守った、というように。

この言葉は中井のオリジナルではない。薬物のない時代に統合失調症の治療に勤《いそ》しんだアメリカの精神科医ハリー・スタック・サリヴァン（一八九二〜一九四九）の言葉で、その面接作法を具体的な事例を交えつつまとめた著書『精神医学的面接』の第一章第一節に登場する。つまり、医師が患者と向き合うときにもっとも大切な基本的姿勢ということだ。

患者の苦悩に寄り添い、深く「関与」しつつ、一方で、その表情や行動、患者を取り巻く状況に対しては冷静で客観的な「観察」を怠らない。それは、沈黙する患者のそばに何時間でも黙って座り続け、患者の言葉一つ一つに耳を傾ける心理療法家としての姿勢と、その一挙一動に目を凝らし、客観的なデータを得ようとする医師としての姿勢を併せ持つ中井の姿勢そのものである。

サリヴァンはテープレコーダーのない時代に、患者とのやりとりを記録した初めての精神科医だったといわれる。二階の診察室から一階にいる速記者にマイクで問答を伝えて記録させ、論文にその逐語録を掲載している。カール・ロジャーズのように録音に基づく完全な問答を書籍として出版したわけではない。そのため日本人の目にはほとんど触れなかったが、密室で行われる治療者と患者のやりとりを公開し、治療者が自らをも第三者の目に晒《さら》されるという点では誰よりも先んじていたことになる。

中井が、サリヴァンを深く知るきっかけとなったのは、日大の井村恒郎を通じて翻訳を依頼されたことだった。GHQの占領下にあった頃、サリヴァンの『現代精神医学の概念』の原書を日比谷のCIE図書館で複写した井村は、書き込みでボロボロになるほど繰り返し読み込んでいたが、健康上の理由で自分では翻訳できず、英語に巧みな翻訳者を探していて中井とめぐり会った。青木病院に日大からやってきた医師の論文を中井が英語で抄訳したものを読み、中井の語学力ならば難解なサリヴァンの英語を翻訳できるだろうと考えたのである。

先述したように、井村は、日本の精神科医としていち早く精神医学界にカール・ロジャーズを紹介した人物だ。戦時中は、現在PTSD（心的外傷後ストレス障害）として知られている帰還兵の後遺症である戦争神経症の治療などに従事し、戦後は、日本の精神医学の遅れを取り戻そうと世界の文献を読みあさっていた。井村がロジャーズとサリヴァンを戦後の日本に導入しようとしたのは、フロイトの精神分析への疑問があったことや、サリヴァンを筆頭に、フロイトから離れた新フロイト派と呼ばれる精神科医たちが人間関係を軸に置く医療を打ち出していたことなど、精神医学をめぐる時代背景があったと思われるが、井村自身がその真意を語ったといわれる最終講義の記録は見つからなかった。

ただ、井村が失語症の研究者だったことは示唆《しさ》的かもしれない。

こんなエピソードがある。中井が初めて井村のいる日大駿河台病院を訪ねたときのことだ。診療を終えて机についていた井村は、知りあって間もない中井に打ち明けた。

「僕はね、君、幼いころ、失語症かと思っていたよ。言葉が出てこないんだ、それで失語症をやったんだ」

極度の緊張と正確に話そうとするあまり言葉が出てこないという知的緊張だったようだが、失語症の研究に始まる井村の一連の研究——患者のコミュニケーション障害の研究、病人を抱えた家族のコミュニケーション障害の研究——は、いずれも、人と人との関係、コミュニケーションに苦しむ人々をなんとか理解したいという思いに支えられたものだった。

ここに不思議な糸の存在を感じる。井村恒郎との出会いをきっかけに、サリヴァンを翻訳して紹介した中井は、「関与しながらの観察」を基本姿勢として、それまで治療困難といわれてきた統合失調症の患者の回復までの道のりに伴走し、河合隼雄との出会いを機に、患者とのコミュニケーションの手がかりである「枠付け法」や「風景構成法」を得て、不治の病といわれた統合失調症の理解に大きな進展をもたらした。

もっとも、糸はこれほどシンプルではなく、ほかの多くの人物やさまざまな文献、功績が幾重にも重なり合っている。

ただ一ついえるのは、彼らがクライエントの身になって考えるという姿勢をスタート地点にしていることである。それは相手を尊重し、待つことでもある。カウンセリングも精神科の面接も、相談する者とされる者、治療する者とされる者、という特殊な人間関係の中で行われるだけに、あえてそれを意識する必要があったのではないだろうか。

*

「善導、という言葉があったんです」

心理療法の歴史に詳しい、独立行政法人国立病院機構肥前精神医療センター臨床研究部長の黒木俊秀《としひで》はいった。一九六〇年代後半から七〇年代にかけて、患者と治療者の関係性が問われた理由を訊ねたときである。

「古い精神医学の本を読んでいると出てくるのですが、一九六〇年代までの心理療法は、治療者は患者を善導する、という言い方をしていたんです。医師が患者を教え導くなんて非常にパターナリスティック、父権主義的ですね。

一方で、精神障害者の置かれている状況を批判して精神医療の改革を目指した人たちがいた。七〇年代になって誰もやらないなら自分が精神病院をつくるんだ、といって一生懸命やった。ところが、一生懸命やる人ほど患者に死なれてしまうとか、とんでもない事件が起こったんです。もちろん、患者さんを治そうという熱意はなければいけません。でも、治療者のパッションが時に患者にとっては有害な場合がある。治療者はみんなそのことに気づいていた。

そこで、今では当たり前のことですが、主体は治療者でなく患者であるという方向にだんだん視点が移っていったんです。その頃に誕生したのが箱庭療法や風景構成法で、これは治療者の、おれがおれが、という熱意を薄める緩衝剤のようなものでもあったんですね」

熱意をストレートにぶつけるのではなく、内に秘めて一歩退く。沈黙は沈黙のまま見守る。簡単なことのようで容易ではない、そんな治療者の姿勢を支えるものとして箱庭療法や風景構成法がある。つまり、父権主義的な二者関係に対抗し、治療者の我を抑制するカウンターカルチャーでもあったということだ。

「少しあとになりますが、九州大学で神田橋條治《じょうじ》先生が『「自閉」の利用　精神分裂病者への助力の試み』という論文を発表して話題になりました。患者さんの拒絶能力を高める、いやなものはいやといってもらう、ということです」

一九七六年に発表された神田橋條治と荒木冨士夫の共著「『自閉』の利用」は、治療者が熱心に人間関係をつくろうとしたときに限って混乱や混迷の症状が出たり、治療者と理想的な信頼関係が築かれていた患者に再発が見られたりした事例を挙げながら、「自閉は悪い」と思い込んでいる医療従事者や世間の見方に一石を投じた論文である。医師の指導する言葉や、患者を「理解しようとする」熱心な態度こそ有害な外的因子ではないかと指摘し、医療サービスを組み立て直そうとする考え方は、従来の治療や看護のあり方を覆《くつがえ》すもので大きな反響をもって受け止められた。

一九五八年生まれの黒木が中井久夫の名前を知ったのは、九大医学部の学生だった頃である。

「中井先生が登場するまでは、統合失調症の理解は旧態依然としていました。統合失調症は認知機能の低下によるものと考えられている現在からみると信じられない話でしょうが、私が学生だった八〇年代初頭までは、人格水準の低下に陥る人格の病だと教わっていたのです。人の中心に人格があって、それがやられる病だというのです。戦前戦中戦後を通じて日本の精神医学の王道はドイツ精神医学でしたけれど、教科書を読んでも、治療については何も書かれていない。結局は、患者を観察するしかなかったんですね。ところが、寛解過程論によって初めて、目の前の統合失調症の患者さんの経過を見渡す手がかりが得られた。『精神科治療の覚書』があれほど読まれたのは、幾重にも幾重にも心を砕いて治療を進めていく、そのための心得が書かれていたからです」

一九八二年に出版された中井の『精神科治療の覚書』は、統合失調症の寛解過程をやさしく解説してあるほか、精神科医療だけでなく一般医療を念頭に置き、患者だけでなくその家族への援助のあり方にまで言及した、マニュアルと呼ぶにはあまりにも心を尽くされた指南書である。雑誌「からだの科学」に一九七八年から八一年まで連載された原稿をもとに、名古屋市大の若い医師たちの批判と協力を得て加筆修正され、今なお研修医や看護師のバイブルとなって読み継がれ、二〇一三年八月現在、二十四刷になっている。

「医師にかからないのは中くらいの医師にかかったと同じことだ」という中国の古いことわざを挙げながら「医師が万能であるとみえればみえるほど、患者は小さく卑小で無能となる」と書き、そうでなくとも強者と弱者という不平等な関係になりがちな医師と患者の間で、医師が尊大になることを戒める。そして、神田橋・荒木の論文「『自閉』の利用」に記された「拒絶能力」に言及しながら次のように書く。

治療は、どんなよい治療でもどこか患者を弱くする。不平等な対人関係はどうしてもそうなるのだ。その不平等性を必要最小限にとどめ、患者が医師に幻想的な万能感を抱かず、さらりと「ノー」といえることが必要である。

両者は患者の後の生活のひろやかさの大幅な増大となってみのりうるものだ。

このことの重要性は精神医学に限らない。

医師にへりくだりがちな患者が多いことをあらかじめ想定し、医師が自分自身をコントロールする。治療者の自律の大切さを説く一節である。

ところが――。

中井が『精神科治療の覚書』のもとになる連載原稿を執筆している最中の一九八〇年、精神医学界に大きな衝撃が走った。アメリカの新しい診断基準が発表され、日本の精神医療の現場に押し寄せたのである。アメリカ精神医学会の精神疾患分類体系を記載した「DSM」(Diagnostic and Statistical Manual of Mental Disorders）第三版、通称「DSM―Ⅲ」である。精神科医の中には、これを「黒船」と呼ぶ者もあった。私が黒木を訪ねたのは、黒木がDSM―Ⅲの続編にあたるDSM―Ⅳの問題点を洗い出したD・J・クッファーらによる『DSM―Ⅴ研究行動計画』の翻訳者の一人でもあったためだ。

黒木は回想する。

「DSM―Ⅲについて習ったのは私が大学を卒業する直前で、神田橋條治先生の講義のときでした。それまでフロイトの精神分析とそこから発展した力動精神医学といって、疾患を心理的原因や生物的・社会的要因の因果関係によって理解しようとする精神医学一本だったアメリカの精神医学が、いきなりがらりと変わったのです。ショッキングでしたね。すぐに自分たちが影響を受けるとは思わなかったのですが、相当びっくりしました。あのとき、神経症という言葉もなくなったのですから」

日本語で、「精神障害の診断と統計の手引き」と訳されるＤＳＭは、第三版以降、これまでの精神医学の分類を塗り替え、現在、世界標準として君臨している診断基準である。第三版というからには第一版、第二版があるわけだが、第三版がこれまでの版と違うのは、公式の診断基準として初めて操作的診断基準を採用したことだった。それまでの診断では、たとえば、気分が沈んでいても内分泌系《ないぶんぴつ》の異常でなければうつ病とは診断されない。気分が沈む原因は、内分泌系以外にもいろいろ考えられるからである。

ところが、操作的診断基準ではそうは考えない。二週間以上気分が沈んでいて、明らかにほかの病気といえない場合は、うつ病と診断する。操作的診断とは、言でいえば、病気の原因や経過ではなく症状に着目して診断する方法といえるだろうか。多くの臨床データに基づいて、たとえば、九つの症状のうち五つあてはまれば○○病と診断する、という具合である。

メンタルクリニックで病気になった原因を問われず、どんな気分の落ち込みやふさぎ込んだ状態も「うつ」と診断されてしまう最大の要因がここにある。うつ病と診断された人を見て、どうもうつ病だけではないように思える、ほかの病気も混ざっているように思える、そんな事態が起こるのもこの操作的診断基準ゆえである。

これが必ずしも問題とならずに現場に広く受け入れられたのには理由がある。医師同士はもちろん、看護師や臨床心理士など、誰が評価しても同じ病名になる、つまり学派や職種によって診断が変わらないというメリットがあったからである。

「ＤＳＭ─Ⅲが入ってきたとき、そうだよな、と思ったのは、みんなが暗黙のうちに知っていたことを改めて認識させられたからでしょうか。それまでは精神科医の信頼性があやふやで、かかる病院、診る医者によって診断がころころ変わるということを何度も経験してきたんですよ。

たとえば、こんな話があります。患者さんの中に、有名な医者が好きな人がいて、彼らをひと通り回った。すると、いろんな診断が下ったんです。東大分院にかかると統合失調症、東京女子医大だと躁《そう》うつ病、名古屋大だとうつ病で、大阪医大だと非定型精神病、九大にかかると境界例……。笑い話みたいですが、そういうことが本当にありました」

ＤＳＭ─Ⅲは一九八〇年に発表されて以降、アメリカでは医学教育での使用を義務付けられ、教科書にも記載された。ただし、あくまでもアメリカ国内の診断基準であり、他国の精神医学がすぐに直接的な影響を受けたわけではない。それが日本を含む世界の精神医学界を左右するようになったのは、アメリカの権威ある医学雑誌がＤＳ

Mを使用する論文の投稿を求めるようになり、臨床はともかく、医学研究ではDSMを使わざるをえなくなったためだ。DSMが世界の精神医学の共通言語、つまり、コミュニケーションのツールとして必要とされるようになってきたのである。

日本はDSMではなく、世界保健機関WHOの診断基準ICD（疾病《しっぺい》及び関連保健問題の国際統計分類）を使用しているが、一九九〇年に発表されたICD—10はDSM—Ⅲのスタイルを踏襲したもので、疾病分類もほぼ同じ構成になっている。同じ時期に、EBM（Evidence based medicine：根拠ある治療）という概念が登場し、診療科に関わらず、有効とされている治療を行うことを推奨し始めたことも変化を後押しした。精神医学の教育現場で学べるのは、診断体系と薬物療法だけ。黒木よりも若い世代は、カルテを英語か日本語で書き、ドイツ語は使えない。精神医学のグローバル化である。

私が通っていた心理職の研修機関でも、講義の初日にDSM—Ⅳ—TRの一部のコピーが配布された。それを使わなければならないというわけではなかったが、「DSMによると○○病と診断されるが、家族から情報を得たところでは背景には次のような出来事があり、こういう経過を辿《たど》ってきたから○○病である可能性も心に留めておく必要がある」というように、クライエントの見立てを行うときの一つの目安として使用された。

私はDSMが登場する前と登場後の過渡期を知る医師やカウンセラーに会うごとに、DSMの臨床現場への影響について訊ねてみたが、誰もが口をそろえたのは、これでようやく混乱が収まった、ということである。優れた医師でなければ診断できないというのではなく、ある程度の教育を受けていれば誰もが診断でき、一定の水準を保てる、つまり、全体を底上げできるということである。

だが、一方で、文化も言語も歴史も異なる国の精神疾患が同じ基準で診断できるわけがない、という批判の声も聞こえてきた。「日本人は間やあいまいさを大切にする民族なのに、DSMによって患者ではないのに患者にさせられた人はたくさんいる」と語った病院勤務の臨床心理士もいた。

黒木は続ける。

「日本の臨床現場に実際にDSMの影響が出たのは、国内に医療標準化の流れが起こった一九九〇年代以降で、保険病名をICD—10でコード化して出すようになってからです。新しい世代の人たちは、学術研究ではDSMを語らないと国際的に受け入れられなくなってきました。だいたい、DSMとICDがあること自体ダブルスタンダードで、私たちは自分の中に、二重三重の立場を形作らなくてはならないようになりました。

たとえば、〝これはDSMでは精神病症状を伴う大うつ病だけど、使う薬の適用を考えると保険病名は統合失調症で出しておこう。しかし、たぶんこれはパーソナリティ障害だけどなあ〟という具合です。ほとんどの精神科医がそういう二重三重の見立てを迫られるようになったのではないでしょうか」

DSMは、日本の精神疾患の患者数にも影響を与えている。厚生労働省の二〇〇八年の患者調査によれば、一九九九年に約二〇四万人だった精神疾患の患者数は、二〇〇八年には約三二三万人と一〇〇万人以上増加している。省庁の分析や報道では、バブル経済の崩壊以降、長引く経済不況とそれに伴うリストラや新規雇用の縮小、過剰労働やパワーハラスメントによる職場環境の悪化など、さまざまな社会的要因が背景にあると解説されているが、精神科医療に特有の事情もある。

患者数の内訳を見ると、入院患者は微減傾向にあるが、外来患者は増加している。統合失調症を中心とする旧来の精神疾患が薬物治療の向上によって軽症化して、早く退院できるようになった一方で、DSMによってうつ病を含む気分障害の定義が広がったことから、入院が必要ではない比較的軽度な患者数が増加した。

この増加傾向が顕著になるのが一九九九年以降で、この年から日本の市場にSSR

I（選択的セロトニン再取り込み阻害薬）という新しい抗うつ薬が導入された。精神科医の冨高辰一郎《しんいちろう》の『なぜうつ病の人が増えたのか』によれば、SSRIが導入されると患者数が増加するという傾向は欧米でも同様で、「うつ病は誰でもかかる病気」「治る病気」「早期治療が有効な病気」といったメッセージを掲げた製薬会社のPRの力も大きく、うつ病が身近になって精神科を受診することへの抵抗が弱まり、受診者数の増加に拍車をかけたという。過量服薬や子どもへの投薬、薬物依存の問題が深刻化したのも同じ要因による。

私は黒木に会う前、一九八七年に出版された一冊の本を紹介されていた。九州大学医学部助手（当時）の松尾正が執筆した『沈黙と自閉』である。精神医学界に大きな反響をもたらした論文「分裂病者との間で治療者自身が〝沈黙〟するとき、そこにもたらされるもの」を収録した本で、少し長くなるが、その症例、田中太郎（仮名）のケースのあらましを紹介する。なお、この間、投薬治療は行われている。

初診時、三十歳だった統合失調症の「彼」と、何も語らず沈黙する「彼」に付き添った医師の「私」、松尾の記録である。

入院後、一週間たっても直立不動のような姿勢で寝たまま何も話さない「彼」に対して「私」は待つしかない。自分の存在が「彼」に緊張を与え、自分が拒絶されているような気もしていた。だが、「私」は「彼」の状態を探ろうとか、何かをしゃべらせようとはしない。「彼」のことなど気にせずに自分自身の思いに耽《ふけ》っているときには、そこにいることが許されるような気がしていた。

入院から一か月半が経った頃、「彼」は、家族がもってきた見舞いのミカンを取り出し、「私」にも食べるようにジェスチャーで促した。言葉は発しないが笑顔を見せた。

入院から二か月が過ぎる頃になると、「彼」は「私」の顔を見ただけで笑みを浮かべるようになった。「彼」はベッドの上に座り、「私」はその横に置いた椅子《いす》に座って漠然と自分の思いに耽った。

一緒にいることが許される状況が安定してきたとき、「私」は「彼」に散歩を提案した。最初は病棟の回廊を歩き、次に、閉鎖病棟内の中庭へ向かった。しかし、二人はその間も言葉を交わすことはなく、「私」は自分のことだけを思って「彼」のことは考えなかった。

入院から三か月半が経つ頃、「彼」は初めて紙に「家に帰りたい」と書いて「私」

に渡した。まだ帰られる状態ではないとメモで返すと、「病院にいても病気はならん」と返事が戻ってきた。この日を境に話し出したためか、「彼」は過呼吸や頻脈を伴う「イライラする発作」に見舞われだした。「私」は自分から「彼」の言葉を引き出すような語りかけはやめるように努めた。

五か月が経った頃、見舞いにやってきた家族に伴われて外泊を試みたものの失敗し、再び「彼」は沈黙した。「私」は一転、「彼」に対して距離を置くよう方針を転換し、一緒に過ごす時間を減らした。外泊に失敗したことで「彼」の病が想像以上に重いこと、自分の接近法に対しても迷いが生じたからである。「彼」は食事の不満を訴える以外、あおむけに天井を眺めているだけで自分の中に閉じこもることが多くなった。「私」は再び治療方針を戻し、彼のそばにいて黙って座っているだけの日々を過ごした。漫画を読んで笑ったり、「彼」の果物を食べたりもした。「彼」が「ジュース二本、バナナ、甘栗」と書いたメモを渡すと、「おまえなぁ、人にものを頼んでばかりおらんで、少しは悪いなぁ、と思ってついてこんか」とぶっきらぼうにいったりした。「彼」を患者としては扱わず、また治療者としての役割を無理に演じることもしなかった。「彼」の沈黙にとらわれない「私」になっていた。

入院から八か月が過ぎた頃、「外泊はまだだめですか」と「彼」が紙に書いた。「良いと考えます」と書いて返すと、「依存します」と書いて戻してきた。依存という言葉に驚き、「おねがいしますという意味か」と聞くと、「彼」はそれとはやや違うという表情を浮かべた。

それからしばらくして、二人で甘栗を食べているとき、突然、「彼」が「外泊は連絡してくれましたか」と大きな声でいった。この言葉を機に、彼は自然に長い文章で話せるようになっていった。

入院十か月で開放病棟に移った頃から、「彼」は「私」が聞きもしないのに、自分が苦しめられている体験を語り出した。

「幻聴があるんよね……家族のもんが自分の悪口を言いよるような」

「雑念がわく……妄想がでる……人が自分に害を加えるというような」

体験の告白とは裏腹に「彼」の言動はだんだん自由に生き生きとしたものになっていく。開放病棟に転院してから七か月後、異常な反応もなくなり、テレビも普通に見られるようになった「彼」は、何度か外泊を行った末、退院していった。入院から約一年半が経っていた――。

松尾は、医師である前に、人として「彼」と向き合おうとしていた。「私」は決して「彼」の内面を憶測しない。「彼」の言葉を無理に引き出すような問いかけもしない。毎日ある一定時間「彼」のそばにいて、自分の思いにふけるだけである。「彼」は緊張したまま身動きしないが、ある日、突然、差し入れのミカンを食べないかと「私」にすすめる。感動的な場面である。

松尾の論文が「精神神経学雑誌」第八十八巻八号に掲載されたとき、中井久夫は「瞠目《どうもく》した、ついに次の世代が現れた」と、みすず書房の編集者に手紙を書き送っている。

ただ、DSMの時代の医師はもう、患者とこのように接することはむずかしいのではないだろうか。中井のように、大学病院の診察室で十分間沈黙したままでいることもほとんど不可能ではないか。

そんな感想を述べると、残念ながらそうだ、といって黒木は頷《うなず》いた。

「私たちの時代は時間だけはあってのんびりしていた。先輩に恵まれてゆったり勉強できました。九大でも、九〇年代までは患者さんとぼおーっと散歩することができた。一人の研修医が三人の患者をもって、一時間ぐらい散歩してお互いぼんやりとした時間を過ごす。医師も患者と一緒に箱庭を作って、患者と主治医の境界なくお互い箱庭の世界に入り込むこともできました。箱庭を介することで患者さんの負担も少なくてすみますし、それだけ治療的な関わりを結ぶことができたのです。

でも、そんな時間も余裕も、今の若い人たちにはもてません。ものすごく忙しいです。外来患者も入院患者も多くて余裕がありません。うちのようなスーパー救急がある病院ですと、昔は一、二年かけて治療していた患者が、今は三か月で区切られて退院していきます。ただ、患者さんの立場になってみれば、早く退院できたほうがいいに決まっています。昔は、数か月から数年かけて患者と深く安定した関係を築いて治療するようなことをやっていましたけれど、今は患者さんには迷惑なことですよね」

ならば、沈黙する患者に現代の治療者はどのように向き合えばいいのだろう。

「患者さんの沈黙は、臨床医にとってもっとも困難な状態ではないでしょうか。今の精神医療の体系はほとんど言葉だけで作られていますから。言葉があって初めて診断することになる。特に今の若い医師たちは待つことができません。口を閉ざして語らない緘黙《かんもく》の状態が続いたら、どうやったら薬を飲んでもらえるのかもわからない。非常に厳しいことだろうと思いますね。興奮したり暴力を振るったりする患者さんよりも厄介かもしれません」

黒木自身は沈黙する患者とどのように向き合っているのだろうか。

「言葉を発しない患者さんはよくおられますが、外来では時間が限られているので、紙と鉛筆を使って筆談を試みます。家族が同伴していることも多いので、ご家族の話をうかがって本人にも伝わるように受け答えをする。家族がいない場合は、身体の診察をします。可能なら、バウムテストぐらいはやっていただくことはあります。それでもしゃべってくださらない場合は、緘黙というよりは関係性を拒絶しているわけです。受診を拒否している患者さんもいれば、言葉を話すことに非常に強い恐怖を覚えるとか、言葉を発することを罪と考える、バチがあたると思って言葉を発せない人もいる。自分の中でとんでもないことが起きているんだけど、うまく言葉で表現できない人もいる。緘黙といってもいろいろありますから」

こうして話を聞いている間も、黒木の胸ポケットに入っているPHSの呼び出し音がたびたび鳴った。救急を担《にな》う病院であるため、取材中はもちろん診察中でも電源を切ることはできない。ただ、患者と向き合う場合、特に言葉を発しない患者の場合には、この無機質な電子音が二人の関係を断ち切ってしまわないか。十分も、二十分も互いに沈黙し続けることはやはり困難だろう。

箱庭療法や風景構成法のような心理療法は、患者と治療者がどこからも邪魔されることのない守られた環境で行う必要があり、外から頻繁に電話が入る場所ではまずできない。黒木のいる肥前精神医療センターでは、箱庭療法や絵画療法は臨床心理士が行っているが、興味をもつ子どもがいたら行う程度だという。箱庭を継続して作っているクライエントはおらず、数多《あまた》ある心理療法の中の一つという位置づけにすぎない。

「医師が患者を善導するとか、医師が患者を自由な世界に誘うとか、そんなことはなんと傲慢《ごうまん》かという大きな反省が一九七〇年代にありました。その時代から変化したもう一つ大事なことは、たとえ有効な治療法があったとしても、それがどういう環境で、どういう人間関係に支えられて行われているかが大事だといわれるようになってきたことです。患者さんの自助を助ける、それがセラピストの役割だという哲学が中心になってきたのです。

近年は、患者さんの生活支援でも、一対一で関わるのではなくて、システムとしてのサポートが大事だといわれるようになってきました。外堀が安定すれば生活も精神も安定するということです」

黒木のいうシステムとしてのサポートとは、第二章でも言及した、医療を始めとする多職種の人が集まって患者を支えるチーム医療のことである。入院中の患者だけではない。退院したものの不安定な状態が続いている人や、受診を中断した人、受診できない人、あるいは引きこもり状態にある人などを対象に、精神科医や看護師や臨床心理士のほか、精神保健福祉士、作業療法士、相談支援の専門家、当事者のピアサポーターと呼ばれる支援者などがチームを構成して支援にあたる、包括型地域生活支援プログラム「ACT」である。

服薬の確認や症状観察のような医学面だけでなく、金銭管理や家事援助、雑談をして家族や同じ病気の仲間との心理的つながりを保つことも支援とみなす。二〇一一年度には厚労省で約七億円の予算がつき、病院で待つのではなく地域に自ら出て行くアウトリーチは、精神科医療のスタイルを大きく変えていくことになるといわれている。

予防に努め、医師と患者という個対個の関係ではなく、チームで支える。そうすれば、医師個人の能力や人間性、価値観に左右されずに標準医療を公平に提供できるだろう。医師を頂点とするパターナリズムを防ぎ、各職種の専門知識が生かされる。特定の患者を抱え込むこともなく、転移・逆転移の問題を軽減することもできる、といったメリットもある。

名医なら治せるとか、いい病院ならよい治療を受けられるという医療環境は、患者にとって幸福を意味しない。「先生にすべてお任せします」という時代は終わった。在宅患者をチームで支える流れは、慢性的に医療スタッフが不足している現状では歓迎すべきことなのだろう。何よりも、すべての患者を病院に収容し、維持していくために必要なコストを考えれば、患者の自立を促し、必要な場所に適切なサービスを届けたほうが財政面でもメリットがあるのは確かである。

　では、患者にとってはどうだろうか。管理を余儀なくされる入院治療よりは、医療チームの支援を受け、地域にいながら極力ふだん通り暮らすほうが好ましいだろう。だが、患者は一人ひとり異なる。すべての人が家族と暮らしているわけではない。家族のほうが疲弊して手に負えなくなっているかもしれない。医療スタッフもそれぞれ人生観や価値観が違う。生き方を問われる仕事だと思っている人もいれば、ルーティンワークと割り切る人もいるだろう。治療者や看護師の人間性や情の深さ、経験を積んで培《つちか》ってきたものを切り捨ててしまってよいのだろうか。時間をかけて信頼関係を築いて初めて判断できることもあるだろう。標準化された医療は一定の効果をもたらすだろうが、医療側にとっても患者にとっても物足りなさが残るのではないか。そもそも、一人ひとり異なる心に、万人に適応できるシステムをあてはめようとするのは無理がある。

　在宅医療を支えるＡＣＴが本当に精神科の患者の心に沿うものになるかどうか、また、患者の家族の負担を軽減するものになるかどうかは注意深く見守っていかなければならないだろう。

二〇一三年五月、DSM—Ⅳから十九年ぶりに新しいDSM、DSM—5が発表された。改訂の最大の特徴は、「ディメンション的診断システム」といい、患者が経験しているはずのあらゆる症状をもとに系統的に評価する方法が採り入れられたことである。症状の有無だけではなく、重症度や経過による変化も評価の対象となる。自閉症やアスペルガー障害といったサブカテゴリーを含む広汎性《こうはんせい》発達障害が自閉症スペクトラムへと名称変更され、一元化されたことなどが目を引くが、日本の臨床現場で明日から基準が変わるということではない、と黒木はいう。

「一九八〇年のDSM—Ⅲの登場は、精神医学の中心がヨーロッパからアメリカに移ったという点で確かに大きな影響がありましたが、DSM—5は露骨にアメリカの覇権主義です。これによって日本の臨床現場が混乱するかというとそうではない。今は時代が違います。アメリカの一つの現象として捉えておけばいいでしょう。

もっとも、早期発見、早期介入という予防医療、プライマリケアにも重点が置かれているため、日本でもこれを精神科医が担うべきなのか、一般の内科医が担うのかについては、早晩、議論が起こると思います」

今なお版が重ねられている中井久夫の『精神科治療の覚書』の冒頭には、ダムの寿命に関する話が書かれている。山が多く狭い国土を利用して全国に次々と作られたダムは、資源の乏しいこの国を潤《うるお》し、ダムのある景色は国民の誇りともなった。しかし、時の経過とともに急流に混じった土砂が徐々にダムの底に溜《た》まり、土砂流による災害も決して避けられないものとなっている。

精神科病院はダムに似ている、と中井は書く。上流から患者が流れ込み、ある期間病院に滞在して、社会復帰と称して退院していく。病院は満床になるまでは患者を選べない。ダムが埋没するかどうかは、実働する医師の人数に左右される。質よりもまず量というほど医師は不足しており、それは自殺者数にも現れる。

中井の理想とするのは、七床あたり一人の医師である。この本が書かれた一九八二年の基準は、五十床に一人だった。現在はどうかというと、内科や外科などを有する百床以上の総合病院や大学病院の精神科で十六床に一人、それ以外は四十八床に一人である。医師の数は一九九八年からの十年間で二割増え、個人クリニックの数も増加しているが、患者数の増加には到底追いつかない。看護師の数も同様である。スタッフ不足のために「薬で、患者さんにおとなしくしてもらわないと、対応できない」（朝日新聞二〇一三年八月二十日朝刊）といって、三種類以上の薬を投与する病院もある。

薬物治療が大きく進展したとはいえ、副作用が気がかりであり、これでは患者と医師の間に信頼関係など築きようがない。

こうした現状を考えれば、早期退院を促し、あるいは外来のまま治療を続け、あとはチームで在宅医療を支援するというのは、患者のためであると同時に、ダムを埋没させない方策の一つには違いない。

精神科の若い医師や臨床心理士の中には、精神医学界のドクターズ・ドクターといわれる中井久夫の名前を知らない人もいる。それが、中井の研究した統合失調症の寛解過程が、すでに現場で常識となり、いわずもがなのこととして浸透しているならそれでいい。だが、費用対効果はどうか、エビデンスに基づく治療であるかどうか、といった説明責任を求められる慌《あわ》ただしい臨床の現場で、ただ黙して何か月も患者のそばにいるシュヴィングのような姿勢は、口惜しいことにすでに過去のものになっている。

ある学会に参加したとき、黒木は、東京のベテラン精神科医からこんなことをいわれたという。

「黒木くんね、東京では、今日来た患者がまた二週間後に来るとは決して考えないんだよ。だから、一期《いちご》一会《いちえ》だと考えている。いっぱい病院があるからね」

# ■逐語録（下）

二〇一一年三月十六日、私は再び神戸の中井久夫の家を訪ねた。この日は、私がカウンセラー役となって中井に絵画療法を行うことになっていた。自分がカウンセラーの立場を経験することによって何が見えるのかを知るために、カウンセラーでもなんでもない私に対し、中井がクライエント役を務めてくれることになったのである。

「どんどん南下しておりますね」

玄関口で、中井はいった。

地震のことである。五日前の東日本大震災に続き、この前日に静岡でも震度六強の大きな地震が起きた。テレビもラジオも震災一色で、全国に緊張感が広がっていた。

ここ神戸でも、阪神淡路大震災のときに中井の下で働いていた医師たちが、兵庫県こころのケアチームの中心メンバーとして東北に派遣されることが報じられたばかりだった。

「なんか出るでしょうね」

「ええ、そうですね」

これから描く絵に震災の影響があるのではないか、ということである。

「サインペンはもってきてらっしゃる？」

「ええ、持ってきております。太字と細字がありますので、お好きなほうをお使いください。私はカウンセラーではありませんので、きつかったらおっしゃってください」

「いや、きつくないですよ」

準備していた画用紙とクレパスを食卓の上に置く。座る角度は前回と同じで、真正面ではなく斜め九十度に向き合う。

「あのね、統合失調症の患者とそうでない人と、箱庭を作るときや風景構成法をするとき、どちらが速いと思いますか」

「普通の人のほうが速いのですか」

「河合隼雄さんの本によると、箱庭療法では統合失調症の患者さんは十五分、普通の人は二十五分だそうです。絵も患者さんのほうが速い。筆のためらいがないから」

「患者さんは、一気に作ってしまうということでしょうか」

「途中でどっちいくか、あっちいくか、というためらいが出てくると、かなりよくなってくるのです」

「そうなんですか」

「患者さんには、どう、この前より描きやすかった？　と訊《たず》ねるといい。アセスメントは自分でいったほうがエンパワーされるのです」

「自分で自分を評価するということですか」

「ええ。こちらがジャッジメントを伝えるのではなく、ね。横で眺めていて、関与的観察とはこれだなあと」

「ああ……」

私はスケッチブックを広げ、ページを二つに折ってからA４版の大きさに切る。自分がカウンセラーになったことを想像しながら呼吸を整える。

「それでは、このあいだ私にやっていただいたのと同じように、分割の絵から始めさせていただければと思います。まず枠を描かせていただきますね」

私はそういって、サインペンで画用紙に枠を描く。

「この枠もおもしろくてね、描く人によって、中央に小さな枠を描く人もいるし、定規のように正確な線を描く人もいます」

「そうですか」

前回、中井がしたように枠取りをすればいいのだろうと思って紙の端から一センチほどのところに線を引いたのだが、枠ひとつからカウンセラーの性格が表れ、すでにコミュニケーションが始まっているということなのだろう。中井はクライエント役でありながら、同時に解説者でもある。

「では、どのようにでも結構ですので、分けてください」

「そっちにしようかな……」

中井は少し迷って、細字のサインペンをとる。枠と平行な線と垂直な線がいくつも引かれ、さまざまな大きさの正方形や長方形ができる。最後に一箇所だけ、つっかえ棒のような斜めの線が描かれる。

「よろしいですか」

「ええ」

「それでは、お好きなように色を塗っていただけますか」

「はい」

縦横にクレパスが走り、赤やピンク、緑、黄緑、黄、橙、水色などさまざまな色が使われる。黒や紫のような濃い色はない。パウル・クレーのモザイク画のような絵である（口絵8）。

「いかがですか」

「いいですよ」

「どうですか。どんな感じがしましたか」

私は、自分が見た感想を述べるのではなく、中井自身の感想を聞いてみる。評価は自分で行ったほうがよいというアドバイスを受けてのことである。

「線が斜めになっているのは、脳梗塞《のうこうそく》の後遺症があるからで、はがきでも文章を書いていたらこうなります」

「ああ、ちょっとゆがんでしまう？」

「水平がね……。見ていたら水平かどうかはわかるんだけれども、物を並べていくと、こういうふうになります」

一見して、ほとんど気づかれない程度だが、水平の線がやや斜めに傾き、垂直の線も片側にやや倒れかかっているだろうか。それでも私には、全体のバランスは整っているように思える。中井にはエランベルジェ原作の『いろいろずきん』という絵本があり、知人の著作にさし絵を提供するなど、絵の仕事もしている。そんな中井の目には、ほんの少しの歪《ゆが》みも気になるのかもしれない。

「一般論でいいますと、色には、グラデーションといわれる類比色と、互いに対照的な、コントラストの色がありますね。だいたいにおいて、回復とともにコントラストから類比色のほうに変わっていきます」

「健康を取り戻すほど似たような色を使うようになるということですか」

「似た色で描くほうが、心が鎮《しず》まってくるんですね。そのためには繊細な差異を必要としますから、類比色にしようとして、この色を使いました」

「あ、そうですね。赤の隣りはピンクとオレンジ、肌色から黄、水色となるところもグラデーションですね」

「これは、まあ中間ぐらいですね。だいたい患者さんの描く絵のほうが美しいんですけどね。類比色で仕上げたような絵を見たら美しいと思いますね」

「ということは、あまり具合のよくない最初のうちは、黒とか赤のような濃い色が使われるのですか」

「そうですね。黒と赤は自殺のサインだという医師がいたぐらいです。ナチ人の旗の色がそうですね。黒と赤で作られている」

「ああ、そうですね。あのう、最後に斜めの線を引かれましたね。最初は何もなかったですが、これは、そのう……」

「縦横でまとめていくのは、今回の災害の影響があるかもしれませんねえ。一つ斜めを作っとこうかという具合で」

「つっかえ棒のようなものですか」

「さあ、それはどうかな」

「これは、線が途切れてますが」

中井が引いた線の端が枠の線にまで届いていない理由を訊ねてみる。枠と線の間に隙間《すきま》があると、全体に絵が軽く浮いている印象があるためである。

「それは個性ですね。端から端まできっちりつける人とそうでない人がいます」

「アーティスティックですね」

「いや、これは自信をつけるというか……。きっちり端をつけた市松模様のときは患者さんあまり動きませんね。市松模様のときは遠くから見守る感じがよくて、あまり動かそうとしないほうがいいですね。それに対してイギリスの旗みたいなときは動いている。そういうときは治療に力を入れなきゃいけません」

白地に赤十字のイングランドの国旗と、青地に白の斜め十字のスコットランド国旗、白地に赤の斜め十字のアイルランド国旗を組み合わせたイギリスの国旗ユニオン・ジャックは、斜めの赤い線が十の字に重ならず、隙間が少し空いている。動きが感じられる模様だ。

「絵の方向はどうしましょうか。こちらが上かな」

「こちらでしょうね」

絵の右下に日付と中井の名前を書き入れる。絵の天地が決まる。

「患者さんの塗りから比べると荒いですね」

「え、そうですすか」

私には塗りが荒いようには決して見えないが、筆圧が弱いためか画用紙の凹凸がところどころ浮かび上がり、塗り方は一様ではないとはいえるかもしれない。

「ということは、患者さんはもっと精密に塗られるということですか」

「患者さんのほうが一様に塗ります。それを能力が高いといえるかどうかはわかりませんが」

　ここまでで、開始から二十分ほどである。分割画を中井に描いてもらう最中、ある変化が私の中で起きていた。始める前は、なんと大それたことをするのだろうかと畏《おそ》れる気持ちと、資格も何もないのだから間違ったことはしてはいけないという緊張感で全身がこわばっていた。

　ところが、画用紙を前にした途端、それまでとは明らかに違う穏やかな感情がそっとわき上がってきたのである。画用紙に引き出されたというのだろうか。これから展開する未知の世界を共に見届けようという思い。もしかすると、私は、ここにいてもいいのかもしれないという気持ちである。

　新しいＡ４版の画用紙を中井の前に差し出した。自分がクライエントだったときと同じ順番で、次はバウムテストである。

「枠はどうしましょうか。あったほうがよろしいですか」

「まあ、あったほうがいいですねえ」

「わかりました。では」

　先ほどと同じように、Ａ４版の画用紙の隅に枠を描く。

「それでは、木を一本描いていただけますか」

「はあ、これはむつかしいなあ……」

中井は、少しためらったのち、細字のサインペンをとると、木の樹冠から描き始めた。筆致は軽やかで、やさしい。上から下へ下へと下りてくる描き方である。樹冠は一つではなく、地面と水平に四つあり、樹冠と樹冠の間の幹が見えている。複数の樹冠を描くのは、絵の才能のある人に多いとバウムテストの教科書に書いてあったことをふと思い出す。地上から根は見えない。ただ、地中に入る部分は少し太くなっており、地下茎はかろうじて安定しているように思われた。

「それでは、この木に色を塗っていただけますか」

「はい」

中井はまず黄緑のクレパスをとり、てっぺんの樹冠から塗っていく。樹冠はどれも違う大きさ、違う色合いで、下に下がるほど色は濃くなるかと思うとそうではなく、一番地面に近い樹冠には濃い緑と鶯色《うぐいすいろ》が塗られた。一様に塗りつぶすのではなく、グラデーションになって美しい。地面は薄い黄色で、ところどころ草が生えている。

意外に思えたのは、木を塗り終えたあと、水色のクレパスで背景が薄く塗られたことである（口絵9）。水色は木を縁取るようにぎりぎりには塗られず、少し余白があって浮き上がっているように見える。近景が突然、遠景になったというのだろうか。目の前に立っているように思われた木が、一気に大平原に置かれたようなイメージである。私を信頼し、画用紙にすべてを委《ゆだ》ねてくれているかに思えた中井の心は、実は、計り知れないほど遠いところにある。そんな隔たりが感じられて、私自身が遠景に遠のいた気がした。

「木を描いたのは、生まれて初めてですよ」

「そうでしたか」

「自分でテストするものでもないですしね」

「そうですね」

「最初は、どうしても花を描きそうになるんですよ。私の年だとそういうものなんだな」

「年をとると花を描きそうになるのは、どうしてなのでしょう」

「なぜかはわからないけど、大きなものは描けないんです。老人で大きな松の木を描く人がいるけれど、あれは生命力にあふれている。ぼくは生命力が弱いなと自分で思いました」

「では、最初のうち、この樹冠を描かれたときは、頭の中では本当は花をイメージされていたのですね」

「そうですね」

「どんな花だったのでしょう」

「薄い花ですね。花びらの薄い花」

「ああ……」

いわれてみると、確かに、一番高いところにある樹冠はやわらかい花束のようにも見える。

中井は自分の絵を読み解いていく。

「こんなふうに樹冠が分かれてるでしょう」

「ええ、そうですね」

樹冠が複数、しかも、地面と水平に分かれて描かれているのは最初から気になっていた。

「それぞれ違うんですよね。これは意志を表すというんですよ。ぼくはいろんなことをやってきましたから、一つ一つの時代を象徴するのかもしれない。ここなんか幹を描き忘れていますし、上のほうは雲に変わりつつある。これは、ぼくは長くないなと自分では思いますね……。こんな木、見たことないですよ」

「たくさんの方々の絵をご覧になってきて、ご自身でも初めてご覧になったということですか」

「そうそう」

「木の背景に空色を塗られましたね。こちらはいかがですか」

背景を塗った理由でもいい。塗ってみた感じの感想でもいい。いかがですか、とは、なんとでも答えられる、焦点の定まらない問いかけであることに訊ねてから気づく。

「背景を塗る人は少ないですね。ちょっと補強したいというか」

「ああ……」

中井はこの年、七十七歳。十数年前に脳梗塞、数年前には前立腺《ぜんりつせん》がんを患い、体調があまり芳《かんば》しくないと聞いていた。幹を描き忘れ、根も地表には描かれていない。補強という言葉を聞き、中井が、自分はもう長くはないといった意味を考えた。返す言葉が見つからない。何か言葉を返したとしても、上滑りになるような気がして黙っていた。ここまでで三十分あまりが経過している。

次に進む。

「なぐり描きをしていただいてもよろしいですか」

「ええ」

「枠はどうしましょうか」

「あるのと、ないのと」

「では、最初は枠のあるほうでいきましょうか」

中井の見ている前で、枠を描き、画用紙を渡す。

画用紙の左端からスタートした中井のサインペンは、円を描いたかと思うと急勾配《きゅうこうばい》の山のように大きくカーブし、カーブは途中から直線となり、ぎざぎざとなり、再び描き始めた地点に戻ってもう一度大きくカーブして終わった。この間、十数秒である。

中井自身の感想を聞く。

「何に見えますか」

「頭巾《ずきん》を被《かぶ》った人がなんか、指を差している」

「ということは、このあたりが顔ですか」

山のようになった部分を指して訊ねてみる。

「このへんがね」

「ああ」

「変なものが出てくるなあ……、原子炉と関係あるんかなあ」

「ああ……」

色が入ると、防護服に身を包んだ原発事故処理班なのか、人間のような、あるいは目の大きな化け物のような生命体であることがはっきりしてきた。背中に大きな袋のようなものを背負い、何かを指さしている。右手には赤い舌を出したへびが載っている（口絵10）。

「変なもん出てきちゃったなあ」

「この右手の指は、何を指しているのでしょうねえ」

「さあ。へびとメガネと酸素タンクと、指か」

「この水色の楕円形はメガネなんですね。防護服の人はメガネを通してその先を見ている。うしろに背負っているのは、これは酸素のタンクでしょうか」

「そうですね。このメガネというか、水色のガラスのあたりからへびが出てきてるんですね。はあ、これはこれは……」

リビングのテレビが福島第一原子力発電所の事故を報じていた。中井はそれを見ながら、「政府と東電は喧嘩《けんか》しておりますねえ」とつぶやいた。テレビはすぐに消したが、この国でのっぴきならない事態が進行していることは、こうした時間を過ごしていても頭の中から消せずにいた。「なんか出るでしょうね」という当初の予測通りであったかもしれない。枠のない画用紙でなぐり描きしたほうも、水が一面にゆらゆらと広がり、震災とは無関係ではないように思えた（口絵11）。

「枠がないと現実的になりますね。たぶんこれは洪水でしょう。津波かな……。ただ、あまり激しい津波にはしたくなかったから、弱い津波です。津波を描こうとは思っていないんです。ただ、なんか横線がやたら頭の中に現れてきて」

「ああ……」

「昔、幾何学的な線とそうではない自由な線でどう違うのか、比較しようとしたこともありますけれど、意味がないのでやめました」

「そうなのですか」

ここまでで四十五分ほど経《た》っていた。少し休憩を入れたほうがいいのかもしれない。ここに描かれたものが防護服の生命体と津波ならば、イメージというよりは現実の投影に近い。十六年前、中井自身が神戸で震度七を経験し、災害支援の最前線にあったことを考えると、あまりここで震災の中に入り込まないほうがいいのではないかという不安が過《よ》ぎった。数日前に東京で震度五強の揺れを経験し、この日は、鉄道の混乱を回避して飛行機でやって来た私自身の緊張や興奮も重なっていただろう。いったん背筋を伸ばし、深呼吸したほうがいいような気持ちにもなっていた。

「少しお休みしましょうか」

「それでもいいです」

茶を飲んだり、菓子をいただいたりして、五分ほど休憩した。

次は、いよいよ風景構成法である。画用紙はこれまでの倍のA3の大きさである。こちらのほうは中井自身、何度も自分で描いたことがあるようだった。

「これから一つ一つ申し上げるものを順番に描いて風景にしていただけますか。枠はどうしましょうか」

「どうぞ描いてください」

それでは、と枠の線を細字のサインペンで引く。

「では、まず最初に、川をお願いします」

「これはね、昔からなんかこうなんだよ」

中井はそういって、画用紙の中央に川を描いていく。手前はやや太く、画用紙の上方に向かって先は細くなっている。ということは、手前が下流なのだろう。川はゆるやかにカーブしている。私が描いた川も同じように手前が太かったが、流れは直線的だった。くねくねと曲がるだけでまったく違う印象を与えることに驚いた。

「よろしいですか」

「はあ」

「では、次は、山を描いてくださいますか」

「はい」

小高い丘のように低い山が五つ、六つ、画用紙の上方に描かれる。川はその山の谷間から流れ出ている。続いて、田んぼ、道、橋、家が、ためらうことなくスムーズに描かれていく。自分が開発した方法で過去に何度も描いたことがあるというから当然とはいえ、確かに描き慣れている様子である。小さな家が右の手前に一軒、左に一軒、あった。

「もう一軒ぐらいどっかにあったほうがいいなあ」

中井はそういって、左の川沿いにもう一軒、家を描き入れる。どの家も、田んぼの中にあり、農家のようである。

「よろしいですか」

「うん」

「はい。それでは、木を生やしてください」

「はい」

手前の家の脇《わき》に一本、次に左の家の裏に一本。常緑樹とおぼしき木を植えた。描き終えるのを待ち、次に進む。

「それでは、人を描いてください」

するとと中井は、手前の家の前に、一人の人を描いた。小さくて目鼻はない。前向きなのか後ろ向きなのかもわからない。その家の住人なのだろうか。

「これは十七歳。元、男の子というべきか」

「ああ……」

思春期を過ぎ、大人になる直前ということだろうか。中井自身だろうか、そうではないだろうか。さまざまな思いが脳裏を過ぎる。

「では、次は、花を描いてくださいますか」

「はい」

川沿いに小さな花がぽつんと咲く。自生ではなく人が植えた花のようである。小さいけれど、絵のバランスを考えるとちょうどいい大きさである。

その後、中井は、田んぼの中に牛を四頭、犬らしき動物も一匹、川の中には石をいくつも描き入れていった。

「ほかに、もし描き足りないものがあれば描いてください」

「はあ」

すると、ここで意外なことが起こった。中井は、絵の上方に描いた山の向こうに、山と山の中腹をつなぐような左右の線を引いたのである。水平線であった。つまり、私が川の下流だとばかり思っていた手前は実は上流で、川の水は、手前から山の向こうに流れていたのである。ここまで中井と共有しているとばかり思っていたイメージが、まったく逆方向であったことに衝撃を受けた。水は、だんだん遠ざかるのである。そして、山の向こうの景色はこちらからは見えない。背景の色を塗った途端、遠景に遠ざかったバウムテストと同じような展開だった。

中井が私の動揺に気づいているのかどうかはわからない。こちらに気を留めることなく、絵を描き足していった。空には雲と太陽、ヘリコプターが一台、川の中に小さなボートが二艘《そう》。鎮守の杜《もり》なのか、右側の道路の先に小さな森が描かれた。

私は感想を述べずに、小さく深呼吸して次へ進む。

「それでは色を塗っていただけますか」

「はい」

左の田んぼが茶色に塗られたのは収穫を終えたからだろうか。左から右へとグラデーションになっており、右は稲が勢いよく青々と生い茂っている。

「このクレパスは藍《あい》がないね」

「そうですね」

日本製だが中国の工場で作られた製品であることが気に掛かっているのだろう。前回の会話でクレパスが話題になったとき、私自身はそれほど重要なことと思っていなかった。純日本製の画材を探して買ってくるべきだったかもしれない。自分の鈍感さを情けなく思う気持ちが頭をもたげてくる。

「日本人の基本的な色のひとつに藍があるけど」

中井はそういって藍の代わりにプルシアンブルーで海の色を塗る。川は水色、木は濃い緑、屋根は黒と赤、倉庫とおぼしき建物は紫である。ためらいなく塗っていく。家の壁、花、動物、人には色がない。私のように手前にずんずんと迫ってくる風景ではなく、向こう側へ開かれた風景という印象がある（口絵12）。ここまでで一時間十数分になっていた。

「こんなとこかな」

「そうですか」

「年寄りの絵だな」

「美しい景色ですね。季節はいつ頃でしょうか」

「そうねえ。春のはじめかな」

「今頃ですね」

「そうだね。感じとしてはもう少し前かも」

「手前ではなく、向こう側に海がありますね」

「これはあるときからね」

「はあ、そうなのですね。いつ頃からですか」

「そうね、四十歳ぐらいかなあ……」

「それからは、ずっと山の向こう側に海が見えるのですね」

「まあね。描きたくなる。川は海側へ流れているわけなんだけど……。なんでかは知らないよ」

川が山の向こうの海に流れているということは、山のあちら側にもなんらかの風景が広がっているのだろう。だが、その風景はこちらからはやはり見えない。

「私が二つの仕事、医学と文学をやっているからかもしれない。それに象徴されるような、二つの世界かもしれない。あるいは意識と無意識という人もいるかもしれない」

「ああ……」

中井は作家として多くの随筆集を刊行しており、また、フランスの詩人ポール・ヴァレリーやギリシアの詩人カヴァフィスの翻訳者でもある。フランス語の翻訳を始めたのは高校時代で、医師のキャリアより長い。以前、文学の仕事を続けていることについて話題にしたとき、中井はこう語っていた。

「やまいだれの字ばかり書いているのに倦《う》んだのでしょう。山とか海とか、花という字も書きたいということでしょうか」


「川は、最初は手前のほうに向かって流れているのかと思ったのですが、逆方向に流れているんですね」

「それはめずらしいかもしれない」

「手前の土地が高くなっているということですね」

「そうね。先が見えない。生きてないかもしれない。藪《やぶ》の中だからね」

「ああ」

「（川の左側の茶色で塗った田を指し）ここらへんは刈り取りが済んでいる。左側が過去とすればね。家も手前が今の家で、この左の赤い屋根の家は過去の家。船で渡るわけだから」

「もしご自身がいるとするとどちらでしょう」

「それはこれでしょうねえ」

中井は黒い屋根の家の前にいる彩色されていない、顔もよく見えない人をいったん指差したあと、次にヘリコプターを差し、「このあたりから眺めているかもしれないけど……」とつぶやいた。

「ヘリコプターに乗っておられるのですね。ヘリコプターはいつも描かれるのですか」

「描いたことないです。たぶん、このところ、ヘリコプターからの映像を頻繁に見ているからかもしれないけど」

「ああ、そうですね」

「山はね」

「はい」

「昔と比べたらずいぶんなだらかになりましたよ」

「以前はもっと険しかったのですか」

「高かったですね。こんなふうに裸の田んぼも描いたことがなくて、刈り取りがすんでいるんでしょうね」

「ああ……。動物はどうでしょう」

「これはペット」

川沿いの犬らしき動物である。

「こちらは牧場で、牛かなんかでしょう。養ってほしいかどうかわかんないけど。もうくたびれてきたから」

「お花は、これは、チューリップですか」

「そうですね。あ、色を塗るの忘れていますね。いま花のある人生じゃないから」

いや、まだまだお元気でいらしてくださいと口先だけで励ますのも不適切だろう。老いを意識した中井自身の感想が続き、私はなんと応答すればいいのか気の利《き》いた言葉が思い浮かばず、相づちを打ち、あとはただ黙っているしかなかった。

「さきほど、二つの世界、とおっしゃっていましたね。文学と医学かもしれない、意識と無意識かもしれないと」

「手前が意識、海が無意識。でも、そうともいえない。どれが正解というのではないです」

「そうですか」

「なんかね、ぼくはいつもまっすぐな道なんですよ」

「横に一直線、縦は川沿いの道だけですね」

「ぼくはいろんなことをやっているようで、一つのことをやってきたのかもしれない」

「そうですね」

少し余談をはさむ。

「実は先日、ニュージーランド人の友人に風景構成法を試しにやってもらったんです」

「ほう」

「すると、川は横にぴーんと一直線に流れていて、山は向こう側、川と垂直に山に登っていく道がありました。彼女の故郷には田んぼはありませんので、田の代わりに牧場を描いて、そこに羊をいっぱい描き入れていました。家の前には男女がいて、それが夫と私だと。仲良しの夫婦なので、そういって笑っていました。牧場がある村で育ちましたし、今は山登りが大好きで週末のたびにどこかで登っている人なので、そのまんまだねえ、と二人でいたく感動しておりました」

「民族的な違いはありますね。チベットの人の絵を見たことがあるけれど、チベットは向こうに高い山があって手前に牧場があって、間は靄《もや》なんだね。靄で何も見えない。遠くのものか手近なものしかない」

「中景がないということですか」

「そう。実際ないみたいだね。二つをつなぐのが大変なんでしょうね。非常に高度な哲学があって、五体投地で山に詣《もう》でる土地ですから。あるアルピニストは、最初はチベットの町の光景を描いていたんだけど、だんだん自分の故郷の風景を描くようになった」

「風景構成法には、箱庭療法と同じように、人を童心に返らせるものがあるのでしょうか」

「そうね。現在の状況が出る場合もあるし、生涯を展望するものが出ることもある。ぼくのこの絵は、今の状況を反映しているかもしれない」

「震災の影響は出ていますか。ヘリコプターぐらいでしょうか」

「それは、ほとんどないんじゃないかな。川はいつもこうです、道もこうです。基本的なデザインというか、自分のアーキテクチャーは変わらない」

「一人の人でも、変わる場合と変わらない場合がある」

「変わるときもある、変わらないときもある」

「ええ」

「ただ、ぼくも山あり谷ありの絵を描いてきたから。日常の心の風景とは違うんだろうなあ」

「あの、この取材を始めた頃から気になっていたのですが……」

「どうぞ」

「絵画や箱庭が治療的だとされるのは、そこに物語が作られるからなのでしょうか」

「物語を紡《つむ》ぐのは非常に重要なんですが、忘れがちなことが僕はあるような気がします。一見話が飛ぶようですが、判決文ですね。あれは裁判官が物語を紡ぐわけですが、親しい弁護士によると、被告人が納得して刑を受けるような名判決というのはなかなかできないのだそうです」

「そうなのですか」

「物語を紡ぐということは、一次元の言葉の配列によって二次元以上の絨毯《じゅうたん》を織る能力ですからね。そこに無理もあるのです。言葉にならない部分を言葉のレベルまで無理に引き揚げることですから」

「ええ」

「言語は因果関係からなかなか抜けないのですね。因果関係をつくってしまうのはフィクションであり、治療を誤らせ、停滞させる、膠着《こうちゃく》させると考えられても当然だと思います。河合隼雄先生と交わした会話で、いい治療的会話の中に、脱因果的思考という条件を挙げたら多いに賛成していただけた。つまり因果論を表に出すなということです」

「ええ」

「箱庭も、あれは、全部物語を紡がない、ということも重要なのでしょう。河合先生はよく、ふーんって感心していればいいとか、私はなにもしないことに努力しているのです、といっておられた。あれは、そういうことを念頭においておられたんでしょうね」

「セラピストとのやりとりを重ねるうちに、クライエントはあるまとまった物語をつくっていきますが、それは必ずしも、本当の物語ではないというか、本当の物語である必要はないということですね」

「ええ。本当の物語は不在かもしれません」

「どうでしたか、テスターやってみて」

中井の言葉で、われに返る。

「そうですね。途中、戸惑いもありましたが、同じ風景を見ていろんなことを感じているうちに、だんだん穏やかな気持ちになりました」

「そうですか。絵を描いていると、ソーシャル・ポエトリーといって、たとえば、この鳥は羽をあたためてますねえ、といったメタファーが現れます」

「ええ」

「普通の会話ではメタファーはないでしょう」

「ええ、そうですね」

「絵画は言語を助ける添え木のようなもの」

「ええ」

中井はおもむろにソファに移動すると、椅子《いす》にゆったりと体をうずめ、大きく欠伸《あくび》をした。

「ふぁあ……。山は低くなったなあ」

「そうですか」

窓際《まどぎわ》でひなたぼっこしていた猫のぷうが、のわーんと鳴く。

「絵を描くのは眠りを誘いますなあ、はあ……」

中井の顔をのぞくと、すでに寝息をたてて休んでいた。

部屋には自然光だけがあった。ふだん、取材で向き合っているときとはまったく異なる、静謐《せいひつ》な空気に包まれていた。

私は、中井が描いた五枚の絵をゆっくりと見直した。中井自身が語ったように、ここに老いを迎えた中井の内面がにじみ出ているのかどうか、私にはよくわからない。ただ、絵を媒介に向き合った時間は、私自身の気負いを平らかにし、未熟さを消し去ってくれたような気がした。取材者であるときのように、話の方向性を意識することがない。相手の出方をうかがうということもない。ただ話の流れに身をゆだねるだけだった。

それは、いまだかつて経験したことのない内容の濃い時間であるように感じられた。これが、因果から放たれた対話の力というものなのだろうか。日々の暮らしの中にこんな時間が少しでもあれば、人はもっと穏やかに、安らかに、生きられるのかもしれないと思った。

# 第八章　悩めない病

箱庭療法には、箱庭以外の雑務に煩《わずら》わされたくないという河合隼雄の考えもあって、一九八七年に日本箱庭療法学会が設立されるまでは学会が存在しなかった。その代わりに全国各地につくられたのが、河合自身も把握できないほどの数の自由な研究会だった。その中の一つに、河合と交流を保ち続けた市民の研究会があった。兵庫県明石市の明石箱庭療法研究会である。

私は、河合隼雄という巨木を失った後の彼らの動向が気になり、その創設メンバーの一人である臨床心理士の村山實《みのる》に会った。

村山は、明石市西方の姫路市にある姫路カトリック教会ザビエル館の相談室でカウンセリングを行っている。賢明女子学院の社会科教師だったとき、ある生徒が学校に通えなくなったので相談に乗ってほしいと生徒会長に頼まれ、近くにあった教会の部屋を借りてその生徒と両親の相談に乗るようになったのがこの道に入るきっかけだった。一九六三年のことである。

相談に乗り始めたものの、始めのうちは何をどうすればいいのかまったくわからない。市の生徒指導協議会に出かけたところ、カウンセリング界で大流行していたカール・ロジャーズ全集の第一巻を渡されたが、読んでもちんぷんかんぷんだった。ロジャーズが開発したエンカウンターグループという集団精神療法のワークショップにも案内されて出かけてみたが、これも何をやっているのか理解できない。

手探りのまま生徒たちの相談に乗るようになって四年経《た》った一九六七年の十二月、生徒指導協議会の主催で「カウンセリングと遊戯療法」という講演会が行われることになった。講演者は京都大学の西村洲衞男である。当日、会場係として参加していた村山は、最初のうちはうとうとしながら聞いていたが、最後のほうで箱庭の話になった途端、目が覚めた。終了後、西村にお茶を出しながら箱庭療法について改めて質問すると、来年早々セミナーをやるから入れるようにしてあげるという。

年が明けて間もない、一月五日のことだった。村山は天理大学で開催された箱庭療法セミナーに参加した。この日のセミナーは、六人の参加者ごとに一人の指導者がついて実習が行われ、終了後に河合の「イメージとシンボル」と題する講演が行われた。

講演を終えると河合がいった。

「みなさん、ごくろうさまでした。あみだやりませんか」

そう呼びかけると、若い女性の参加者が「あみだってなんですか」と訊《たず》ねた。

河合はその質問には答えずに鞄《かばん》から一枚の紙を出して人数分の線を引いた。「あ、あみだくじか」という声が聞こえた。参加者からお金を集めて食べ物や酒を買いだしに行く担当を決めるくじだった。夜は旅館の広間で懇親会が行われることになっていたためだ。

あみだくじの結果、河合が買い出し担当に、村山は、最初に食べ物に箸《はし》をつける役になった。それでは申し訳ないと思った村山は、河合の買い物についていくことにした。

道中、村山は「講演、さっぱりわかりませんでした」と正直に打ち明けた。

河合はいかにも呆《あき》れた顔つきで、「あほか」といって笑った。

「もういっぺん聞かせてもらえませんか」

「ほな、三月にまたセミナーあるから来るか」

そんなやりとりがあって、村山は河合の追っかけのように天理大学で年に二回行われるセミナーに通うようになった。

村山が箱庭療法に興味をもったのには、二つの理由があった。一つは、村山は趣味で油絵を描くため、箱庭が一幅の絵のように見え、気持ちの表現であるという意味がわかるような気がしたこと。もう一つは、河合の飾りのない性格だった。聞けば聞くほど話をしてくれる。当時はカール・ロジャーズのカウンセリング手法が普及していたが、ロジャーズであれユングであれ、自分を形成する手段としてはどちらでもよい、自由であるべきだと語る河合の懐《ふところ》の深さに魅せられた。この人について勉強しよう。村山はそう心に決めたのだった。

一九七二年秋、姫路商工会議所で河合の「生徒指導とカウンセリング」と題する講演会が行われたときのこと。生徒指導協議会から、河合や箱庭療法研究会のメンバーを講師に中級講座を開催したいという要望が上がり、明石箱庭療法研究会が発足した。第一回の研修会が行われたのは、翌年一月十三日で、県立明石南高校の同窓会会館に二十五人の参加者が集まった。知り合いもいれば初対面の人もいる。挨拶《あいさつ》も自己紹介もなく、いきなりそれぞれが好きなように箱庭を作り始めた。

第二回目以降は、河合が毎回、明石南高校にやって来た。日時は河合の都合で決まるが、土曜日の初日は午後二時頃からおのおの箱庭を作っていると、午後三時過ぎに河合が来校し、六時までみんなで河合の解説を聞く。夕食を終えて八時から十一時までは、各自が作った箱庭のスライドを映写しながら事例研究を行い、河合が眠そうになるとお開きである。参加者は会場に雑魚寝《ざこね》で、河合もホテルではなく用務員室で寝た。翌日の日曜は朝食を終えた午前九時から河合の講義を聞き、午前十一時に終了、という一泊二日のスケジュールである。

誰が発起人というのでも、代表者というのでもない。会計報告もなければ会則もない。自己紹介もなく、開会閉会の挨拶もない。箱庭を作りたくてなんとなく自由に集ったという感じだった。その中心にはいつも河合がいた。

「勉強が楽しいと思ったのは、河合隼雄先生に会ってからです」

村山は振り返る。

教会の片隅にある小さな相談室には、使い込まれた箱庭と、観光みやげの人形など、一つ一つ丁寧に集めたと思われるユニークな玩具《おもちゃ》が並ぶ棚があった。三十六年間、賢明女子学院で社会科の教師を勤め、定年までの三年間を残して、不登校の生徒のための全寮制高校、生野学園の校長となった。その仕事もすでに退職し、八十も半ばとなった。

戦時中、工業高校を卒業した村山は、十九歳で志願して大阪飛行師団の司令部作戦室に勤務した。気象聯隊《れんたい》といって、飛行機で天気を観測して天気図を作成し、出撃の日時を決める任務である。昭和二十年六月には沖縄戦に行く予定だったが、八尾飛行場で待機中にグラマンの襲撃を受けて部隊が全滅。そのまま戦地に赴くことなく終戦を迎えた。

「戦時中に教えられた大和魂というのは、死ねといわれたら死ぬことです。命令一つで死んでいく兵隊たちを何人も見ました。特攻隊員の中には前日に酒を飲んで暴れて鎮静剤を打たれて飛んでいく人もいれば、従容《しょうよう》として飛びたっていく人もいる。大学まで行って教養を身につけていた人もいれば、少年兵もいる。彼らを見ていて、神様に階級はあるんかな、同じ人間やのに、この差はなんなんや、何が違うのか、と思った。だから、命が長らえたら絶対に大学で勉強したいと思ったんです」

戦争が終わるとまもなく、大阪駅前の法律事務所で働きながら立命館大学に通って法律の勉強をした。教育の道に進んだのは、賢明女子学院校長の畑逸治に誘われたためだ。

「生徒の相談に乗り始めた昭和三十八、九年が、自分が精神的に生まれたときかもしれません。ただ、大和魂は知ってたけど、心の問題はわからんかった。心の問題がわかるようになってきたのは、河合先生に会ってからです。それまでは陰湿で暗い人間だと思われていた。自分で箱庭を作って、それを河合先生に見てもらうことで目の前が明るくなっていくのがわかりました。箱庭を見ているときの河合先生の目は聖母マリアか観音《かんのん》様のようにやさしかった。魂や心はそんなに浅いもんやない、自分で自分の心の探究ができるんや、と人間の心の広さを教わりました。私の箱庭の写真は全部で二百枚以上はあるんじゃないかな」

河合は時折、村山の作った箱庭や、村山の担当するクライエントが作った箱庭の写真を自著で紹介している。村山の箱庭の一つは、谷川俊太郎と河合の共著『魂にメスはいらない』に掲載されている。箱の左上に観音菩薩《ぼさつ》が置かれ、中央から右上にかけてろうそくが二列に並び、その間を亀《かめ》がゆっくり歩いている。右上隅に五重塔、右下隅では家が四本の木に囲まれている。

河合は、亀の歩みは自我の歩みで、自分の人生をゆっくり歩いていくという感じを表しているといい、観音菩薩のような大きなものが入ると普通は規格を壊してしまうが、亀を置いたことで生きている、初回からはなかなかこんな箱庭は作れない、と谷川に語っている。

河合　本当は、こういうのをつくった後でいろいろ話し合いをするとおもしろいんですが、それはものすごくむずかしいんです。あまり突っこんであれこれ尋ねると、それがサジェスチョンになるわけです。そうすると、その人が次につくるときに、ぼくの意図が入りすぎてだめになるんです。だから、原則的にはぼくらはなるべく介入しないんです。その人が一回で終わる場合は別として、ずっと治療的に続いていくだろうと思う場合は、ほとんど何も言わないですね。

よく学生たちにも言うんですけれども、われわれに一番大事なのは感心する才能ですね。「はあー」とか「うわー」とか、ともかく感心するんです。そうするとつくる気が出てきますから。それを、「これは何ですか」とか、「ここがあいてますね」なんて言うのは一番下手なやり方です。

谷川　詩の場合もそういう批評家がいるといいな。何を書いても「わあー」と言ってくれると、こっちも少しやる気が出る（笑）。

河合　しかし、図―Bの作品（引用者注・村山の箱庭）には、正真正銘ぼくは感激しましたね。なかなかこれだけのものはできないと思います。

「あの箱庭はいい感じで置けましたね。箱庭は、自分が満足することが大切なんです」

昨日のことのように村山はいった。

村山は、精神科医の紹介で中学三年の少年をカウンセリングしていたことがある。

「精神科の病気がよくなったらいらっしゃい」

初対面の日、カウンセリングは時期尚早かもしれないと思ってそう語りかけると、少年は挑むようにいった。

「医者は症状とつきあう。あなたは人間とつきあってほしい」

村山はその一言に心を動かされ、少年を引き受けることにした。

初回に作った箱庭は、川が二股《ふたまた》に分かれ、中洲《なかす》にぽつんと一つだけ人形が置かれている。四十分間にたったそれだけ。川はだんだん人から離れていくようだった。箱庭に詳しい精神科医に写真を見せると、離人症ですね、といった。離人症とは、現実感を失い、自分という存在を感じられない、あるいは、自分を他人のように外から眺める観察者になったような状態をいい、解離性障害の一つの症状である。自分を苦しめるものから逃れようとするあまりに起こるともいわれている。

二回目の箱庭では、ティッシュでこよりを作り始めた。何をしているのかと思いながら村山も手伝ってやった。すると突然、少年は大人の人形の首にこよりを巻き付け、木の玩具の葉を千切って幹をはだかにすると、その人形をくくりつけた。首つり自殺である。

これでもあんたはおれとつきあうのか――。村山は少年にそう迫られたのだと思い、緊張に身を固くした。

「なんや、首つり自殺しようとしたんか」

「はい。昨日の晩、納屋《なや》の二階で首をつったんです。でも、ロープが腐っていて、どしーんと落ちた。両親が飛んできて、不細工な奴《やつ》や、といって下に下りていったんです」

「親が離れていったんや。もう独立するときや」

「あのとき、よし、おまえとつきあっていこう、と決心したんです。言葉がなくても、箱庭のおかげで自殺も表現できる。これはすごいことだと思いました。それからは、戦争の場面もありましたし、壊れた橋を直すとか、田畑のような生産的な箱庭を作ったこともありました。高校に進学してからは小遣いを稼ぐために働こうとしました。

あまり責任がなくて給料をくれるところがいいといって、動物園でえさをやる係やキャンプ場の世話係などに応募するのですが、面接で落ちてしまう。結局、自分で仕事を見つけてきて、しばらくして技師の資格もとった。そのうちガールフレンドができてカウンセリングからは離れていきました」

村山は現在、自分の担当してきた相談者を信頼できるカウンセラーに少しずつ紹介し、カウンセリングからの引退を考え始めている。明石箱庭療法研究会は、河合が亡《な》くなった翌二〇〇八年五月二十三日に解散した。明石南高校で行われた閉じる会では、それぞれが思い出を語り合った。

「河合先生の意図は、箱庭をしっかりと身につけた実践者を養成したいということだったと思います。東京にも箱庭療法をやる人はいますが、象徴解釈をする場合が多い。解釈やないんや、と河合先生はいいたかったんやと思う。そのときの感じというか、イメージを治療者と相談者が共有できたらええなあと。それで力がわいてくる。それぞれの先生の姿勢があってもいいが、河合先生がおっしゃりたかったのは、自由、だったと思います」

村山が河合と最後に会ったのは、広島で行われた日本箱庭療法学会の会場だった。

河合に自分のケースを見てもらい、記念写真を撮った。河合は文化庁長官であり、多忙を極めている中での参加だった。

「先生が亡くなって、今はもう、学会に行く気がしなくてね。がっくりきてしまった。河合先生の話を聞いて力をもらっていたんだと思います」

河合隼雄亡き後、箱庭療法はどうなるのだろうか。

「箱庭の良さは、言葉でカウンセリングできない人と物語を共有できることです。不登校の子どもに多いのですが、なかなか言葉が出ない子がいる。薬を飲まない子もいる。大人でも、たとえば、課長に昇進した途端、会社に行けなくなって何も話せなくなった人がいます。でも、箱庭の中なら自殺ができる。生き返ることもできる。再生を果たすことができるんです。年月はかかりますし、カウンセラーは相手とそれだけ付き合わなければいけないので大変ではありますが……。

河合先生を失って、今はみながっくりきていますが、それは一時的な現象でしょう。昔と今では心の病も違います。昔は、貧しくて生きていくので必死だった。それで病気になっていた。今はぜいたくになって、病気に逃げ込んでいる。でも、条件さえ整えば、自分を再生できるはずなのです」

昔と今では心の病は違う——。今の人たちが病気に逃げているのかどうかはともかくとして、村山の指摘には思わず同意したくなった。
社会環境や経済状況、家族のあり方が大きく変化しているのだから、人間関係や精神のありようも変わって当然だろう。インターネットの普及によってコミュニケーションの形態が大きく変化し、すぐ隣りにいる人と情報空間がまったく異なっていることも当たり前となった。そんな環境や時代に呼応する新しい心理療法が求められているのはごく自然なことだろう。二千人以上の会員を誇る日本箱庭療法学会であるが、河合隼雄の逝去《せいきょ》と同時に往年の影響力を失いつつあることは否《いな》めなかった。

私はさらに箱庭療法の動向と新しい動きを知るために、ある大学の相談室を訪ねた。阪神淡路大震災から二年後の一九九七年四月、阪急神戸線岡本駅から十分ほど坂道を登った丘の上に新設された、甲南大学カウンセリングセンターである。学生相談室と一般外来の相談室として使用されていた民家が全壊したことから、民間の寄付と政府の復興資金によって再建された施設だ。
片仮名のロの字型に作られた建物には中庭と池があり、浅く張られた水の中に大きなオブジェがある。フランスの作家、ジョルジュ・バタイユの『宗教の理論』の一節で、二階から見下ろすと「ちょうど水の中に水があるように」と点字で書かれているという。

「誰にも読めなくて不評なのですが」

高石恭子はそういって、少し気まずそうな笑みを浮かべた。

高石は京都大学教育学部時代には河合隼雄を指導教官とし、臨床心理士の資格を得てからは河合の勧めで甲南大学に就職し、二十年以上、学生相談室の専任カウンセラーとして勤務している。カウンセリングセンターが新設された年には、神戸大学を退官した中井久夫が教授として隣りの部屋にやって来た。河合隼雄と中井久夫のそばで同じ時を過ごし、教えを受けるという希有《けう》な経験をもつ高石に、私はどうしても訊ねたいことがあった。今でも箱庭療法や絵画療法が行われているのか、近年、相談室にどのような相談が持ち込まれているのか、である。

「箱庭はありますけれど、このセンターになってからは使用頻度は減っていますね。一人のクライエントに五十分から一時間を費やして会うという環境をつくるのがむずかしいのです」

ここでは、どんな心理療法が行われているのですか。

「私は河合先生を通してユング心理学を学びましたが、実際の臨床ではユングとかいっていられなくて、ケースワークもすれば認知行動療法もする、いわゆる統合的アプローチです。どんなにがんばっても一日に六、七人しか対応できないという状況で、カウンセラー自身にゆとりがなくなっているんです」

　学生相談室で受ける相談件数は、年間のべ千八百件。そのうち箱庭療法を行うケースは二、三十件で、一人で複数回作る場合もあるが、多くは一回きりである。友だちができない、就職がなかなか決まらない、といった悩みから、精神疾患との向き合い方まで相談はさまざま。カウンセラーは学生が退室すると記録を取り、片付けを行うとすぐに次の学生を迎える。その連続である。一期《いちご》一会《いちえ》は学生相談の現場でも変わりなかった。

「箱庭療法はやりにくくなっています。絵画療法もそうです。箱庭や絵画のようなイメージの世界に遊ぶ能力が低下しているというのでしょうか。イメージで表現する力は人に備わっているはずなのですが、想像力が貧しくなったのか、イメージが漠然としてはっきりしない。内面を表現する力が確実に落ちているように思います。ストレスがあると緊張は高まって、しんどいということはわかる。だけど、何と何がぶつかっているのか、葛藤《かっとう》が何なのか、わからない。主体的に悩めないのです」

　何に悩んでいるかわからないなら、学生たちはここで何を訴えるのですか。

「最近多いのは、もやもやしている、といういい方です。怒りなのか悲しみなのか嫉《しっ》妬《と》なのか、感情が分化していない。むかつく、もない」

むかつく、もない？

「むかつく、というのは苛《いら》立《だ》ちや怒りの対象があるということです。でも、最近は対象がはっきりせず、もやもやして、むっとして、そしてこれが一定以上高まるとリストカットや薬物依存、殴る、蹴《け》るの暴発へと行動化、身体化していきます。でも、なぜ手首を切りたくなったのか、その直前の感情がわからない。思い出せない。一、二年ほどカウンセリングを続けて、そろそろわかっているだろうと思っていた人がわかってくれていなかったことがわかる。それぐらい長く続けてもわからないのです。悩むためには言葉やイメージが必要なのに、それがない。身体と未分化というのでしょうか、〇〇神経症と名付けられるのはごく少数派です」

以前はそうではなかったのでしょうか。

「ええ。私が相談室に入った一九八〇年代は、クライエントにはまだ主体性がありました。抱えている問題を言葉やイメージで伝えることができました。ところが、今は、言葉にならないというだけでなく、イメージでも表現できないのです。箱庭を作りたい、絵を描きたい、夢について語りたい、という学生も減りました。かといって、カウンセラーのほうにも箱庭に誘うゆとりがありません」

河合はかつて、箱庭療法がどんなクライエントに実効性をもつかについて、「箱庭という表現によって、その人が内面的な表現ができるかぎり、だれにとっても意味を持つ」（『トポスの知』）と述べていた。だが、その前提が崩れかけているということか。

高石が学生の特徴について研究した「現代学生のこころの育ちと高等教育に求められるこれからの学生支援」（二〇〇九）と題する論文がある。それによると、学生相談の場で出会う学生たちに大きな変化が見られるようになったのは、二〇〇〇年を過ぎた頃からだ。

変化は、大きく三つある。

一つは、先に高石が語ったような、「悩めない」学生の増加である。問題解決のハウツーや正解を性急に求める学生と、漠然と不調を訴えて何が問題なのかが自覚できていない学生に二極化しており、とくに後者については、内面を言葉にする力が十分に育っていないために大学に適応できず、対人関係にも支障をきたし、いきなり、自傷、過食嘔吐《おうと》、過呼吸、過敏性腸炎、つきまとい、ひきこもりなどの行動化・身体化に至ってしまう。手首を切っても、なぜ切ったのか、どんな気持ちで切ったのか、切ることで何が得られるのか、あるいは失われるのか、などを訊ねても答えられない。気づいたら、切っていたのであって、そこには何の反省も後悔もない。「なぜだかわからないけどイライラし、落ち込み、切ってしまうんです」。そういって、カウンセラーの前で茫然《ぼうぜん》と涙をこぼす。

二十年前はそうではなかった。相談にやってくる典型的な学生像は、「青年期のアイデンティティ模索の悩みや、付随するさまざまな症状（対人恐怖、強迫、離人など）を訴え、カウンセラーが共感的に傾聴していると、学生自らが語りつつ答えを見出《みいだ》し、解決に向かっていく」というものだった。だが、二〇〇〇年を過ぎた頃からそのような例は年々減り、精神医学的な診断にあてはまるような心身の症状をもつ学生も少なくなっている。かといって相談者数が減っているわけではなく、むしろ増加している。なんだかわからないけれど苦しいからといってやってくる。

二つめの変化は、「巣立てない」ことである。

精神的な疾患など特別な背景をもたないのに引きこもっている学生は、甲南大学で在籍者の〇・七五パーセント程度いる。一万人規模の大学であれば、数十名から百名近い学生が不登校・引きこもりの状態であっても不思議ではない。近年増えつつあるのが、就職先が内定し、単位も取得しているにもかかわらず、社会に出る不安からうつ状態やパニック症状に陥る、いわゆる「内定うつ」と呼ばれる学生たちである。このため、学生の親からの相談が増加しており、相談室の総利用件数のうち一割近くが親である。巣立てない子、子離れできない親、という現象は、二十年前までの、全人的成長を支援することを目的とした学生相談では対処できない。

三つめの変化は、「特別支援」を要する学生の増加である。特別支援を要する学生というのは、発達障害やその傾向をもつ人々のことだ。二〇〇五年に発達障害者支援法が施行され、高等教育においても発達障害者への特別な教育上の配慮が義務づけられたことから、これまでは「変わった学生」「困った学生」と思われていた学生たちが、「支援を必要とする学生」とみなされるようになった。学業に支障はなくても対人コミュニケーションに困難をもつ学生は、時としてトラブルに巻き込まれたり、逆にトラブルを引き起こしたりしやすい。このため、大学でも、学生が就学し、卒業して社会人になっていくまで総合的かつ継続的に支援していくことが求められるようになったのである。

大学の相談室では、二〇一〇年前後から認知行動療法が広がりを見せている。物事の受け取り方や考え方の癖、歪《ゆが》みを自覚し、それによって引き起こされた行動を訓練によって修正していく心理療法だ。うつ病やパニック障害のほか、怒りや不安のコントロールにも適応できる。今現在の感情に焦点を当てることが特徴で、あるきっかけによって引き起こされる自動思考と呼ばれる反応、たとえば、自分はダメだ、先生は私を愚かだと思っているに違いない、といった捉《とら》え方を、本当にそうなのかと意識したり練習したりすることによって修正していく。

効果を実証する論文も数多くあり、二〇一〇年、診療報酬改定で保険診療が適用できるようになったことから街中のクリニックでも行われ、今や学生相談室にまで広がっている。今この瞬間の気づきを大切にして、それに付随する思考や感情に囚《とら》われない「マインドフルネス」という概念を中核とする第三世代認知行動療法まで開発され、これまでの心理療法では対処できなかったパーソナリティ障害（注・対人関係や物事の捉え方、衝動のコントロールなどに偏《かたよ》りがあるために日常生活に支障をきたす障害）にも適用範囲が広がっている。

確かに、主体性が希薄で、「なぜだかわからないけど、切ってしまうんです」とリストカットを繰り返す若者に対して、ロジャーズのように「切ってしまうんですね」と共感しても、「なぜ切るのか考えてみなさい」と原因を追究するよう迫ってもカウンセリングにはならないだろう。自分はダメだ、自分は愛されていない、と考えたときに、本当にそうなのか、という問いを自分に立てさせ、ある傾向で解釈しがちな自分の考え方の癖や歪みに気づかせる。いわば、自分で自分を治療する方法である。

甲南大学ではこのほか、阪神淡路大震災から復興する際に、園芸療法が行える屋外スペースを作ったり、陶芸や茶の湯、料理などが体験できる設備を導入したりして、内面をうまく言葉にできない学生への支援の一環としている。言葉ではなく、五感を刺激する体験をカウンセラーと共に行うプログラムは、これまで一定の効果を上げてきたという。

「ただ、私自身は、絵画や箱庭を使って、できるだけ学生にイメージで表現してもらうようにしているのです」と高石はいう。

「沈黙している時間が長いですし、認知行動療法に比べれば遠回りかもしれませんが、それでも手探りでやっていくしかない。そのためにも、まずはカウンセリングが成立する土壌を耕すことが必要です。人といることは怖くないんだということをわかってもらえるように」

医療の現場では、いまやそんな回り道はできませんね。

「精神科医と心理士は別のものと考えています。医師は、人間の生命をより長く持続させることを目的としています。一方、心理士は、その人個人がいかに自分を生きるか、それに徹底して寄り添うことが目的です」

医療の現場ではDSMに基づく標準化と、患者の早期退院を促す流れから、医師が患者一人ひとりに十分な時間をかけて向き合うことがむずかしくなっています。でも、カウンセラーとならば、ゆっくりと時間をかけて共に道を探すことができるかもしれないということでしょうか。

「ええ。河合隼雄先生の友人のジェームス・ヒルマンが『自殺と魂』という本の中で、精神科医と心理士では、ルート・メタファー、すなわち、職業ごとの目標や大切と考える世界が違うんだといっています。その意味で、中井久夫先生は私たちにとても近いところにおられると思うことはありました」

中井先生の診療姿勢は、今では看護の世界に受け継がれているといわれます。一方、河合先生が存命なら、どう考えたでしょうか。今の学生たちにどのように向き合ったと思いますか。

「今のような状況でも、同じやり方でなさったと思います」

箱庭療法はどんなカウンセラーでもできるわけではありませんね。マニュアル化しなかったことを負の遺産だと指摘する声も耳にするのですが。

「夢分析もそうですが、教科書で象徴解釈を学んである程度まではわかっても、なかなか使いこなせないんですね。結局は、カウンセラー自身が現場で体験を積み上げながら自分のものにしていくしかない。マニュアルを作ったり、資格化してトレーニングしたりしても身につかないものはあります」

箱庭療法はこれからも行われていくでしょうか。

「箱庭療法が必要なクライエントはいますから、細く長く続いていくのではないでしょうか。いろいろな心理療法がある中で、人間にとって必要なこととして残ると思います」

河合が箱庭療法をマニュアル化しなかった理由は、次のような語りからも推察できるかもしれない。聞き手はノンフィクション作家の井田真木子。現代の死をテーマにしたインタビューに答えて語ったものである。

「ユングにしろ、フロイトにしろ、彼らは自分の心の探究を徹底させて理論を作ったわけです。でも、それはたとえば、ニュートンの力学の法則とは違うわけです。ニュートンが作った力学の法則はどんな物体にも適用できる。ところが、ユングが作った法則は適用してはいけないんです。適用不能なものなんですね。そやけど、何にも役に立たないかというと、そんなことなくて、あなたが自分の心を考え始めたとき、ユングの理論はあなたにとってものすごく有用なときがあるんです。それは、しかし、あなたにとってですよね。すべての人にとってではないです。

ユングの理論をあなたに適用するとか、フロイトの理論をあなたに適用するというのは間違ってるというのが、僕の考え方なんです。

でも、それをやるサイコロジストがすごく多い。それでみんな迷惑するわけ」

（「幸せな死のために」）

「人間にとって必要なこととして残る」という高石の言葉は、河合の言葉と呼応するように思えた。河合は、マニュアル化したり象徴解釈を前面に打ち出したりすれば、一人ひとり異なる心に枠をはめることになり、それは本末転倒である、という。しかし、それでも「ものすごく有用なときがある」から、「必要なこととして残る」ということではないか。箱庭療法がこれからも行われていくかどうかという問い自体、ナンセンスなのかもしれない。

それにしても、内面を言葉にできず、イメージの世界に遊ぶ力が低下しているとはどうしたことか。私は、高石の言葉が気になっていた。同じような話をその後の取材でもたびたび耳にしたからである。今世紀に入ってからの現象であるというのは臨床家たちに共通する認識のようであった。

言葉にするのが苦手というならば、日本人はもともとそうだった。かつて、河合隼雄はそう述べていた。日本人は物と心の区別があいまいで、ことさら心だけを採り上げることはなかった。だからこそ、箱庭や絵に己を託し、自分だけの物語を作り上げることができた。カウンセリングが導入されて間もない頃の日本人が箱庭に魅せられたのも、それが日本人の文化と精神風土の延長線上にあるものと理解されたから。それが日本人の心理療法との向き合い方だった。

ところが、近年は日本人の心のありようが変化したということか。自分が何を思っているのかよくわからない。何を感じているのかもわからない。ただただ、苦しい、つらい、死にたい、という。あるカウンセラーは、悩みや葛藤をきっかけに内面に奥深く入っていくカウンセリングがむずかしくなったといった。また、ある精神科医は、しっかりした自我のあることを前提とした従来の心理療法のシステムが立ち行かなくなりつつあるといった。

二十一世紀に入って急速に進んだＩＴ化や、成長社会から成熟社会への転換、少子化や家族形態の多様化など、あれこれと社会的な要因を挙げることはできるだろう。臨床家は社会の変化や世相に敏感でなければならないし、それらが症状に及ぼす影響に目を凝らす必要がある。そこにクライエントと向き合う方法を見出すことはできるかもしれない。ただ現実的には、カウンセラーは目の前に次々と現れるクライエントに対応し、彼らの苦しみを和らげる手助けをせねばならない。一人ひとり異なるクライエントに、一つの心理療法を適用するという姿勢は到底通用しないだろう。

近年、カウンセラーたちはどんなクライエントに向き合っているのか。具体的なケースを二つ挙げてみる。いずれも取材の中で見聞きした事例で、どちらも深刻な問題を抱え、何があったのかは辛うじて説明できるが、自分がどんなふうに傷ついたのか、何に怒り、何に悲しんだのかという内面をうまく説明できないクライエントである。

Fという二十代前半の若い女性がいた。Fは、恋人の度重なる暴力で抑うつ状態となって食べては吐くを繰り返し、恋人の浮気をきっかけにそれと対抗するように出会い系サイトを利用した売春を始めるようになった。抑うつ感が治まらずにクリニックを受診するが、医師は抗うつ薬を処方するだけの三分診療である。あちこちのクリニックを転々とし、大量服薬とリストカットが止まらなくなって都心のクリニックにやってきた。

面接室に入るなり、Fは立ったまま泣き出した。「死にたい」。何があったのか、なぜ死にたいのかは説明できない。ただただ、死にたいといって泣くばかりだった。

カウンセラーはまず彼女に深呼吸をするようにいって落ち着かせた。事情を深く掘り下げることはせず、「もしこれがあなたの親友だったら何といいますか」といって、自分にばかり向いていた意識をいったん外に向けるように促した。

続いて、幼少期の話を聞いた。Fは、長女だったため何があっても我慢して両親に甘えることはなかったこと、父親の暴力に苦しんでいたことなどをたどたどしく打ち明けた。

二回目の面接ではとても従順になったかと思うと、一転して「なんのために生きているのかわからないんです」とカウンセラーに訴え、「外で会えませんか」と要求してきた。それはできないことをやんわりと告げると、「メールだけでもダメですか、それがダメならせめてここで抱きしめてくれませんか」という。

カウンセリングは、あくまでも五十分なら五十分という枠内で終えて外では会わないのがルールである。身体的な接触も、突然相手が抱きついてくるように避けられない場合はあっても、踏み越えてはいけない一線である。クライエントの頼みを一度でものんでしまえば、治療者とクライエントという関係を逸脱することになり、その後の要求はどんどんエスカレートして、クライエントの症状が悪化することもある。Fの抑うつの背景にパーソナリティ障害があると見立てたカウンセラーは、このクライエントにはまずは、病気や障害の知識を与えて、それがもたらす問題と対処法を共に考える心理教育が必要だと考えた。

カウンセラーは、これがあくまでも治療のための時間であるというカウンセリングの枠組みについてFに説明しながら、こういった。

「これまで話をうかがっていて、あなたは幼い頃からずっと愛情で満たしてほしいと願ってきたんじゃないかと思いました。だから、そういう気持ちが今この場所で出てきても不思議じゃない。でも、それだとてっとりばやい出会い系サイトと一緒じゃないですか」

「じゃあ、このさみしい気持ちをどうすればいいの」とFは問い返す。

「それを考えていくのがこの面接ですよ。必ず見つかるから一緒に考えていきましょう」

カウンセラーはその後、Fのさみしさがどこから来るのか、リストカットや過食と嘔吐を繰り返すのはなぜなのかを考えてもらおうとした。そして、恋人へのあてつけや、幼少期から家族に愛されなかったことを引き金として行動が引き起こされていったプロセスをFが自覚できるよう丁寧に順を追って説明して導こうとした。

自分は所詮《しょせん》こんな人間だとか、自分が許せないからその罰としてリストカットしているんだ、といった思考の悪循環を自分自身で確認できるようにすることで、手首を傷つけたり売春したりする自分の行動を制御できるようにするのである。

その上で、Fの、自分はなんとか治りたいんだという気持ちを支え、時に励ます。こうしてFのリストカットや売春は徐々に治まり、面接のテーマは自分の家族の問題へと焦点化されていったという。


もう一つは、不眠と過呼吸に苦しんでクリニックを受診したSという女性のケースである。Sは三十歳のシングルマザー。高校を中退してファミリーレストランで働いていたが、上司とのトラブルがあって退職。怒ったり泣いたりと感情が不安定になって、このままでは子どもを虐待《ぎゃくたい》してしまうと思い、クリニックにやって来た。

Sは幼い頃、交通事故に遭ったり胃の病気で入院したりしたが、きょうだいが喘息《ぜんそく》で母親がつきっきりだったため放置されていた。高校時代には援助交際し、退学した。

Sはこうした経緯をあれこれと説明はするものの、そのためにどんな思いをしたのか、どんなふうに悲しかったのか、どれほどつらかったのか、と内面を打ち明けることができない。時系列はバラバラでまとまらず、だらだら話し続けて止まらない。

発達障害と、幼少期のネグレクト（育児放棄）によるＰＴＳＤ（心的外傷後ストレス障害）を疑ったカウンセラーは、Ｓの話にじっと耳を傾けながら、まずは混乱している話を一つ一つゆっくりと整理していった。充分に母親に愛されなかった幼少期に理解を示し、「それほどのことがあったなら、今あなたが苦しいのは当然のことですよ」といってＳを受け止めた。子ども時代のＳに語りかけるように、「こんなふうにいいたいことをいいたかったのね」ともいった。

Ｓはカウンセラーに理想の母親の姿を見たのか、「自分の気持ちをどうしたらいいかわからないんです」といって、はらはらと涙を流した。カウンセラーは、Ｓの不安定な自我を支えるように、「少しずつやっていきましょうね」といってその日の面接を終えた。Ｓはその後もたびたびキャンセルを繰り返しながら、今もカウンセリングに通っている。

ＦもＳも、自我が不安定で内省する力が弱い、という共通点がある。そんなクライエントの場合、カウンセラーが相手の言葉をただ傾聴するだけでは何も変わらない。

言葉にできないからといって、絵を描いたり箱庭を作ったりしても心の奥深いところに触れることはできそうにない。Fのカウンセラーは認知行動療法、Sのカウンセラーはトラウマ治療を得意とするが、一つの心理療法でやっていけるほど臨床現場は単純ではなく、クライエントに合わせて微調整しながらやっていくしかない。カウンセラー側もニーズに応じて療法を変える柔軟性が必要なのである。

こうした近年のクライエントの変化とどのように向き合えばいいのだろう。この先、カウンセリングは、箱庭療法や絵画療法は、どこへ向かっていくのだろうか。

私は、河合俊雄と対話した。河合は京都大学大学院時代（一九八〇〜八三年）と、教員としては一九九五年から現在に至るまで、大学に設置された心理教育相談室の初回面接の様子が報告されるカンファレンスに参加し、この間、クライエントの心理的な問題や症状に明らかな変化が見られることを編著書『発達障害への心理療法的アプローチ』の中で指摘していた。

この本で明らかにされているこの三十年あまりの明らかな変化は、たとえば、対人恐怖を訴えるクライエントの減少である。

対人恐怖のクライエントが恐怖を感じる相手は、親や友人のような親密な人でもまったく見知らぬ他人でもなく、近所のおばさんやクラスメイトなど中間の関係の人である。つまり、自分がふだん生活している共同体の中で起こり、彼らが自分の悪口をいっているようで怖いとか、自分が観察されているようで怖いと訴える。しかも、その恐怖は現実ではなく、自意識が勝手に想像でつくり出したものだ。対人恐怖が激減しているということは、日本人の自意識が確立されたとはいえないまでも、一つの要因として、共同体の機能が薄れつつあるからではあるだろう。

対人恐怖に代わって増えているのが、引きこもりである。二〇〇七年、病に倒れる直前の河合隼雄がすでに雑誌のインタビューで次のように語っている。

「対人恐怖症は、今はほとんどなくなってきたんです。ものすごい少ないです。ぼくが臨床始めた頃は、対人恐怖症がものすごく多かったんです。いまそれないですよ。対人恐怖にならんと、ただ引っ込んでるのや。人前に出なきゃならない、でも出られない、そういう葛藤があるから対人恐怖症になるんでしょう？　今は葛藤なしにポンと引っ込んでしまうんです。赤面恐怖の人ものすごい減ってます。赤面恐怖いうたら、積極的に出てくるか、ボーンと引っ込むか。その間に立って、いちばん困ってる、人間関係の日本的しがらみの中でフラフラになってるのが赤面恐怖だったんですよ。それがなくなってきてる代わりに、途方もない引きこもりになるか、バンと深刻な犯罪になるか」

（「論座」二〇〇八年一月号）

引きこもるか、深刻な犯罪を引き起こすか。両極端のようでいてその違いが紙一重であることは、数々の凶悪犯罪が証明している。

河合俊雄が見るもう一つの変化とは、一九七〇年代から八〇年代にかけて大流行した境界例の減少である。

境界例とはパーソナリティ障害の一型で、もとは神経症と精神病の境界領域にあるという意味で「境界例」と名付けられた。親子関係や恋人関係、治療者との関係など二者関係にこだわり、しがみつく。相手を賞賛し理想化したかと思うと、こき下ろす。すさまじい自己主張をし、相手に配慮することはない、などの特徴がある。セラピストに時間外に会うことを要求したり、会社などの組織で人間関係のトラブルを引き起こしたりするのも境界例の人に多い。自分を支える関係性が弱体化しているからこそ二者関係にしがみつこうとするのである。

一九七〇年代以降、境界例に関する論文が爆発的に増えたことについては、日本が本格的な情報消費社会に突入し、自我が身体の外に肥大化していった時代状況が境界例の増加と関係しているという説や、情報消費社会にかかわらず、「歴史上に反復して現れてくる構造化と反構造化の角逐」（『境界例』）との関連を指摘する説などがある。因果関係は定かではないが、バブル経済の形成過程で臨床家たちが境界例の患者と接する機会が増えたと実感していたことは確かである。

ところが、境界例のクライエントも一九九〇年代に入ると徐々に減少し、代わって解離性障害が増加する。解離性障害といえば、ダニエル・キイスの『24人のビリー・ミリガン』で知られるような多重人格の患者（解離性同一性障害）が思い浮かぶが、ここでいう解離性障害とはそこまで激しい症例ではなく、現実感を喪失したり一時期の記憶がまったくなかったりするために、日常生活にさまざまな支障をきたす障害である。最も典型的に見られるのは思春期を中心とする自傷や万引き、過食症や拒食症という一般名で知られる摂食障害のクライエントで、自傷や万引きをしても、過食したり吐いたりしても、翌朝になると覚えていない。そんな症例が九〇年代以降急激に増加したという。覚えていないのは、思い出したくないトラウマがあるからで、逆にいえば、トラウマを介してしか現実との接点をもてないことを示している。

しかし、この解離性障害もやがて流行が去り、とくに典型的な多重人格のクライエントはあまり見かけなくなる。

代わって、今世紀に入ってから目立つようになったのが、発達障害である。二〇〇二年に文部科学省が全国三七〇の小中学校の生徒四万一五七九人を対象にした調査によれば、なんらかの発達障害がみられたのが、その六・三パーセント。十年後の二〇一二年に全国一一六四校（岩手、宮城、福島を除く）五万三八八二人を対象にした調査では、六・五パーセント。対象地域も児童生徒の抽出方法も違うため、増えた、減った、という単純な比較はできないが、六・五パーセント前後ということは、一クラスあたり二、三人になる。ずいぶん多い印象があるが、学生相談に携わるカウンセラーや学校で働くスクールカウンセラーの実感では決して誇張された数字ではないという。

発達障害には、授業中や座っているべきときに席を離れてしまう「多動性」や「不注意」、含みのある言葉や嫌味をいわれてもわからず、言葉通りに受けとめてしまうことがあるなどの「対人関係やこだわり等」に特徴がある。

河合俊雄はこれを「主体のなさ」ゆえの障害だと見ている。主体がないから他者が認識されず、言語が生まれてこない。主体が欠如しているから、人と関係が持てず、孤立している。あるいは、相手や状況に合わせてしまう。学生を指導する中でも、クライエントを見ても、父・河合隼雄の時代とは明らかな違いを実感する、と河合はいう。

「世の中は、クライエントもセラピストも、従来の心理療法に向かない人が増えています。実習でロールプレイをやっていても、相手がしゃべっているのを待っていられない。ためることができない。そんな学生が増えてきました」

臨床心理士を目指す学生たちも、ですか。

「そうです。今は、全部が表面の世界なんです。たとえば、ツイッターにぽーんと書き込むとみんなが知っている。しかも、RT《リ・ツイート》というかたちで他人の言葉が引用されて広がっていくので、どこからどこまでが自分の言葉かという区別もない。秘密とか、内と外の区別がない世界なので、自分にキープしておくことがなかなかできなくなっているんですね。心理療法というのは主体性があって自分の内面と向き合える人を前提としていますから、内と外の区別のない場合は、相談に来ても、自分を振り返ることが非常にむずかしいんです」

箱庭療法もそのためにやりにくくなっているのでしょうか。箱庭療法や絵画療法をやろうとしないクライエントが増えていることと関係はありますか。

「関係あると思います。では、箱庭療法に意味がないかというとそうではない。逆にいいこともあるんです。箱庭をある種のゲーム空間と捉えるんです。五十分間なんでも話していいよというと、発達障害の人は話があちこちに飛んでまとまりがなくなってしまうけれど、箱庭作りましょうとか、絵を描きましょう、と枠を設けてあげると、ロールプレイのように入っていける。大人も子どももイマジネーションが乏しくて夢もあまり見ない人が多いので、自分の内からほとばしり出てきたものというわけではありません。だから、オーソドックスな箱庭療法での箱庭の使われ方とは違うんですが、とりあえずここへ入っておいてという感じで狭いところに閉じ込めると、おもしろい展開があるんですよ」

発達障害の子どもの箱庭は見たことがあります。ある少年は、同じような自動車の隊列ばかり毎回作り続けていました。自分の名字の中の漢字一文字を砂の上に描いた子どももいました。

「そういうクライエントはよくいます。内面を表現した箱庭ではないということですね」

これまでの取材で複数のカウンセラーが、最近のクライエントはイメージで遊べなくなり、内面を言語化できなくなったと話していました。反対に、とてもよくしゃべるけれど内容がない、言語過多の人が増えているという話も聞きました。

「表層的ということですね。よくしゃべるクライエントは、だから、よくなってくると黙るようになるんです。沈黙が出てくる。毎回規則正しくやってきて、元気にパッとしゃべって、診断を仰ぐ。そんな人が、キャンセルするようになるんです。隙間《すきま》が開いてきているな、とこちらは考えます」

隙間が開く？　キャンセルは、カウンセラーへの抵抗や反発など、一般的にはネガティブな意味があると考えられていますが、そうではないのですか。

「そうです。ポジティブな意味もある。ぱーっとしゃべっているときに自分を出しているみたいだけれど、それは自分ではない。休むとか、黙ることのほうに自分がある。ずーっと塗りつくしているところに隙間が開くのはとてもいいことなんです」

——セラピストの作業とは、主体の立つための場所を用意し、語りのための沈黙を準備するもの。

河合俊雄は、編著『ユング派心理療法』にこんな一文を記している。しかし、認知行動療法が隆盛の今、また、一人のクライエントに充分な時間をかけられない時代に、果たしてどこまで「主体の立つための場所」を用意することが可能なのだろうか。

「主体というと、〝私が〜〟という意味に捉えられるかと思いますが、もう少し広く捉えてもいいのではないでしょうか。たとえば、僕は甲状腺《こうじょうせん》疾患の病院でも働いているんですが、甲状腺疾患の患者さんというのは、主体がなくなってしまって、自分がこの治療法でいくということをなかなか決められない。そんなとき、家族がすごくがんばってくれているのを見ると、必ずしも〝私が〜〟ということでなくてもいいのではないかと思うことがあるんです。

箱庭療法でも、発達障害の人の箱庭は河合隼雄の時代のイマジネーション豊かな箱庭とは確かに違うかもしれないけれど、箱庭で何かできるという意味では、それもある種の主体と考えられます。だから、主体というものを広い概念で捉えていくのもいいのではないか」

主体をもう少し広い概念で捉える——とはどういうことだろうか。

河合俊雄の言葉の意味をもう少し考えてみたい。河合によれば、発達障害は昔からあったけれども、サービス産業の多様化や、情報化社会におけるコミュニケーション形態の変化など、社会の第三次産業化に応じて不適応者としてはじき出され、可視化されてきたのではないかという。

歴史的な発見や発明をした人物が発達障害だったのではないかとはよく指摘される

が、そんな天才でなくとも、昔の職人のように、人とのコミュニケーションがあまりうまくなくても自分の仕事に没頭し、人生をまっとうできた人たちは多くいた。特定のものへのこだわりや収集癖があっても、それが彼らの個性と見なされた。家族関係においても、それぞれの役割分担が明確だった時代には、その役割に徹すればよく、とりたてて主体性を発揮する必要も必然性もなかった。

ところが、近代に入り、「主体の確立」が要請されるようになって、それに応《こた》えられない人たちが出てくるようになった。第二次産業化が、適応できない人たちを統合失調症としてはじき出し、第三次産業化が、発達障害を生み出した。つまり『これまで物を相手にしていたらよかった人たちが、仕事で人を相手にすることによって破綻《はたん》していった』（『発達障害への心理療法的アプローチ』）ことが、近年の発達障害増加の背景にあるのではないか。これが、河合の見立てである。

境界例や解離性障害のクライエントの中に、本当は発達障害なのだけれど、精神科医やカウンセラーの見立てによって誤って診断されてきた人がいる可能性もあるという。うまくコミュニケーションできない発達障害の人が、医師やカウンセラーとの関係をこじらせて境界例と診断される。主体性がないため、医師やカウンセラーに合わせがちな発達障害の人が、期待に応えようとして別人格をつくり出し、解離性障害とされる。

そう考えると、主体性があって、自分の内面と向き合える人を対象に行われてきた従来の心理療法が、境界例以降のクライエントに通用しにくくなっているのはやむをえないことなのかもしれない。見方を変えれば、フロイトの精神分析を始めとする西洋由来の心理療法が、主体を、人格の中心に固定されたものと決めつけているからともいえる。

思い当たるふしがあった。木村晴子がカウンセリングした、発達障害のY少年のことである。Y少年は、同じような箱庭を九十回も作り続けた、と私は書いた。だが、厳密にいえばそうではない。同じように自動車を並べても、毎回コピーしたように同じというわけではなく、時には警察官を置き、時には乳牛を置いた。これまで何も話さなかったのに、ある日突然、「名前なんていう?」と訊ね、木村に興味を示した。

自分の内面を見つめ、言葉にできるような主体性が明確なクライエントと比較すると、ごくわずかな変化である。瞬間的なものであって、次回はまた元に戻ってしまうかもしれない。実際、Y少年はそうだった。変化があったと思うと、また元通り。ひょんと現れてまた消えてしまう。そのため、木村は一喜一憂の繰り返しだったと回想している。だが、この固定されず流動的なものこそが、まぎれもなく木村との接点によって立ち上がったY少年の主体だったといえないだろうか。

つまり、主体とは人格の中心に固定されたものとしてあるのではなく、周辺からやってくるもの、あるいはカウンセラーとの接点に立ち現れるもの。広い概念で主体を捉えるというのは、そういうことではないか。だとすれば、箱庭療法や絵画療法にも現代のクライエントを支える可能性がまだ残されているかもしれない。

内面を表現できないために箱庭療法は適用しにくいと考えられていたクライエントに対し、河合俊雄はまったく新しい視点からアプローチしようとしていた。

一九六五年に箱庭療法を持ち帰ったばかりの河合隼雄が、学会もつくらずひたすら事例を積み上げていったように、河合俊雄もまた、発達障害には心理療法は有効ではないという既成概念に疑問符を掲げ、仲間の臨床心理士たちと事例を積み重ねている。プレイセラピーを行う者がいる。風景構成法や箱庭療法を用いる者もいる。従来の枠組みをうち破る方法とは何なのか、試行錯誤は続いている。

河合はいう。

「日本で心理療法が始まってからの話ですが、これまでの流れを見ていると、だいたい十年サイクルで心理的な症状が変化しているんです」

ええ、本にもそう書かれていたので驚きました。最近は境界例のクライエントが減ったという話がありましたが、私のまわりにはまだ結構いるものですから。

「ははあ。それは希少生物ですよ。今はだいぶ減りました」

時代が投影されるということでしょうか。

「それはわからないけれど、境界例というのは何かにしがみつけた最後の人たちだったかもしれません。実は、発達障害だってそろそろ時代遅れになるかもしれないと考えているんです。生物学的な背景は絶対にありますから、傾向そのものは変わりませんけれど」

発達障害に代わって何が流行し始めているのでしょうか。すでにその兆《きざ》しはありますか。

「いや、それはまだわからない。だいたい、あとになってわかるんです。それをいち早く捉えるのがわれわれセラピストの仕事ともいえますが」

# 第九章　回復のかなしみ

二〇一三年六月十五、十六日、京都大学百周年時計台記念館で日本ユング心理学会が開催された。「河合隼雄先生七回忌記念大会」と名付けられた二日目の本大会では、河合に直接指導を受けた川戸圓《まどか》を始め三名の心理臨床家たちが河合本人が手がけた事例を読み、語り合うというシンポジウムが行われた。

採り上げられたのは、「夢分析による学校恐怖症高校生の治療例」(『新版 心理療法論考』)で、不登校の状態にある十八歳の男子高校一年生Aのケースだった。

河合隼雄は自身が有名になるにつれ、自分が担当する症例を発表しなくなっていた。河合の症例になりたいというクライエントが現れ、純粋なかたちで紹介するのがむずかしくなってきたことや、公表できないほど重いクライエントを受け持っていたことなど理由はさまざまだ。そのため一般に読むことが出来る事例は限られており、Aはそんな数少ない河合隼雄のケースの一つである。

Aは、学校が嫌いというわけではなかった。自分では行きたいと思っているのだがどうしても行けない。無理に行くと頭痛や嘔吐《おうと》などの身体症状が出て学校にいられなかった。

「自分でも全然わけがわからない」

初回、一人でやってきたAはそういって、河合と向き合った。

河合はAに語りかけた。

「問題が深く意識だけではよくわからないので、無意識に問うてみる、つまり寝ているときに見る夢を一緒に探ってみるという治療法があるが、どうか」

すると、Aは「あまり夢を見ないがともかくやってみる」といい、その朝に見た夢を一つ目として、十回の面接で十九個の夢を報告した。

学校に行くと友人が親しくしてくれた夢。幽閉されている同級生の父親を救出にゆく夢。家の近くの店で食事していると野球部の先輩が入ってきて「なんで学校休んでるの」と聞かれていやな気持ちがした夢。また、陰謀団の悪人から逃げだそうとして身を隠した家で悪人の仲間の女に助けられた夢のように、劇的なものもあった。

河合がその後も著作でたびたび言及しているのが、十回目の面接でAが報告した十八個目の夢である。それは奇《く》しくも、Aが一月一日の夜に見た初夢だった。

母と旅行に行こうとしてバスに乗り込んだ。犬もつれて行こうとして、バスの中へつれて行ったが、犬はだめだと言われたので、バスから降ろした。祖父にあずけて出発する。これが犬の見おさめのような気がした。

Aは一匹の犬を飼って可愛《かわい》がっていたが、前回の面接で、その犬が自動車にひき殺されたことを河合に打ち明けていた。河合はこの夢を受けて次のように書いている。

夢18においては、犬をつれて行かぬことを決心した点が重要である。学校恐怖症の子どもが動物を可愛がることは、われわれはよく体験することである。彼らの母親は一般に冷たい人が多いので（本例の場合もそうであったが）一種の代償機制としての意味があるのであろう。しかし、ここでクライエントは、そのような母性への結びつきを、ここで断ち切ることを決意している。〈中略〉

このときクライエントは三学期より登校を決意していたが、そのような決意に伴うかなしみの感情（母性との分離にともなうかなしさ）を、この夢はよく示しており、そのような点についても二人で話し合うことができた。治るためには必ずといってよいほど、かなしみを味わわねばならないようである。

（『新版 心理療法論考』）

子どもが自立するときには、親からの分離が必要となる。不登校の子どもの場合、原因を決めつけることはできないが、母親との関係にその一端を認めることは多い。母親からの自立は母親との関係がなくなるということではなく、母親との対決を経て新しい関係をつくること、すなわち「自立した人間として、人間対人間の関係」（『子どもの宇宙』）をもつことである。

この夢の場合、Aは母親と旅行して犬は置いていった、とある。それまでは共にいた母親と犬が分けられる。これは、これからAが新しくつくりあげていくべき母親と、これまでは必要だったが「後に残していくべき」母親を表していて、Aがこれから新しい母親をつくり上げていくためにも犬はバスから降ろさねばならなかったと、河合は考えた。

犬は母親代理として、彼に暖かい土のにおいのする愛を与えてくれたが、また一方では、彼の分身として、出立にあたり彼が克服しなければならぬ半面を背負って死んでいったのである。人格の変化には、常に「死と再生」の主題がつきまとうものであるが、その死の部分を犬が引き受けてくれた、とも言うことができる。

（『子どもの宇宙』）

Aは、この夢を報告した翌週から登校を再開した――。

河合隼雄に代わってこの事例を壇上で朗読した川戸圓は、河合の解釈の最後にある「かなしみの感情について二人が話し合った」という一節について、河合が存命であれば、いったいここでどんなことが二人の間で話し合われたのかを訊《たず》ねたかったと感想を述べた。

治るためにはかなしみを味わわねばならないとは、どういうことだろうか。二人はいったい何を話し合ったのだろうか。この事例を含む河合隼雄の論考を編集したのは河合俊雄である。私は日を改めて、河合俊雄に会った。

「二人で話をしたといっても、それを詳しく話し合えたかどうかはわからないと思います」

河合はそういって、一つの小説を例に挙げた。芥川龍之介《あくたがわりゅうのすけ》の『鼻』である。

顎《あご》の下まであるほどの大きく長い鼻をもつ禅智内供《ぜんちないぐ》という僧がいた。僧はその大きな鼻が原因で、人々にからかわれて自尊心を傷つけられていた。だがある日、知己の医者から鼻を短くする方法を聞き、それを試したところ短くすることに成功する。これでもう誰も自分の鼻を笑うことはないだろうと僧は安心した。ところが、短くなったらなったで、今度はそれまで以上に人々に笑われ、鼻を短くしたことを大いに悔いるようになる。すると、鼻がかゆくて眠れない夜を過ごした翌朝、鼻は元のように大きくなっていた。僧は、これでもう人には笑われなくなると思い、ほっとした――という話だ。

「人が回復するときのかなしみというのは、僧の大きな鼻が小さくなってしまったときの、なんともいえぬさみしい気持ちと似ているのではないかと思うのです。たとえば、これまで乗れなかった乗り物に乗れるようになることもそうです。いいことではあるけれど大事なものを失ってしまったような……。

人が変わるって、命がけなんです。時には怒りにもなる。あいつのせいで変わった、といって治療者を殺しにいった人もいますから」

殺しにいった？

「アメリカでは実際にあったことです。つまり、いくら歪《ゆが》んでいても、おかしいといっても、そうなっていることには必然性があるんですね。不登校だった子が、学校に行けるようになってよかったと素直に喜べるほど単純なことではないんです。そこを治療者がよくわかっていなくて、ああよかったと思っているときに自殺したりするんです」

カウンセリングには、症状をなくしたい、よくなりたい、変わりたいと思うから来ていたのではないですか。

「人間の心には、必ず二つの側面がありますから。表面の動きだけを捉《とら》えるとよかったとなるけれど、それと同じぐらいに逆の気持ちをもっているんです」

では、セラピストはどうすればいいのでしょうか。

「治ったからといって喜んでいてはいけないということですね。必ずもう一つの面があるということをわかっていないといけない。それはいつ、どこに出てくるかわからないんです。クライエントはすごく喜んでいるのにセラピストはかなしいと思っている。なぜなんだろうと思うとき、単にセラピストがこの子にしがみついているんじゃないかなというのもある。クライエントにかなしい気持ちがあるけれど、うれしい気持ちだけが表面に出ているので、それでかなしいということもある。そのあたりは複雑だと思います。ですから、全体を捉えないとダメなんじゃないか」

　Ａ少年のかなしみは、母親から自立し、母親との関係が変わることについてのかなしみだけではないということですね。

「もっと深いものだと思います。もう一つ、これは東洋的なことなのだろうかと思うこともあるんですが、人間の心の底に存在のかなしみってあるんではないか。河合隼雄が晩年にいっていたことですが……」

　河合はそういって、河合隼雄の『ユング心理学と仏教』の中の一節を紹介してくれた。三十歳の女性が作った箱庭についてのエピソードである。

　その箱庭には、箱庭の中にさらに小さな箱庭が作られていた。小さな箱庭の中には、男、女、子ども、家と木、猫などの日常的な光景がある。小さな箱庭の背後にある山は霞《かすみ》に包まれているようだが、山の穴からは蛇が顔を出している。山からこぼれ落ちているガラス玉について、河合が女性に訊ねたところ、「涙」という答えだった。小さな箱庭の下には川が流れ、透明な魚が一方向に向かって泳いでいる。女性は、自分でもなぜこんな箱庭を作ったのか、ほとんど説明できないといった。

この箱庭を受けて、河合隼雄が痛切に感じたのは、次のようなことだった。

人間関係を個人的な水準のみではなく、非個人的な水準にまでひろげて持つようになると、その底に流れている感情は、感情とさえ呼べないものではありますが、「かなしみ」というのが適切と感じられます。もっとも、日本語の古語では「かなし」に「いとしい」という意味があり、そのような感情も混じったものと言うべきでしょう。

木村晴子のクライエントだった伊藤悦子が、「箱庭日記」に書いていたエピソードを思い起こした。心を閉ざし、透明な殻の中にじっとしていれば楽であったかもしれない。だが、伊藤は自らを実験材料にすると決意してカウンセリングを開始した。自分だけがなぜ、という苦しみと他者に対する妬《ねた》みの感情を直視し、大学や教会に通い、人と対話し、透明な殻から抜け出した。ところが、箱庭からチビ悦子が消えて大人の悦子だけになり、「いのちの木」が置かれるようになった頃——それは、箱庭療法も終わりに近づいていた頃でもあったのだが――、大学の合宿で参加したグループカウンセリングの場で、涙を流しながらこう叫んでいた。

「好き好んで、めくらになったんやない！」

それは、何度も自分にいい聞かせるように自らの行動を奮い立たせてきた伊藤の、見えない自分を受け入れようと葛藤《かっとう》する思いがにじみ出た瞬間だったのではないか。山の頂上にある大木を目指して歩き、まもなく登頂に成功するというのに、新しい船出への不安とも喜びとも判断のつかない感情に押し上げられ、思わず吹き上げた叫びだったのではないか。

村山實が向き合った少年もそうだった。人形の首にこよりをくりつけ、自殺する姿をつくってみせたことは、村山への挑発であると同時に、両親から離れていくことの不安と苦しさ、そして、どこか晴れ晴れと開かれた感情のない交ぜとなった複雑な思いの表れでもあったのではないか。

統合失調症の患者にも回復に伴うかなしみがあることを、私は、中井久夫の文章で知った。中井は、臨界期から回復期に至る状況を「羽化する時の昆虫のような初々《ういうい》しさといたいたしさ」あるいは、「『あせり』と『ゆとり』の潮の満ち引き」と表現し、次のように書いている。

病いとの別れにも一抹《いちまつ》のさびしさがあってふしぎではない。また、幻覚症状の消失は再来の不安を生む、これらを汲《く》むべきである。〈中略〉

この時期の少し前、まず「もし幻の声なり何なりが消えたら寂しくはないか」と執拗《しつよう》にきき、駄目を押し、「大丈夫です」「ほんとうかい、淋しいぜ」『消えてもほんとうに大丈夫なんだね」「大丈夫です」「ほんとうにほんとうかね』と私はしつこい。この辺が芝居がかっているといわれるところだろう。患者が強く断定すれば最後に「それならひょっとすると消えるかもしれない」と言う。しかし、「置いてゆかれる幻の声がさびしがってきみを呼び戻しにかかるかもしれないよ」と言っておく。また幻覚妄想が夢に入らないのを不思議とし、「夢に入ったらすぐ教えてほしい」と言っておき、入ったときけば、昼間ではどうか？　と問うとまずその力が格段に弱まっているのに患者は驚き、自分で納得する。〈中略〉

回復期には「あせり」と「ゆとり」の潮の満ち引きがあることも予告しておく。そしてこの両者を意識し表現できるようになったら、「今、あせりは何パーセント？　ゆとりは？」と問う。「頭にふっと浮かんだ数字を言ってみたまえ」とも。二者択一から相対化に向かう動きの一環である。

（『統合失調症の有為転変』）

症状が治まろうとするとき、医師やカウンセラーはクライエントから遠のいていく。面接の回数は減り、医師やカウンセラーの意識に占めるクライエントの割合も減少していく。もちろんその背景にあるのは、クライエントが回復に向かっているという安心感だ。

一方、クライエントの心に広がるのは孤独感である。周囲の人の同情も少なくなり、自分の責任が増してくる。症状がなくなったあとに訪れるものが、幸福であるとは限らない。不安が頭をもたげてくる。退院間近や、退院後のクライエントには、自殺のリスクが高まるという報告もあるが、そのためだろうか。

いつもクライエントに教えられるところが大きかった——。河合隼雄は『ユング心理学と仏教』の中でそう記している。

一人の女性がいた。

河合がどれだけ分析を続けてもなかなか症状が改善しない困難なケースだった。あるとき思い切って箱庭を勧めたところ、女性は予想以上に熱中した。河合はそのときには何もいわなかったが、よかった、これで治すことができる、という予感はあった。ところが、次の回で再び箱庭に誘うと、女性はそれを拒否し、こういった。

「この前箱庭を作ったとき、先生はこれで治せると思ったでしょう」

女性の鋭い感受性に感心しながら、河合はそれを肯定するしかなかった。

「私は別に治してほしくないのです。私はここに治してもらうためにきているのではありません」

では、何のために来ているのか。河合がそう訊ねると女性ははっきりと答えた。

「ここに来ているのは、ここに来るために来ているだけです」

治ることを拒否した女性を前にして、河合は知った。心理療法によって誰かを「治す」ことなどできないのだと。


私はこのような考え方も好きです。つまり、クライアントが症状に悩むとき、それを解消することも意味があるし、解消せずにいるのも意味があると思っています。そして、おそらくそのどちらを選ぶかは、クライアントの個性化の過程に従うということになると思います。私は心理療法の場面においては、極めて慎重にならざるを得ません。クライアントの最初の意識的な訴えは、症状を早くなくしたいということだし、そのことも決して忘れてはなりませんが、私の相手をしているのは、クライアントの全存在であり、それがどのように進んでゆくかは、よほど慎重に、そして、私の態度を柔軟にしていないとわからないと思います。自分の意識を表層から深層まで、できる限り可動の状態にしていることによって、クライアントと共に自分の行く方向が見えてくるのです。〈中略〉

私は今はクライアントの症状がなくなったり、問題が解消したりしたとき、やはり喜びますが、根本的には、解消するもよく、解消せぬもよし、という態度を崩さずにおれるようになりました。

(『ユング心理学と仏教』)

回復に至る道とはどんな道か。たんに症状をなくせばいいというのではない。かといって、ありのままでいいということでもない。クライエントとセラピストが共にいて、同じ時間を過ごしながら手探りで光を探す。心の底にひそんでいた自分でさえ気づかない苦悩、悲哀にそっと手を差し伸べる。一人では恐ろしい深く暗い洞窟《どうくつ》でも、二人なら歩いて行ける。同行二人という言葉が浮かんだ。

『河合隼雄著作集』の月報に村山實が短い文章を寄せている。

セラピストとクライアントが共に降りていく深い世界がある。ただ、その世界は「危険に満ち苦難を伴う」（『無意識の構造』）ため、セラピストにこのような世界に共に入って連れて出てこられるだけの力がない場合は、箱庭療法を行うのはむずかしい――。河合の教えを受けて、村山はそう回想していた。

同じような表現で自分の作品世界について語った小説家がいる。村上春樹《はるき》である。二〇一三年五月六日、河合隼雄物語賞・学芸賞創設記念で行われた講演会で、村上は生前の河合隼雄との交流や思い出を振り返ったあと、河合と自分をつなげていたものが何であったのかについてこう語っている。

> 我々は何を共有していたか？　ひとことで言えば、物語というコンセプトだったと思います。物語というのはつまり人の魂の奥底にあるものです。人の魂の奥底にあるべきものです。魂のいちばん深いところにあるからこそ、それは人と人とを根元でつなぎ合わせることができるんです。僕は小説を書くために、日常的にその深い場所に降りていきます。河合先生は臨床家としてクライアントと向き合うことによって、やはり日常的にそこに降りていきます。河合先生と僕とはたぶんそのことを「臨床的に」理解し合っていた――そういう気がします。言葉に

はあえて出さないけれど、犬と犬とが匂《にお》いでわかりあうみたいに。もちろんこれは僕だけの勝手な思い込みかもしれません。しかしそれに近い何かしらの共感があったはずだと、僕は今も感じています。

（「考える人」二〇一三年夏号）


セラピストがクライエントと共に降りていく深い世界とは何か。

私は、河合俊雄に問いを重ねた。

「どういうことかというのはなかなかむずかしい。言葉にしてしまうとそれは深いところではなくなるわけですから……。

ただ、ネガティブな方向から説明することはできます。どういうところが、深いところではないのかと考えてみるのです。たとえば、クライエントが、私はお母さんが何歳のときに生まれたといったとき、場所はどこでしたか、と訊ねると浅いところに話は留まる。お父さんは交通事故で亡《な》くなったといったとき、それはどういう状況だったんですかと訊ねると話しやすいけれど、深いところとは、きっとそういう具体的な状況や場面のことではない。

だから、われわれセラピストはそれを学んでいくのです。なるべくこちらから話してはいけないとか、外的な状況の話になってはいけないとか、日常会話ではないとか、普通の人間関係ではない、というふうに。

では、深いところってどういうところか、と突きつめていくと、なかなか……。宗教はみなそうですが、籠《こ》もったり、沈黙したりと、さまざまな方法をもっています。そこには、表面を断つ、という意味があるんですね。心理療法を徹底して言葉でやろうとするとき、そこで浮かんでくる連想や言葉は深いところから出てきます」

カウンセリングをしていて、セラピストはクライエントと深いところへ降りていく瞬間というのはつかめるものなのですか。

「それは、いろいろです。だんだんと階段を降りる人もいれば、突然落とし穴に落ちる人もいる。できれば階段を降りるほうがいいのですが、降りてくれない人は、落とし穴を待っているしかないし、ときには突き落とす必要があることもあります。そのあたりはまったくわかりません。なかなかそう簡単に降りられるものではない。

ただ、深いところって、切羽詰まらないと降りません。われわれは切羽詰まった人に会っているからこそ降りられるし、ある程度、心理療法の設定って、切羽詰まらしてやろうというところがあるわけです」

河合隼雄は、『日本人とアイデンティティ』の中で、「新しい生き方を見出すためには、古いものを壊さねばならぬことが多いのである。このような点をセラピストが意図的に行うときは、クライエントから見れば、セラピストは幸福の破壊者として感じられることさえあるだろう」と書いている。落とし穴に突き落とすとは、まさにこのことを意味するのだろう。

深いところに降りたあと、あるいは、突き落としたあと、セラピストはどうすればいいのだろう。長らく不登校の生徒のための学校で校長を務めた村山は、子どもたちの中に、セラピストによって深いところへ置き去りにされたままになった子がいたと語っている。周囲からは回復したように見えたとしても、非常に危うい崖《がけ》に立っているように見えたとも。

深い心理療法を行うことのむずかしさについて、河合隼雄が自分の言葉で説明した文章がある。初出は、一九八二年に発表した「精神療法の深さ」と題する論文だ。深い心理療法は危険をはらむため、クライエントによっては、カウンセリングを引き受けないという判断もありうる、と河合は書いている。

心理臨床家が「深い」心理療法を行うことは、きわめて危険に満ちているといわねばならない。それは、うまくゆけば深い宗教体験にまでつながる領域であるが、精神症状や身体症状、あるいは、いわゆるアクティング・アウトといわれているる多くの行動に満ちている世界だからである。この領域においては症状がいろいろと変化する、というよりも、その人の存在を深みから変えるためには、身体的にも精神的にも相当な組みかえが必要というべきなのであろう。身体の症状や妄想、幻覚、などの間にシフトが生じることもあろう。したがって、心理臨床家としては、そのような困難なケースは引き受けないか、あるいは、引き受けるとしてもかならず医者との協力が必要である。医者との協力は、以上述べたようなことを互いによく理解し合っていて行うか、あるいは、医者は医学的な側面にのみ力を注ぎ、心理臨床家は、心のことに力をいれることにして、明確な役割分担をなすべきである。中途半端な協力が一番いけないようである。

（『新版　心理療法論考』）

新しい生き方を見出《みいだ》すとは、なんと苦しいことだろう。それに伴走するとは、なんと過酷なことか。「『深い』過程は文字どおり死にもの狂いにならぬと不可能」（同前）であるからこそ、医師やカウンセラーは、クライエントと関わることによって生じるすべてのことを引き受ける覚悟で臨まなければならないのだろう。

一人前のカウンセラーになるには二十五年かかる、というベテラン臨床心理士の言葉があったが、そんな気の遠くなるほど長い修業期間も、一回の面接あたり一万円という費用も、人ひとりの人生を背負うことの責任の重さを考えれば、決して長くもなく、高くもないように思われた。

ただ一方で、村山が目にしたように、深い世界に旅したものの、セラピストがクライエントを連れて戻れない場合はどうしたらいいのだろうか。深みにはまったまま、セラピストとクライエントが共倒れしてしまう危険はないのだろうか。

「クライエントによりますが、基本的に人間は簡単に浮いてくるんです。無理に引っ張り上げようと思う必要はない。ただ、浮いてこなかったときにどうするかは工夫がいります。浮いてこないのを無理に引っ張り上げないほうがいいときもあれば、浮き上がらせるためにやったことが裏目に出ることもある。潜水病になることもあります。今沈んでいるんだというのを耐えなきゃいけないこともある。引っ張り上げないといけないと思っているけれど、それは勘違いで、セラピストだけが戻りたいと思っているだけかもしれないこともあります。なかなかむずかしいことです。だから、セラピストは自分を知っていないといけない。ただ、自分を知るといっても……」

河合はそういって、しばらく口をつぐんだ。

――この世界を取材するのであれば、あなたも自分を知らなければならない。

取材を始めた頃、木村晴子にそういわれた。この間、私はそのことについて折にふれ考え続けてきた。河合にその話をすると、木村がいおうとしたのは、こういうことではないかといった。

「自分はこう見てしまうといったバイアスや、相手にこういうことをしゃべらせたいという自分なりのストーリーを自覚するということでしょうか」

意外だった。もっと個人的な、生い立ちや生き方に関わることと思っていたからだ。

「ジャーナリストの場合はとくに陥りやすい。自分がどういう経験をしてきたかとか、自分はどういう考えかということがものすごく強いですから」

それは、セラピストも同じではありませんか。クライエントに向き合うときにセラピストが真っ白な状態でいることはできますか。

「ええ、同じです。事例研究会をしているとよくわかります。ケースにコメントするにしても、ケース自体がどうかということよりも、コメントしている人のほうがよく見える。三者三様がよく見える」

こわいですね。

「クライエントって結構セラピストに合わせてくれるところがありますからね。セラピストの理論や興味をもつものに、クライエントも合わせようとする。あるセラピストのところへいくと、クライエントがみんな同じようになっていることがあります」

クライエントがセラピストに気を遣っているのですか。

「気を遣っているというか、二人でやると、そうならざるをえないんです」

私は、河合隼雄に夢分析を受けていたあるカウンセラーのことを思い出した。その人は、あまりに河合に接近しすぎたために、どこからどこまでが河合で、どこからどこまでが自分なのかがわからなくなるほど同一化してしまった。それは幸せな時間でもあった。

だが、弟子の多い河合である。周囲から妬まれ、嫌みをいわれた。げっそりとして京都を去ったその人は、ある日、河合から告げられた。

「ぼくはもう君の面倒は見んぞ」

初めて夢分析を受けた日から五年、半身を引きちぎられるような思いで河合と訣別《けつべつ》し、以後、自らの道を歩むことになった。今はある地方都市で小さな相談室を運営するその人は私にいった。

「河合先生がぼくを育てたのです。自分の道を進んでいけるように」と——。

私は、その言葉を思い浮かべながら、さらに河合俊雄に訊ねた。

クライエントがセラピストに同一化してしまった場合、それはクライエントにとって心地いい状態なのかもしれません。しかし、クライエントはその関係性から抜け出して、自分の道を歩めるのでしょうか。

「理想的なのは、クライエントがそもそも持っている世界から変わっていくことです」

クライエントが自分の力で変わっていけるようになるために、クライエントは自分を知り、セラピストもまた、自分を知っていなければならないということですね。

「そうです。でも、むずかしい。自分のことって、なかなかわからない。自分のことって本当にわからないですよ」

自分のことって本当にわからない——。そう。自分のことって本当にわからない。そもそも私はなぜ専門機関に通ってまでこの世界を知りたいと思ったのだろう。私の内面にどんな動機や衝動があったのだろう。

守秘義務に守られたカウンセリングの世界で起きていることを知りたい。人はなぜ病むかではなく、なぜ回復するのかを知りたい。回復への道のりを知り、人が潜在的にもつ力のすばらしさを伝えたい。箱庭療法と風景構成法を窓とし、心理療法の歴史を辿《たど》りたい。セラピストとクライエントが同じ時間を過ごした結果、現れる景色を見てみたい。思いはたくさんあった。

だが、私が取材で会うのは、カウンセラーであり精神科医である。あるいは、心に大きな傷を負い、必死の思いをして自力で立ち上がった人々である。つまり、心のプロフェッショナル、専門家だ。いくら客観的な姿勢を保っていたとしても、こちらの心の弱さや迷いを見透かされているのではないか、こちらの筋書きを見抜かれているのではないか。そんな不安が何度も頭を過《よ》ぎった。私自身が問われた。私は、自ら迷路に陥っていったのかもしれない。

個人的なことを書くことをお許し願いたい。私はずいぶん前から、自分がなんらかの精神的な病を抱えていることを自覚していた。ときどき景色が止まって見える。睡魔が襲う。重いときには、テレビのお笑い番組で笑えず、毎朝毎晩読んでいた新聞を読めなくなる。全国紙五紙とスポーツ新聞を購読していたから、読まないままの新聞はあっという間にどんどんたまる。後頭部に錘《おもり》でも入っているのかと思うほど頭が重くなり、刺激に瞬時に反応できない。物事の判断力が鈍り、考えがまとまらない。わけもなく涙がこぼれる。このままでは死ぬしかないと思い、首をつろうとしたこともあった。

この分野を取材し、専門機関でも学んでいたから、ある程度、それらの症状が何によるものかはわかる。しかし、私は自分にその診断が下ることを避けてきた。これまでもそうだったけれどなんとか乗り越えてきたのだからと、自分なりに自分の心をコントロールしようとした。

ところが、この取材を九割方終えた二〇一二年の夏頃から、再び身体のあちこちに異変が現れた。婦人科系の疾患に加え、原因不明の発疹《ほっしん》、頭痛、胃痛、関節痛……に苦しんだ。

あらゆる身体疾患の治療を終えて最終的に精神科を受診したのは、二〇一三年に入ってからである。精神科医やカウンセラーは何人も知っていたが、取材とプライベートは切り離さねばならない。紹介も何もなく、町の小さなクリニックを訪ねた。決め手は、ある病院口コミサイトに寄せられた患者の評判だった。

「話をよく聞いてくれる」

この一言である。自分の研究データをとるために大量に心理テストをさせる医師ではないらしい。薬をあれこれと処方する医師でもないようだ。経歴はホームページに記載してあるが、自分が師事した人や学派を表立って宣伝していないところもよかった。

都心のクリニックは一期一会《いちごいちえ》というが、ダメもとで行ってみよう。私はそう思い、一日の診療が終了する時刻に電話で予約を入れた。電話口の男性は、今思うと医師本人であった。

「どうぞ、明日、いらしてください」

やさしく落ち着いた口調だった。受話器を置いた瞬間、ほっとして涙があふれてきた。

双極性障害Ⅱ型。私に下った診断である。簡単なテストを含む問診票と、数回の診察を経ての診断だった。ＤＳＭのうつ病チェックリストを試すと即刻うつ病とされるところだろうが、そう診断されなかったのは、医師が私のこれまでの状況をよく聞き、親族の病歴とも照らし合わせたためだろう。

元気だった人が、ある原因を引き金として落ち込むようになるうつ病と違って、双極性障害は、原因の有無に関係なく、うつと躁《そう》を繰り返す精神疾患である。以前は躁うつ病といわれたが、よく知られているのは激しい躁状態が繰り返し訪れる双極性障害のⅠ型で、Ⅱ型の場合はⅠ型ほど顕著な躁ではない軽躁状態が繰り返される。軽躁は、他者からは性格と思われることが多く、本人も病気だという認識をもちにくい。このため、精神科を受診するのは本人が苦しいうつ状態にあるときで、うつ病と誤診されることも多い。

この誤診が怖いのは、処方される抗うつ剤によっては、突然躁状態になったり、情緒不安定になって自殺の危険性が高まったりすることである。私の主治医が診断に慎重になったのはこのためで、最初の一週間は胃薬としても処方されるやや古いタイプの抗うつ剤で状態を確認しようとした。この結果、多弁で活動的、食欲も旺盛《おうせい》になるという軽躁状態が現れたため、抗うつ剤はすぐに中止され、双極性障害Ⅱ型の標準治療である気分調整薬が微量、処方されて今に至っている。

この間、病気や薬について丁寧な説明があり、こちらの質問にもよく答えてくれた。気分は安定し、春頃には体重と集中力を取り戻し、残りの取材と執筆を再開できた。飛び込みで受診したメンタルクリニックで信頼できる医師にめぐり会えたのは、幸運なことだったかもしれない。

「信頼できる医師　出会うまで5年」と題する記事があった（読売新聞二〇一三年四月十八日朝刊）。特定非営利活動法人・地域精神保健福祉機構が、二〇一二年十二月から一三年一月にかけて統合失調症やうつ病を患う男女一三五人を調査したアンケートで、主治医を替えた経験のある患者は九〇パーセント、理由の五〇パーセントは「治療方針に納得がいかなかったから」とあった。また、「信頼できる医師」に辿り着いた人は九一人いたが、それでも「説明が不十分」。現在の医師に辿り着くまでに五年以上費やしていることがわかった、という内容であった。

私自身、生まれて初めて心療内科を受診してからもう二十年近くになるだろうか。自分の異変を自覚してから十年あまりと考えると、この調査結果に得心がいく。長い長い道のりであった。しかし、このような取材をしている最中に自分の病名を知ることになろうとは、まったく想定外の展開であった。

いや、違う。私も、知りたかったのだ。心について取材しながら、自分の心を知りたかったのだ。私は、自分のことなら知っていると思い込むことで、自分を直視することを避けてきた。人に話をしてもどうせわかってもらえないだろうと決めつけることで、人に心を開くことができない人生を生きてきた。中井久夫はそれを私に伝えようとしたのである。

「あなたが自分の心を考え始めたとき、ユングの理論はあなたにとってものすごく有用なときがあるんです。それは、しかし、あなたにとってですよね。すべての人にとってではないです」

河合隼雄はそう語っていた。

私にとって、それが、今だった。今、この世界の取材が必要だった。たぶん、これからも生きるために。


この国では、連日のように心の病が報じられている。

二〇〇八年度から二〇一一年度の推計（朝日新聞二〇一三年八月二十二日朝刊）によれば、大企業の社員約一六〇〇万人が加入する健康保険組合では、心の病で通院や入院をした件数が二〇一一年度に四九九一件で、過去三年間で二割増えたという。二〇〇八年度は一〇〇〇人あたりのべ二三五件だったが、二〇一一年度は二八〇件で一九パーセント増えている。

内訳としては、うつ病などの気分障害が五四パーセントともっとも多く、パニック障害などの神経症性障害を含めて八割を超える。世代別では、三十代、四十代がそれぞれ三割以上を占め、働き盛りの人々が追いつめられていることがわかる。

中小企業の社員約二〇〇〇万人が加入する「協会けんぽ」の加入者一〇〇〇人あたりの受診件数も、二〇〇九年度と比較して九パーセント増加した。精神障害による労災認定も二〇一〇年度以降、年間三〇〇件を超えている。水面下には、誰にも打ち明けられずに働き続けている人もいるだろうから、実数はもっと多いだろう。

教育現場でも厳しい状況が続いている。文部科学省が二〇一二年十二月二十四日に発表したデータによれば、うつ病などの心の病で二〇一一年度中に休職した教員は五二七四人。二年連続で減少したものの、二〇〇二年度と比較すると約二倍で、二〇〇八年度から毎年、五〇〇〇人前後の高い水準が続いている。

一方、彼らを受け入れる側である、セラピストの現状はどうか。

厚生労働省の二〇一〇年度医師・歯科医師・薬剤師調査によれば、精神科医の人数は、一万四〇〇〇人。臨床心理士は、毎年二五〇〇名から三〇〇〇名近くの資格試験合格者を生みだしており、日本臨床心理士会の調べでは、二〇一三年四月一日現在の有資格者は二万四九八〇人である。人数が多ければクライエントの回復が保証されるというわけではないが、増え続ける受診者数を考えると、それに見合うだけの医師やカウンセラーが存在するとはいいがたい。

東日本大震災後、地域保健の現状を取材するために宮城県と福島県の沿岸部を歩いたのだが、そのときに痛感したのは、精神科医や臨床心理士が一人もいない町は決して珍しくないということだった。需要はあっても、供給が追いつかない。震災後のケアのために、他県から現地の病院や心のケアセンターに赴任した医師や臨床心理士は何人もいる。

　東北に限らない。人口一〇万人あたりの精神科医の人数は全国平均で、約一〇人。都道府県別では、一位の沖縄県が約一八人であるのに対し、東京は約一四人で全国一三位。一番少ないのは埼玉県で、八人に満たない。

　これらの人数が充分ではないことは、都道府県ごとの人口一〇万人あたりの患者数と比較してみればわかる。厚生労働省が行った二〇一一年度の患者調査（震災の影響で石巻医療圏・気仙沼医療圏・福島県は除く）によれば、うつ病や双極性障害などの気分障害で受診した患者数の全国平均は、人口一〇万人あたり七五〇人。福岡県が約一四〇〇人ともっとも多く、これに、岡山、熊本、宮崎、鳥取が続く。いずれも一二〇〇人以上だ。福岡県の一〇万人あたりの医師数は一五人なので、単純計算しても、医師一人あたりの患者数は九三人超。他の四県も七四人から一〇〇人と非常に多い。

　一方、厚労省の二〇〇九年度地域保健医療基礎統計によれば、人口一〇万人あたりの臨床心理士数は全国平均で、約一七人。都道府県を比べると、東京が三二・三六人であるのに対し、千葉や埼玉で約一五人、岩手や秋田、宮崎などは一〇人以下である。臨床心理士のクライエントは、医療機関を受診する患者とは限らないため実数は不明だが、充分足りているというわけではないだろう。

本書の取材に取りかかる前は、医師やカウンセラーはいったい何をしているのかと思わないではなかったが、現実はあまりにも厳しい。とくに臨床心理士の待遇の低さを考えると、彼らの個人的な努力に期待するのはもはや限界だろう。箱庭療法のように、一人あたり四、五十分はかかる心理療法を行うのは、病院の精神科やメンタルクリニックを受診することへの抵抗感が少なくなって患者数が増えている状況では、かなりむずかしいといわざるをえない。

中井久夫が神戸大にいた一九八〇〜九〇年代、中井が外来で診察する患者の数は日に約二十人。現在の神戸大では多いときで日に六十人を一人の医師が診察する。病棟に中井がいた頃に設置された箱庭はあるものの、今はほとんど使われていない。神戸大に限らず、ほとんどの大学病院ではこれが日常風景だ。

町のクリニックの患者数はもっと多い。東京だけの話ではない。地方都市のクリニックの様子を知りたいと思い、京都のオフィス街の中心地、御池《おいけ》にあるクリニックを訪ねたことがある。院長が診察する患者の数は、多いときには午前中で四十〜五十人、午後も四十〜五十人、日に約百人にもなる。場所柄、ビジネスマンや公務員が多いが、近年は大学生が増えた。

初診には三十分ほどかけるが、薬を飲んで安定していて体調に変化がなければ、次からは五分以内。薬物療法が九割以上である。自殺願望があるような患者や、一週間以内に何かありそうだと思われる患者は気に留めるが、あとは流れ作業のようになっていくのが現状だ。

医師は非常勤を含めると三名、臨床心理士が二、三名。臨床心理士はおもに心理テストを担当し、必要な患者のみ別室でカウンセリングを行う。いつでも行ける場所があったほうがいいという考えで予約制はとらない。そのため待ち時間が四、五時間になることもある。「京都市内が待合室と考えています」と院長はいった。

三分診療、という言葉があるように、決してこれは珍しいことではない。私は現在の主治医に会う前に都内で二人の精神科医に受診したことがあったが、どちらの医師も訴えにじっと耳を傾けることはなく、こちらの顔をちらりと見ただけでパソコンの画面に目を移し、簡単な質問を二つ、三つする程度だった。家族構成も聞かれないし、仕事の内容も聞かれない。眠れないなら睡眠導入剤、過呼吸なら精神安定剤。症状に応じた薬がその都度処方されるだけで、具合が悪くなった理由を訊ねられることはなかった。理由を問わないことが精神科診療の標準であることを知ったのはこの取材を始めてからである。

パソコンと大きなテーブルが医師と患者を隔てており、そもそも患者の話を聞こうというレイアウトになっていない。もっと直接向き合って話を聞いてほしかったのに、もしかしたら人生の分かれ目になるかもしれないと覚悟してやってきたのに。肩を落として診察室を出ると、待合室にずらりと患者が並んでおり、ああ、これもやむをえないことなのかと思い直す。これだけの人が苦しんでいるのだから、自分一人がわがままなどいえないと遠慮がちになって、通院を断念したこともあった。薬を処方されればそれでいい。医師も患者も一度切りの関係と割り切っている。自分もいつしかそんな都合のいい患者の一人になっていたのかもしれない。

三分診療をすべて否定するわけではない。クライエントによっては、長時間の面接をすることでかえって薬の処方がわからなくなる場合もあるという。もっと話を聞いてもらいたいと思ってセラピストのもとを訪ねても、内面に深く入っていくカウンセリングに抵抗を示し、中断してしまう人もいるだろう。セラピストの熱意がかえってクライエントの症状を悪化させる可能性もあることは、第七章でみたとおりだ。人は一人ひとり違う。病も人それぞれである。

ただ、確かにいえるのは、クライエントを支えるのはセラピストの存在そのものであり、セラピストもまた、クライエントの人生に自らを重ね合わせながら日々変化し続けているということだ。セラピストがクライエントにかける言葉は、セラピスト自身に跳ね返る。クライエントが必要なとき、有用な診療が行われているかどうか。セラピストが力を尽くしているかどうか。答えは、クライエントの顔に書かれている。それはまぎれもない真実だ。

中井久夫は、不眠に苦しむ外来患者を見送る際、こう声をかけたという。

「今晩眠れなかったら明日おいで。眠れたらせっかくの眠りがもったいないから明後日でもよいけれど」

今日もまた、待合室に誰かが座っている。うつむき加減で静かに呼吸をしている。扉の向こうにいる人と治療契約を結べるのか、それとも、一期一会に終わるのか。人生の大きな岐路に立たされている。どうか、彼らの明日が今日より少しでもよくなるようにと、祈らずにはいられない。

# あとがき

沈黙は苦手である。まばたきの回数が増え、口の中が渇く。そのうち背中ががしがしとこわばり、後頭部が重くなる。もうダメだ、我慢できない。そう思った瞬間、声が出る。

「あのう……」

意味のない、ただの音声だ。しかし、そんな意味のない音声が、相手のこれから発せられるはずだった言葉をさえぎる。怒りだったかもしれない。悲しみだったかもしれない。戸惑い、葛藤《かっとう》、あるいは、次の言葉を探していたのかもしれない。沈黙の意味はいろいろあるはずなのに、いや、意味のない沈黙もあっていいはずなのに、沈黙に込められたすべてを、あのう……、という私のどうでもいい音声が無情にも分断してしまう。あのう、といわずにただ黙っていることはいかにむずかしいかと思う。質問を重ねることがインタビューとは限らないと教えてくれたのは、これまで私のインタビューに答えてくれた人たちである。愛する人を災害や事故で失った人、親の不和や裏切りに苦しむ子ども、何十年も前の戦争で敵を銃撃したことに苦しむお年寄り……。

話を聞きながら、なんと返答すればいいのかわからないことがあった。不用意な応答がその時間をぶちこわしてしまうことを恐れ、言葉をのみ込んだ。しかし、とうとう我慢しきれずに思わず口から飛び出したのが、「あのう……」であった。

ここでもう少し待っていれば、あの人は何か大切なことをいおうとしていたのかもしれないのに。「あのう……」と口を挟まなければ、想像もしなかった重要な話が聞けたかもしれないのに。メモを読み返しながら、あるいは、録音したテープを聴き直しながら、そんなふうに後悔することばかりだった。

もちろん、たたみかけるように質問することが必要な取材もある。ただ、人の心に土足で踏みこむ仕事なのだから、沈黙や間、相づち、うなずき、という、本質とは一見無関係に思えることに敏感でありたい。それがせめて相手を尊重していることの証《あかし》になるのであれば。

カウンセラーや精神科医には、沈黙と向き合うことが必要な場面がある。沈黙に耐えることができなければ失格ともいわれる職業である。私は彼らがどんなふうに働いているのかをよく知らなかった。知らなかったからこそ、誤解し、偏見をもっていた。だが、彼らの仕事を取材するうちに、言葉にしない世界の深遠さ、言葉によって意味を固定しないことのもつ意味について考えるようになった。

言葉によって因果関係をつなぎ、物語をつくることで人は安住する。しかし、振り回され、身動きさせなくなるのもまた言葉であり、物語である——。

中井久夫のそんな言葉が取材中、頭を離れなかった。それは、ノンフィクションといいながらも、自分の見立てやストーリーからはみ出るものを刈り取る行為を意図的に、あるいは無意識のうちにしていることを自覚していたからでもある。ところどころ、中井と行った絵画療法の逐語録を配置したのは、ふだんなら削除してしまう間や沈黙、メタファーで語り合う場の空気を感じとっていただきたいと思ったためだ。

箱庭療法や風景構成法は、数多《あまた》ある心理療法の一つにすぎない。認知行動療法が隆盛の今、時間も手間もかかるふた昔前の療法を採り上げることにどんな意味があるのかという声も聞こえてきそうだ。

しかし、これらが日本で独自の発展を遂げ、数え切れないほどのクライエントを癒《いや》し、彼らの認知世界への理解を深め、心理療法の歴史を塗り変えたのは確かである。その担《にな》い手であるセラピストのことを胸に刻むために、私は本書を書いた。

自分の病について書くことを決意したのは、自分自身をつまびらかにすることなく、他者のプライバシーに踏みこむことはできないと考えたからである。また、心理療法の発展のために逐語録を公《おおやけ》にし、自らを晒《さら》してきた多くのクライエントとセラピストに敬意を表したかった。

診断結果を受け、今は、病気を理解した上で症状とうまく付き合えるよう、生活を工夫している。双極性障害の名医でもある神田橋條治《じょうじ》医師の「気分屋的生き方をすると気分が安定する」という言葉のように、行き当たりばったり生きることを楽しんでいる。ほうっておいても、ときどき膨大なエネルギーを傾けて一つのことに集中し、周囲が見えなくなる傾向があるため、その反動をできるだけ小さく抑えるのである。

そんなわけで、本稿を執筆している最中にも、私は、ある日突然ロードレーサーに乗って佐渡島を百五十キロ走ったかと思うと突然興味を失い、ある日突然編み物を始めて自作のマフラーやアクセサリーを家族や友人に次々とプレゼントしたかと思うと突然興味を失い、ある日突然ギターを弾きまくったかと思うと突然興味を失った。小さな達成感に小さな快楽を得るという軽躁《けいそう》状態を繰り返しながら、ようやく本書を完成させた。

執筆にあたっては、中井久夫さん、山中康裕さん、河合俊雄さんを始め、多くの医師やカウンセラー、大学院生の方々の多大なるご協力を得た。浜垣誠司さんと高江洲義英さん、黒木俊秀さん、西郷景子さん、前原寛子さんには、多忙な勤務時間の合間を縫って、戦後日本の精神医学界や心理学界の動向についてご教授いただいた。伊藤悦子さんは、自分の経験が誰かの役に立つのであればと、箱庭日記を提供してくださった。

本書に名前が登場する方以外にも、取材にご協力いただいた方々が多くいる。どの方がいなくても本書を完成させることは出来なかった。すべての方々のお名前を挙げることはできないが、心から感謝を申し上げたい。

木村晴子さんは、「もっとあなたのことも掘り下げないといけない、そのことについては時がきたらお話しましょう」とおっしゃってくださったが、取材後間もなく厳しい闘病生活に入られ、その「時」を迎えることは叶《かな》わず、大阪の病院に見舞いにうかがったのが最後になった。本書の完成を見ることなくお亡《な》くなりになったことが悔やまれてならない。ご教授いただいたすべてに感謝し、ご冥福《めいふく》をお祈りする。

最後に。

この世の中に生きる限り、私たちは心の不調とは無縁ではいられない。医療だけでなく、社会的なサポートの充実が急がれる。ただ、よき同行者とめぐり会えたとしても、最後の最後は自分の力で立ち直っていくしかない。

かつて、ベルギー生まれのメイ・サートンというアメリカの詩人がいた。パートナーを失い、作品を酷評され、乳がんとなり、うつに苦しむ日々を送っていたサートンは、友人や読者の手紙に支えられてようやく、ありのままの自分を取り戻すことができた。その回復までの日々をつづった日記にこんな一節がある。

「やさしさはあたえられれば、わたしたちにとっておそらく喜びだけれど、それはまた苦痛の本源を厳しく省察してはじめて、手に入れられる」

カウンセリングが戦後の日本に持ち込まれてから、まもなく六十五年になる。それは、心の声に耳を傾けるとはどういうことかという問いのもと、セラピストたちが手探りで歩いてきた歴史である。他者の苦しみへの責任を負うために、自らを律する訓練を重ねてきた時間でもある。

心の病とは、暗闇《くらやみ》の中で右往左往した挙げ句、ようやく探し当てた階段の踊り場のようなものなのかもしれない。踊り場でうずくまるクライエントのそばに、セラピストはいる。沈黙に耳を澄まし、クライエントから再び言葉が生まれるまで待ち続ける。クライエントが立ち上がったとき、彼らもまた立ち上がる。

最相葉月

二〇一三年十二月

文庫版特別書き下ろし
# 回復の先に道をつくる

単行本を刊行してから二年半あまりの間に、心理職の世界では大きな出来事があった。二〇一五年九月九日、「公認心理師法」が議員立法により全会一致で成立し、心理職の国家資格化が実現したのだ。臨床心理士の職能団体である日本臨床心理士会はじめ、日本学校心理士会や日本臨床発達心理士会、心理学諸学会、精神科病院協会など関係団体が討議を重ねて達成されたもので、草創期の臨床家が国家資格化を願ってから半世紀、具体的な検討が始まってから四半世紀を経ての快挙となった。資格の乱立を防ぎ、社会での認知度を高めて信用を得たいという願いが、ようやく叶《かな》えられたのである。

公認心理師は厚生労働省と文部科学省の共同所管となり、活動の場は医療や教育、保健・福祉、司法・矯正、産業・労働、学術研究など多岐にわたる。病院での雇用が増え、保険適応になるためクライエントにとっても費用や機会の面で大きなメリットがある。国家試験を受験するには原則として大学と大学院で必要な単位を修得するか、大学で必要な単位を修めたのちに定められた施設で実務に従事していることが前提条件となっているため、目下、教育カリキュラムが検討されているところだ。

臨床心理士の資格はなくならないが、今後は病院や学校、公的機関では国家資格が標準となると考えられるため、経過措置として受験が認められる間に公認心理師資格をとるダブルライセンス取得者が増加するだろう。すでに公認心理師を養成する新たな教育体制を整備するため臨床心理士養成大学院指定校を停止した大学や、医学部の中に公認心理師を養成する学科を新設すると発表した大学もある。臨床心理士は高度な専門知識をもつ研究職として残るという見方もあるが、十年以内に心理職をめぐる状況は大きく変化しているだろう。

国家資格化は河合隼雄の長年の悲願だったが、公認心理師がその理想とするかたちかどうかはわからない。たとえば、臨床心理士資格は五年ごとの更新が義務づけられているが、公認心理師に更新の義務はない。また、臨床心理士は独立性を保つため、医療現場においては医師の指導や指示は受けず協力・連携の関係にあるが、公認心理師は主治医のいるクライエントに対応する場合は医師の指示を受けるよう規定されている。これをもって、法案の審議中、公認心理師法の制定に難色を示す一部の臨床心理士団体の声をたびたび耳にした。心理支援は第三者の指示で行うものではなく、医師の指示が心理職の業務を制限してしまう可能性があるという主張である。医師の指示は公認心理師の専門性や自立性を損なわない、とする付帯決議によって一応の決着をみたものの、いっとき、クライエントにとって何が最良であるかを棚上げしたままの議論が見られたことは、業界の内輪もめのようで見苦しかった。

思えば、医師の「指導」とするか、それよりも強制力のある「指示」とするかという議論は今に始まったことではなく、心理職の国家資格化を語る際には必ず現れる亡霊のようなものだった。河合が存命中の二〇〇五年には、医療や福祉の現場で医師の指示のもと活動する医療心理師と、もっと幅広い領域で活動する臨床心理士の二資格を国家資格にする「二資格一法案」を上程しようという動きがあったが、このときは、二資格の併存は現場に混乱をもたらすという医療団体の反対によって法案提出に至らなかった。前車の轍《てつ》を踏まぬよう、今回は医療団体と足並みをそろえてスタートしたのに、臨床心理士間の対立でまたもや頓挫《とんざ》するのかと悲観した時期もあったが、世の中がめまぐるしく変化する中、心理職に対する社会的な要請の高まりが結束を促したいる。のだろう。合意を導いたのは、今ここにあるこの国の「現実」だったと私は考えている。

河合からバトンを受け継ぎ、日本臨床心理士会の会長として各団体や議員連盟と法制化の議論を重ねてきた村瀬嘉代子は、河合が亡くなる一年半ほど前にこんな会話を交わしている。「二資格一法案」の議論が行われていた頃のこと。京大での仕事を終えて東京に向かう新幹線の終電で、隣に座ってもいいかといわれ、東京に着くまでの二時間十五分、河合とゆっくり話をした。

「医師の指示と指導についてどう思うか」

河合にそう訊《き》かれ、村瀬は理事会でも発言しなかった本音を述べた。

「現実の生活では責任の所在を明確にしないといけないし、究極、いのちに関わるときに医師の指示は当然だと思います」

すると河合は、「あんたやっぱりそう思うか、そうやなあ、そうやなあ」としきりに頷《うなず》いたという。

現場では、目の前のクライエントが何を必要としているかを第一に考えて臨機応変に対応するのが大切であって、自分たちの顔の話ばかりしていても仕方がない。私は二人の会話からそんなメッセージを受けとったのだが、どうだろうか。

二〇一七年の公認心理師法施行を控えて教育プログラムの検討が始まる頃、しばらく執筆から遠ざかっていた中井久夫が鹿児島の出版社の人たちと楽しそうに本をつくっているといううわさを風の便りに聞いた。二〇一五年十一月から刊行が始まった中井久夫監修・解説『中井久夫と考える患者シリーズ1　統合失調症をたどる』(ラグーナ出版)である。統合失調症の発症から寛解への過程について書かれた中井のテキストを患者が自分自身の経験と照らし合わせながら読み解き、そこに中井がコメントを返すという画期的な試みだった。

たとえば、発病と恐怖について、患者が「発病とは、日本昔話のように現実とは肌触りの違う風が吹き、見たこともない雷が鳴る不気味な状態であり、世界そのものが神がかっていく過程そのものが恐怖である」といえば、中井は「発病時の恐怖に比べれば幻覚や妄想はものの数ではないといいますね。ある患者は幻覚や妄想という藁《わら》にすがりついている。藁を奪おうとするとますますしがみつくのは、これを失うと寄る辺なく漂うことになるからでしょう」と応答する。

治るとはどういうことか。ある患者が「お互いにこれだけは言ったほうがいいことを伝え、相手を思いやることを考え我慢して伝えないことを身につけられ、心の成長ができていると感じる。発病前の元の自分に戻ることではなく、いい方向に成長している自分がいることだと実感している」といえば、中井はこう返す。「寛解っていうのは、ぼくは、『ほどける』というような感じ、言葉に近く受けとっているかな。自分を縛っているものが、ほどけるとか、そういう感じがどっかにあると思います。ぼくはあなたがご覧になったように、藤の花が寛解の山中に咲いているのを思い合わせたのです」

タイトルは「中井久夫と考える」ではなく、中井久夫と「考える患者」と読む。編集を担当した「考える患者」の一人は、「病気を説明する本はたくさんあるのに、これからどうなるのかを教えてくれる本がなかった。だからこそ役に立つ本をつくりたい」と語っている。ここには医学用語からこぼれ落ちた、人の言葉がある。中井の表現を借りれば、鋭く繊細な感性をもつ患者の「心の生《う》ぶ毛」。共同作業にあたって中井は、「患者さんからのお墨付きをもらえるんだね」と微笑《ほほえ》んだという。中井を駆り立てた彼らはいったい何者なのだろう。私は鹿児島に向かった。

都心は桜が満開というのに、鹿児島市の中心部を流れる甲突《こうつき》川両岸の桜並木はまだ五分咲きほどである。暖冬の影響のようだが、花見客を目当てに準備を進めてきた屋台の店主たちは満開を待たずに北へ移動しなければならないようで、すっかり感覚がくるってしまったとため息を吐《つ》く人もいた。

　二〇一六年四月一日、私は甲突川に架かる高見橋にほど近い西千石《にしせんごく》町のラグーナ出版を目指していた。精神疾患をもつ患者が働くラグーナ出版は、二〇〇六年施行の障害者自立支援法に基づく就労支援A型事業所として同年設立された。A型というのは障害者と雇用契約を結んで一般就労に向けて訓練を行う会社で、国の給付金が支給されることから、近年、事業者数が急速に増えている。

　約束の午後二時ちょうど、こんにちは、と小さく挨拶《あいさつ》をしながらドアを開けると、部屋にいたおそらく全員から一斉に、こんにちはーっ、と大きな声が返ってきて、一瞬たじろいだ。会社というよりも教室に入ったような気分だ。

「えー、みんなちょっと手を止めて注目してください」

　社長の川畑善博のひと声で視線が一斉に私に集まった。

「今日はね、ノンフィクションライターの最相葉月さんが東京から来てくださいました。みんなの働いているところを取材したいとおっしゃっているので協力してあげてください。といっても、特別なことはしなくていいです。ふだん通りでいいからね。じゃあ、最相さんからも何かひと言お願いします」

「お仕事中にお邪魔してすみません。今日は取材にご協力いただき本当にありがとうございます」

私は自己紹介をしながら、中井との本づくりに感銘を受けたことや、彼らが編集した雑誌を読んで、精神疾患を持ちながら働くことについて話を聞きたいと思ったことなど取材理由を説明した。年度替わりということもあって、前日まで県庁から受注した名刺の製作でてんてこ舞いだったようだが、この日は一段落し、パソコンでレイアウトをしている編集部員や定規片手に焼酎のボトルキャップをつくっている製作部員、受注の電話を受けている営業部員ら、みなそれぞれの業務に勤《いそ》しんでいた。

四月現在の従業員数は三十七名。うち三十名が患者で、全員が会社と雇用契約を結んだ正社員とパート社員である。出版についてはほとんどが初心者のため事業を支える七名のスタッフがいるが、企画から編集、校正、製本、出版まで主体はあくまでも患者だ。

川畑と共に会社を立ち上げた精神科医の森越まや会長は、「何か一つでもここで技術を身につけてくれたらいいなと思ってるんです」といい、彼らが糸綴《と》じをした本やノート、豆本、ペンダントやかぎ針編みのしおりなどを見せてくれた。カバーの素材は和紙や西洋紙、大島紬《つむぎ》などさまざまで、ブータンの伝統的な布を用いた般若心経《はんにゃしんぎょう》の豆本は海外みやげに人気だ。「手製本工房　紙と糸」を主宰する製本家、馬頭《ばとう》洋子の指導を受けて、すでに七、八人は上製本をつくれるようになったという。患者が入院中に書いた文章に絵を添えた本や、切り絵を撮影してまとめた本など、自費出版の業務も行っている。

ラグーナ出版が設立されたのは、鹿児島の精神科病院、医療法人常清会《じょうせいかい》尾辻《おつじ》病院で精神保健福祉士として働いていた川畑と一人の患者の出会いがきっかけだった。

二〇〇五年二月、川畑が喫煙所で一服していると、男性患者が通りかかった。統合失調症で入院中の竜人《りゅうと》(筆名)だった。こんにちは、と声をかけるが返事はない。しばらくしてまた通りかかったので、今度は少し大きな声でこんにちはといった。すると竜人は我に返って小さな声でこんにちはと返し、顔を赤らめて去って行った。それからも竜人は朝から晩までぐるぐると廊下を歩いていたが、ある日、川畑に話しかけた。

「遺書のつもりで書きました。読んでくれませんか」

川畑がかつて東京の出版社に勤めていたことを聞きつけたようだった。読んでみて驚いた。文字がぎっしり並ぶ中に、霊なのか、神話に出てくるような神なのか、いろんなキャラクターが登場し、おまえは救いようのないやつだと叫んでいる。まるで戦記小説だった。

「おもしろい小説だね」

川畑が感想を伝えると、竜人は表情を変えた。

「いえ、これはノンフィクションです。本当に起こったことです。しっかり読んでください」

川畑は、はっとして読み返した。ああ、そうなのか。皮膚が溶けたり、脳みそにガンガン釘《くぎ》を打たれたりする。これが患者の現実なのか。長い間病院に勤めてきたのに全然知らなかった。川畑は自分が情けなかった。

病院内に患者同士の情報網があるようで、竜人に続いてほかの患者も次々と文章や絵を持ってきた。どれもこれもおもしろい。川畑は胸の高まりを覚えた。図書室によくやって来る森越に経緯を説明して文章を読んでもらうと、森越は目を輝かせた。

「ちょっとこれ、本になるんじゃない?」

森越の言葉がきっかけとなり、本業の合間を縫って有志による編集作業が始まった。といっても潤沢な資金があるわけではない。文章はパソコンで打ち、レイアウトも手探りだ。タイトルは「統合失笑症」と「シナプスの笑い」「無限地獄」が争い、最終的には脳の情報伝達を担《にな》う「シナプス」と、回復期のしるしである「笑い」を合体させた「シナプスの笑い」に落ち着いた。専門家に原稿を依頼したり、当事者の座談会を開いたりするうちに、「病の体験を言葉にして力に変えよう」という気持ちがみんなの中にわき上がってきた。

団体名は「精神をつなぐ・ラグーナ」に決まった。ラグーナとは干潟を意味する言葉で、川畑がたびたび訪れたイタリアのヴェネツィアに浮かぶ島々の総称でもある。島同士はたくさんの橋で結ばれているが、満潮時に沈んでしまうところがあって使い勝手はよくない。一方、個々の島の文化はほどよく交わり、はどよく保たれている。また、干潟には多様な生物が棲《す》み、潮の流れと生物の力が海水を浄化していることも大きな特徴である。

つながりと個別性の両面を失わず、干潟のように一見不毛と思われる場所を照射したい――。ラグーナという社名には創業者たちのそんな決意が込められた。

翌年三月に創刊された「シナプスの笑い」第1号には、編集長に就任した竜人による序文「気持ちだけ一騎当千」が掲載されている。

きっかけは、二人の在野の士が出会ったことから始まった。今はまだ小さいが、いずれ昇り竜となって、天を呑《の》み込むことになるかもしれない。誰でも自分しかかけないものを持っている。それを発掘するのがこの雑誌の目的である。「精神病」の光と影を浮き彫りにする雑誌をここに創刊します。
ミステリアスな文の集団、この集団はなんなのだ。

昇り竜となって、天を呑み込む日を目指して——。ラグーナの竜が、鹿児島の空にむくむくと膨らんでいく噴火雲を突き抜けて天に昇っていく姿が目に浮かんだ。

創刊号には竜人が川畑に見せた「霊界大戦」や、団体の代表を務めることになった島原保の小説「たぎり」など入院中の人や口コミで集まった人の作品、専門家による解説、「精神病からの回復」をテーマにした当事者による座談会も掲載された。鹿児島は人口比率でみると、ベッド数、患者数、入院日数が全国トップ。座談会に参加したメンバーの入院期間は短い人で三か月、長い人は七年にもなる。退院の仕方や退院後の生活をどうするかは大きな課題になっていた。

初版の刷り部数は一千五百部だったが、話題が話題を呼んで即座に完売。増刷して計三千部が売れた。繁華街の天文館にある書店ブックジャングルの店長が平台で大きく展開して応援してくれたことも力になった。これはもしかして仕事になるんじゃないかと感じた川畑と森越はNPO法人を設立した。第2号からは全国から投稿された精神疾患をもつ当事者の体験談や小説、詩、俳句、マンガのほか、患者の立場から妄想や幻覚を説明する新企画「ノンフィクション精神科用語事典」も始まり、こちらもまた増刷が決まった。

ＮＰＯに留まらず会社の設立を目指したのは、売れたらうれしい、読んでくれたら励みになる、といったレベルを超えて世の中にメッセージを発信したいと考えたためだ。「仕事としてできるよ」という森越の言葉は、病院の仕事と編集の二足のわらじにうしろめたさを感じていた川畑を決意させた。罹患《りかん》率も入院日数も全国トップの鹿児島が変われば、社会が変わるかもしれない。創業メンバーの志は高かった。

とはいえ、川畑も森越もどうやって会社をつくればいいかさっぱりわからない。二人は会社設立のハウツー本を読み、手探りで準備を進めた。Ａ型事業所の基準配置として必要なサービス管理責任者には森越が、事業者全体の管理者には川畑が就き、生活支援員と職業指導員を一人ずつ、さらに六人の当事者が加わり、二〇〇八年二月、株式会社ラグーナ出版が誕生した。翌年、ハローワークで社員を募集したところ思いがけず応募者が殺到し、その日のうちに求人を打ち切らざるをえなかった。働きたい人はこんなにいる。二人は大きな手応えを感じた。

鹿児島が変われば、社会が変わる。それは、国内外を転々としながら精神医療のあり方を模索してきた森越の願いだった。

一九六〇年五月、東京に生まれ、五歳からは父親の故郷である種子島に育った森越は、父親が開業医だったこともあって幼い頃から医師を目指し、埼玉医科大学で精神科を専攻した。卒業後はしばらく関東医療少年院に勤め、この先もずっと子どもたちを診ていこうと思っていた矢先に離婚を余儀なくされ、子どもを連れて鹿児島に帰った。八〇年代後半のことである。現在も非常勤を勤める尾辻病院に就職するが、当時はまだ収容型の厳しい管理体制が敷かれており、移動のたびにドアに鍵《かぎ》をかけなければならなかった。なぜ自分が鍵をもつのか、なぜ自分は鍵をかけられる側ではないのか。患者を治療したり相談にのったりしているだけで息苦しく、何もできないでいる自分が情けなかった。

闘病生活を送っていた父親を看取《みと》ると、ほとんど何も考えずに友人を頼ってイギリスに渡り、自由主義教育で知られるシュタイナーのコミュニティに身を置きながら障害者の作業所で働いた。沖縄やんばるの、医療法人博寿会本部記念病院（現・もとぶ記念病院）から来てくれないかと誘われたのはその頃である。一九六〇年安保闘争で全学連書記長を務めた島成郎《しげお》が政治の表舞台を去った後、沖縄県で初めて開放医療を進め、僻地《へきち》や離島への訪問診療など、地域精神医療に打ち込んできた病院だ。森越は島の逝去後に入れ替わるように赴任したため会えなかったが、島の患者をそのまま引き継いだことで、彼らを通して島の人柄や精神医療への想《おも》いを知った。

森越は島の妻・博子と話をしたときのことを忘れることができない。

島先生は目の前の患者さんがいたから臨床を一生懸命なさっていたんですね、と森越がいうと、彼女は少し考えてこう答えた。

「んー、ちょっと違うのよ。目の前の人が変わったら地域が変わる。地域が変わったら町が変わって、町が変わったらいつか日本が変わるんじゃないかって、本気で信じてたのよ」

目の前が変わったら、日本が変わる――。森越が向かうべき地平に、一筋の光が差したようだった。

沖縄で四年あまり勤めた後、森越はイタリアに渡り、一年半を過ごした。イタリアは一九七八年に成立した一八〇号法のもと、二十世紀の終わりまでにすべての精神科病院を閉じた国だ。精神科病院の全面廃絶は世界で初めてである。一八〇号法は、「人間的存在たりうる温かい状況に置くことができれば、精神病者の暴力などなくなる」（大熊一夫『精神病院を捨てたイタリア　捨てない日本』）と考えて精神保健改革の口火を切ったフランコ・バザーリア医師の名前から、別名バザーリア法とも呼ばれている。病院がなくなった代わりに、全国にくまなく公的な地域精神保健サービスが整備され、地域のネットワークが患者を支えていた。
森越はたくさんの障害者が働く姿を目《ま》の当たりにし、働くこと、社会の中で役割をもつことが回復の鍵であることを確信した。読書家の森越にとって、書店の多いフィレンツェはたまらなく楽しい町だった。二階が出版社で一階が書店という、小さな出版社を見つけた。患者さんたちとこんなふうに本をつくれたらいいのに、患者さんたちも本当に好きなことをやっていいんじゃないか。そんなことを思い描くうちに勇気がわき、二〇〇五年五月、森越曰《いわ》く「元気いっぱい」で帰国。古巣の尾辻病院に戻ると、川畑が、死にたい、死にたい、とため息を吐きながら働いていた。

法政大学を卒業後、東京で洋書の出版社に勤めていた川畑は、父親が亡《な》くなったこともあって、二十九歳のときに鹿児島に帰った。といっても就職口はほとんどなく、書店でアルバイトをしたり、運転免許や図書館司書の資格をとったりしながら、どんな仕事をすればいいのかを考えた。次の仕事はおそらく一生の仕事になるだろう。ならば自分が興味をもてる場所で働きたい。学生時代、フロイトやユングを読んで精神医学に興味があったことから、深い精神世界にふれられると期待し、看護助手として精神科病院に就職した。一九九八年のことである。

現実は想像していたものとはまるで違った。患者を細かいスケジュールで管理し、ドアは施錠《せじょう》されている。入院生活が長い患者の中には、開いているドアさえ自分で開けず、職員が開けてくれるまで待っている人がいた。その姿を見たとき、悲しみがこみ上げ、わずか一週間で、誤った業種を選んでしまったと後悔した。

それでも働き続けたのは、日々介助をするうちに、患者と将棋を指したり、身の上ばなしを聞かせてもらったりすることが増え、自分もまた患者に支えられていると感じられるようになったためだ。年配の患者の中にはもう何十年も病院にいて家族と音信不通となり、たとえ退院できたとしても行き場のない人がいた。どうすれば回復を喜べる道をつくれるのか、患者が自分で扉を開けられるようにするにはどうすればいいのか。竜人と会ったのは、そんなことを考えているときだった。

こうして、川畑、竜人、森越、そして患者たち一人ひとりの想いがつながって、小さなラグーナ号は大海に漕《こ》ぎ出した。「シナプスの笑い」創刊号の編集後記に当時のメンバーの気持ちが吐露されている。

竜人（統合失笑症、編集長）「低級霊は死ぬ事も許されず、どうしようもなく暇で苦しいということがわかり、救う手伝いをしたいと思った」

川畑善博（精神保健福祉士、副編集長）「本を作るという活動のなかで多くの方々と知り合うことができました。支えて下さった方々、本当にありがとうございました」

島原保（或る阿呆、代表理事）「『シナプスの笑い』の誘惑にのり、この世界で無限地獄（編集長）を味わっています。なんとか克服したいです」

田中研一（気分障害、理事）「思い出は美し過ぎて、というフレーズが思い浮かびました。今となっては懐かしいあの頃です。小鳥や犬と共に生きていた、あのころです」

ウナム（うつ病と思っている人、理事）「今まで書きためた物を発表できて、とてもうれしいです。これらがすべてではないので次号をご期待ください」

森越まや（医師、理事）「ここで救われたので、今までどうしようもなく暇で苦しかったのだということが分かりました」

アパートの小さな編集室から始まったラグーナ出版は、その後、自立訓練事業所ラグーナを併設し、現在はオフィスビルのワンフロアを占める規模になっている。

労働時間はさまざまで、午前九時から午後四時までの人、五時までの人、午前中だけ、午後だけの人もいる。一人一日あたりの介護報酬五二〇〇円から家賃や諸経費、紙代などの原材料費、スタッフの人件費がまかなわれる。患者への給料は売り上げから支払うことが決められており、週に三十五時間働けば十四万円＋諸手当、パート社員は時給七〇〇円（鹿児島の平均時給は六九四円）。売り上げだけで当事者の給料をまかなえるようになったのは、設立四年目の二〇一二年からだ。

「シナプスの笑い」は年三回の定期刊行を続け、二〇一六年の第28号で創刊十周年を迎えた。十周年記念号には編集部員のメッセージが掲載されている。その中の一人、校正を担当するエピンビ（筆名）の言葉が目に留まった。

「作品のみならず人間を読む媒体としての雑誌でもあって、言葉の足りないところは読者の想像力に任せて、投稿者たちの生きる世界に思いを馳《は》せていただけたらと思います。病気の後、全般に記憶が曖昧《あいまい》で、しっかりしたことを書くためにはいちいち確認せねばならず間違いもあります。仕事を進める上で壁になっていますが、編集部のメンバーで足らぬところを補い合いながら方向性の分裂もなく、うまくなごやかに進んでいる気がします。当事者をめぐる世相の鏡であればいいと思います」

回復の先に、道をつくる――。ラグーナ出版には働くことについての根源的な問いがあるように思えた。

私が訪れた日、竜人はあいにく自宅療養中で不在だったが、四人の編集部員が座談会形式のインタビューに応じてくれた。会議室に集まったのは、緒田士郎（一九六六年生まれ）、エピンビ（一九六六年生まれ）、綾《あや》（一九八八年生まれ）、星礼菜《せれな》（一九七八年生まれ）、名前はいずれも「シナプスの笑い」に登場するときのペンネームである。森越のアドバイスもあって、あらかじめ質問事項を箇条書きにして伝えていたためか、みんな回答を紙に書いて準備していた。インタビュー中は、川畑がときどき話の接《つ》ぎ穂を差し出してくれた。

――まずは自己紹介からお願いできますか。

――（川畑）病名と闘病期間も教えてあげて。

「はい。えー、緒田士郎と申します。おもに精神保健関係の翻訳をやってます。マインドマターズというオーストラリアの学校精神保健プログラムの翻訳が終わって、今は精神科医向けのＤＳＭ新案の教科書を翻訳して、校正に入ってます。病気は統合失調症で、闘病期間は二十八歳から現在の四十九歳まで、二十一年です」

「エピンビです。うまくまとまらないんですけど、今やってる仕事は校正の見習いです。病気は一九九一年に大学院を卒業して新入社員研修に行ったときに急性症状が出て、強制入院しました。鹿児島に帰ってからも急性症状が出て、最初は心因反応っていわれたんですけど、再発したときは非定型精神病っていわれて、今の病名は統合失調症になってます」

「綾です。えっと、何から話せばいいですか」

――（川畑）診断名は？

「あ、最初はうつ病だったんですけど、途中から統合失調症に変わりまして、発症してから今年で丸十年。えーっと」

――ここに来たきっかけはなんですか？

「きっかけは、南日本新聞にこの会社のことが載っているのをお母さんが読んで、私に内緒で社長と連絡とってすごい売り込みをかけたみたいで、行くかーっと。実家は大隅半島のほうなんですけど、鹿児島に引っ越してきたら雇ってあげるよと社長にいわれまして、家を飛び出しました。いま、一人暮らししてます」

――会社では何を担当されてるんですか。

「編集です。最初は校正班だったんですけど、そこからデザイン班になって今はパソコンで作業してます。ここは入社して六年半ぐらいです」

——（川畑）じつは彼女、書いてることがあって、ね。

「あ、はい。じつは私、小説の新人賞をとってまして、一度、本を出させてもらったこともあるんですけど」

——へーっ、すごいですね。なんというタイトルですか。

「ライトノベルなんですけど、タイトルは恥ずかしい。オンナの子ーって感じなんで」

——じゃあ、あとでそっと教えてくださいね。

「はい」

「星礼菜です。会社ができてすぐ入ったんで、八年ぐらいになります。入院しているときに統合失調症と診断されました。川畑さんがいた尾辻病院で、主治医が紹介してくださったのがラグーナに入るきっかけです」

今日はプライベートなこともちょっと話してみてごらん、という川畑の言葉に助けられ、私は事前の質問事項にないことも訊《たず》ねてみることにした。

——みなさんとてもユニークなペンネームなんですけど、由来を教えていただけますか。緒田さんはいかがですか。

「緒田士郎は姓名判断です。私自身、副業として占いをやってるんです。駅前で警察に道路使用許可をとってギターを弾いて占いをやろうとしたんですけど、うまくいかない。音楽を商売にしようとしてデモテープを送ったりしたこともあったんですけどうまくいかない。小説は小学生の頃から書いていて『シナプスの笑い』にもときどき投稿するんですけど、これもうまくいかない。ここで一生終えようと思ってます。あまり大きな望みをもつのはやめました」

緒田士郎はいたって真面目に話しているのだが、内容が浮世離れしていて場が一瞬にして笑いに包まれた。

――「緒田士郎」の由来は？

「画数も名前の意味も意図的に人工的につくったんです。もう二十三年ぐらい使ってて、たぶん一生つきあっていくんかなあ」

「えー、エピンビのエピはエピデントラムという蘭《らん》の名前です。子どもの頃から蘭が好きで、独特の響きがよくてつけました。ンビのほうは、満州語の教科書を読んでいたら語尾にンビが多かったんでそれをつけました。外国語をかじってた時期があって。当時よくネットをやってて、検索して自分の名前しか出てこないようにしたくて企《たくら》んだんです。普通は隠れるように、あけみ、とかにするんですけどね」

――今、グーグルで検索してもエピンビさんしかいないんですね。

「なんか、エピンビというイカがいるらしい。ガボンかなんかの」

――ふふ、おもしろいですね。綾さんは。

「この会社に来た頃に投稿生活をしていて、そのペンネームです」

――賞をとられた本の名前に「綾」が入ってるんですね。

「入ってます」

――星礼菜さんはどうですか。

「たんなる当て字なんですけど、星という漢字が好きで」

――最初、セレナではなくて、星・礼菜さんかと思っていました。

「ふふ。ネットでそういう読み方があったんです」

――みなさん、職歴はさまざまだと思いますけど、ラグーナ出版に就職する前と後ではどんなふうに変わりましたか。どなたからでも……。

「あ、すぐ終わります」

――はい、緒田さんどうぞ。

「大学は最初に早稲田に入ったんですけど、行かないんですよね。警備員のバイトばかりやってて、警備員が好きで大学行かないんですよ。二年間の単位がゼロ。大学から通知を受けとった親があわてて上京してきて、一回家に連れ戻された。早稲田の在野精神には影響を受けて、在学中から新聞社で社会部の記者をやってました」

——ラグーナ出版に入社する前は何をされてたんですか。

「ラグーナはもう五年になりますけど、それまではB型事業所で四年ほど勤めました」

——B型というのは雇用契約を結ばない仕事ですね。

「はい。お弁当屋さんですけど、自分には合ってなかったです。ラグーナは非常に居心地がいいです。好きな翻訳の仕事をやらせてもらえてありがたい状態にあるんで、勤められるまで勤めたいと思ってます。ここに骨を埋《うず》めようと」

——英語がお好きなんですね。

「いちおう英文科だったんですけど、実践英語が好きでイギリスに留学しました。ロンドンのユニバーシティ・カレッジ・ロンドンって、大学って名前が二ついてる」

——あっ、ほんとだ。

「はい。大学大学ロンドンって名前で、そこに短期留学してました」

一同爆笑。緒田士郎はムードメーカーだ。

——エピンビさんはいかがですか。働く前と今とではどう違いますか。

「えーっと、コントラストのある話をします」

——あ、はいどうぞ。

「私が小学生の頃に日本で蘭ブームがあったんです。一株百万円しました。木市《きいち》（春と秋に開かれる鹿児島の植木市）によく行って、植物の勉強をしたいと思って大学に入ったんです。子どもの頃はいじめを受けていて、高校の最後の二年間がすごく激しかったんですけど、大学に入るとまわりは真摯《しんし》な人ばかりだった。つぶしがきかない学科を選んじゃったなあと思いましたけど。それでもなんとか就職できて、ほっとしたとたん発症して鹿児島に帰ることになったんです。だから社会に恐怖感があったんですよ。なんていうか、入ったらいじめられるんじゃないかとか、自分にできる仕事があるんだろうかみたいな」

——働くきっかけになった出会いはありますか。

「明治生まれの短大の英文学の先生です。兄と一緒にハイキングに連れて行ってくれて高山植物や木市の話を聞かされて、そうか、こんな世界があるんだと知ったんですよ。その先生が九十歳ぐらいになった頃に弱々しい手紙が来て、あ、先生亡くなるなと思って、桜島のユースホステルに駆け込んで働かせてくださいといって働き始めた。働く前はすごい恐怖感があったんですけど、働き始めたらうまく回ったんです」

——先生のおそらく最後の手紙が、もう一度社会に出て行く大切なきっかけになったんですね。綾さんはどうですか。会社に入って変わったことはありますか。

「私は高校生のときに発症したので、就職はここが初めてなんです。実家は田舎で、精神科の病院に出入りしていると噂《うわさ》されるような地域だったからすごく秘密裏に通院してました。それが、ラグーナに入ったからか、一人暮らしを始めたからかはわかりませんが、結構性格変わりました。昔はすごい内気で人見知りで、友だちの輪に入って遊ぼうともいえなかったんです。でも今は、知らない人でも自分から積極的に働きかけられるようになりました。コンビニで、あたためますか、とか、本屋さんの、ブックカバーかけますか、にも返事できないくらいだったんですけど、今は、あ、結構です、っていえるようになった」

――お母さんはなんとおっしゃってますか。

「おまえはすごく明るくなったっていいます。社会から必要とされてないんじゃないかって思ってたんですよ。それが社長に会って、ラグーナに入って、この仕事頼むねって手書きの原稿用紙を渡されたんですよ。それをパソコンにカタカタ入力してると、社長が速いねえってほめてくれた。ああ、必要とされてるんだってうれしかった」

――星礼菜さんはここに来る前は別の仕事をされてたんですか。

「カーテンの縫製とか、障害者の方の世話とか、事務とか、パソコンの入力とかいろいろです。でも途切れ途切れにしかできなくて、長くても二年ぐらいです。子どもの頃から性格が地味で内気すぎて、いじめられてました。就職できなかったことがショックで、家出したら警察に保護されて入院になったんですよ。そこで社長に会って、作業療法のときに絵を描いてみたら結構まわりにほめられて、うれしかったというのはあります。こんな居心地のいい会社は初めてでした。みんなやさしくて、いじめもない。すごいなあと」

――みなさん、周囲が認めてくれた、必要とされていることに気づいた、という経験をされて、ますます仕事が好きになっていったんですね。出版という仕事についてもうかがいたいんですけど、本をつくることはみなさんをどんな気持ちにさせますか。あらかじめ紙に書いて準備してくださったのをみると、緒田さんは「出版物に対する責任をもつようにさせる」と書かれていますね。エピンビさんは「もやもやが形になっていく」「世界をつくっている」と。これはどういうことですか。

「はい。あの、昔、インターネットのセカンドライフってところで本作りをやってたんです」

――一時期とても話題になったヴァーチャル・ゲームですね。アバターをつくって人とチャットしたり、家をつくったりする。

「はい。最初は何をやるのかイメージもなくて、悩んでいたときにイチゴネズミというキャラクターをつくってみたんです。そうしたらうまくいった。イメージを言葉にしたら、劇ができて、動画もできるようになる。ああ、これがモヤモヤを形にするってことなんだなあって。すると、いいだの、悪いだの、感想をもらう楽しみがあることにも気づきました。ラグーナでも一冊の本に世界を閉じ込めている。本は主に東京でつくられていますけど、地域にも言葉はあるし、精神病の人にも言葉があったり、文化があったりしてもいい。自分たちの言葉がほしいなと思ったんです。ただそれは理想であって、まだ全然届いてないんですけど」

――そんなことないですよ。届いたから、たぶん私がここにいるんだと思います。

「あ、ありがとうございます」

――綾さんは本をつくることにどんな想いを込めたいですか。

「きっかけになったらいいなって。勇気を出して投稿してくれたものが本になる。それが外に出るきっかけになったらいいなあって。やっぱりすごく嬉《うれ》しいと思うんです。『シナプスの笑い』が出るたびに作者の言葉が読者に届いて、その人たちが勇気をもらう」

――投稿作品が「シナプスの笑い」に掲載される競争率ってどのくらいなのですか。

――（川畑）それは星礼菜さんがとりまとめ役だから説明してあげて。

「はい。百通は来ます。そこから二十通ぐらいですね」

――ということは、五分の一。

「一人でたくさん投稿する人もいます。体験記が多いです。やっぱりみんなすごい体験されているので、それは大事にしていきたいことです。心の豊かさとか人生の重さを伝える雑誌であってほしいと思います」

――反響はありますか。

「あたたかいお手紙が届くこともあります。たどたどしい文字を見るだけでなんか……。原稿を手渡しされることもあります。これ、載りますかって」

――読者から電話が来ると、ドキッとしませんか。

「そうですね。お叱《しか》りを受けたこともあります。投稿してくださった人には受けとりましたっていう返事を出すんですけど、そこに、いい作品でしたと書いてしまったらしいんです。絶対に載ると思ってたのに、なぜ載らないんだと。やっぱり甘い言葉ばかり書いちゃだめなんだと思いました」

――（川畑）保健所を取材して、患者さんとスタッフがリフレッシュできますと書いたら、いや、リフレッシュのためにやってるんじゃない、支援のためだといわれて訂正を入れたこともあったね。

——厳しいですね。緒田さんのおっしゃるとおり、出版物に対する責任の重さを感じます。出版不況といわれる今は簡単なことではないと思いますが、これからはどんな本をつくっていきたいですか。緒田さんはどうお考えですか。

「価値あるものを残さないといけないと思います。実践的かつ役に立つものが生き残るんじゃないか。夏目漱石も芥川龍之介もそうですが、非常に有益だからみんな読む」

——時代に関係なく。

「時代関係なく」

——普遍的であるもの。

「はい、普遍的なもの」

ここで緒田が突然、退席した。何か気にさわる質問をしたのではないかと冷や汗が出た。川畑によれば、たんに予定していた取材時間が終了したためだという。緒田のタイムスケジュールはデジタル時計のように正確だ。いつものことなので気にしないでくださいと慰められた。

——すみません、時間がオーバーしちゃって。えー、話を元に戻しますね。エピンビさんはどうですか。本づくりへの想いを聞かせてくださいませんか。

「本をつくること自体、痛いものがあるんです。木が切られるじゃないですか。自分がそういう業界で働いていることに痛みがある。でも一方で、デジタルのものをつくっていると、紙にまさるものはないとわかってくるんですよ。デジタルは今の文明社会に依存してるので、条件が変わるともろくて消えてしまう。保存性では紙にまさるものはないです」

――デジタルより紙なんですね。

「ずっと残るものをつくりたいんです。前に大学の標本室でデータベースをつくる仕事をしていたときに、百年単位でこの仕事を考えてね、っていわれたんですよ。残るものにすることって大切だなと思いました」

――すばらしい言葉ですね。綾さんはどんな本をつくっていきたいですか。

「長く読まれる本になってほしいです。入院患者さんが、あ、自分の作品が載ったって喜んで宝物にしてくれるような本になってほしいなって」

――星礼菜さんどうですか。

「私は本屋さんに行くのが好きで、本が並んでいるのを見ると、あっちこっちから言葉が訴えかけてくる感じが好きで、そんな本をつくりたいなって思っています」

――ネット書店と違って本屋さんはそういう体験ができるからいいんですよね。

一度は失ったからなのだろうか、針で一本一本糸綴じするように丁寧に言葉を紡《つむ》いでいく。私は、彼らの仕事に対する真摯な想いに打たれた。心の病は誰でもかかりうる。サラリーマンも、作家も、医者も、スポーツ選手も、学校の先生も……。それなのにいったん病気になると、退院後に働ける場所は一様で限られている。個性を発揮する場面は少なく、世の中との接点が少ないルーティンワークがほとんどだ。川畑と森越が変えたかったのは、そのことになんの疑問も抱かない世の中の固定観念だった。働く喜びを実感できる仕事をしてほしい。二人の願いは少しずつ、実を結ぼうとしていた。

――最後に予定していなかったことをお訊ねしたいのですが、よろしいですか。ラグーナ出版の本や雑誌を読んでいて、なぜ患者のみなさんが自分の急性期の状態を語れるのかとても不思議でした。統合失調症の症状にある幻覚や妄想というのは、本人は幻覚や妄想ではなくて現実だと思っているから病気なんですよね。それをみなさんは、まるで第三者のことであったかのように言葉にしている。どうしてこのようなことができるんでしょうか。

――(川畑) たしかに不思議だよね。どういう距離感なんだろう。綾さん、書けるようになったのはいつ頃だった?

「そうですね。たぶん妄想が消えた直後はあまりふれたくないですけど、三、四年ぐらい経《た》つとあの時はこうだったなあと思い出になる。自分としては乗り越えたっていう感じになるんです。乗り越えて今は笑ってる」

――時間の経過でしょうか。

「いろいろあって精神的にも強くなったんだと思うんです。性格も変わって振り返れるようになったかなあ」

――症状を振り返るのはちょっとリスクもあるといいますよね。

――(川畑) そうですね。彼女の場合は投稿したときに妖精さんについて書いていて、妖精がいるのは当たり前だった。

――いることが当たり前だった妖精さんがいなくなるのはさみしくなかったですか。

「最初ちょっと戸惑いました。でもまわりから、本当は聞こえないのが普通なんだっていわれて。最初は無理に納得させてたんですけど、それでもさみしい想いが消えなくて、時間とともに、いない、という状態になれてきた。ああ、あれはやっぱり悪い症状だったんだと納得できるようになりました」

――（川畑）妖精さんはちっちゃい頃はよかったけど、だんだん悪口をいうようになったんだよね。

「はい。死んじゃえ、みたいな」

――エピンビさんは、急性期症状を二度経験されたそうですが、いかがですか。

「最初はやっぱり距離とれないですね。結構神秘がかった体験だったんです。突然、世界の操縦桿《かん》を渡されたような感じがして、そのときは喜ぶわけですが、そのうち不安になって、世界が滅ぶんじゃないかと思ったらすごい恐怖が襲ってきた。自分の考えてることはブラックジョークだって思おうとしてエロチックな踊りをしたら、当時の会社の人たちに羽交い締めにされて診療所みたいなところに連れていかれた。

あんまり覚えてないんですけど、透き通った毬《まり》が手元からコロコロコロって転がり落ちて、あんたは一人じゃない、私がいる、これから二人で世界をつくろうって声が聞こえてきて、シミュレーションゲームって叫んだんです。その体験を主治医に伝えたら、それはあなたの読んだ本が出てきたんだよっていわれたんです。知り合いのキリスト教徒の人にも、エピンビさん、それは脳の現象だよっていわれた。聖書に、神様のものは神様のもとにお返ししようっていう言葉があるらしいんですけど、それを自分なりに解釈して、もう、しがみつくのはやめようと思ったんです。だからいきなり言葉にできるわけじゃなくて、いろんな経験があって少しずつ距離をとらなければならないと自分に言い聞かせてきたということですね」

――エピンビさんの意志の力なのですね。星礼菜さんはどうですか。

「やっぱり幻聴にしがみつきたいという思いはありました。それがないと生きていけないというか。いなくなってもいいやと思えたのは、まわりの人の声が届いたからだと思います」

――お友だちや家族ですか。

「先生ですね。冷静な言葉が届いて、しがみつかなくてもよくなって、消えた」

――いい先生に出会えましたね。

「はい」

――時間がずいぶん過ぎちゃいました。今日は興味深いお話を聞かせてくださって本当にありがとうございました。

――（川畑）みんな、なんか感想ない？　インタビューに答えてどうだった？

「いや、あの……」

――エピンビさんどうぞ。

「今日は圧迫面接を想定してたんですよ」

——圧迫面接？

「最相さんの『辛口サイショーの人生案内』を読んで、こりゃあ、ごりごりやられるな、圧迫面接だって。それも必要ならやらなきゃいけないって観念してたんですけど、意外とやわらかいんでよかった」

——ははは。読んでくださってありがとうございます。

「あのー、先に質問していただいた、好きな言葉はなんですかという質問の答えなんですけど」

——はい、星礼菜さん、ぜひ教えてください。

「すごく悩んだんですけど、やっぱり、おつかれさま、かな」

——いい言葉ですね。

「なんか、がんばったなーって」

「(エピンビ)最相さんはどうですか。今日の感想はありますか」

——そうですね。みなさんのことは文字を通じてしか知らなかったんですが、お会いする前のイメージとあまり変わらなかった。それはみなさんがまっすぐに自分を表現されているからなんだと思いました。これからもラグーナの本や雑誌を拝読したいです。今日は本当にありがとうございました。

「ありがとうございました」

「おつかれさまでした」

「今度この会議室をクリニックにするんです」

　四人が仕事場に戻ると、森越がいった。

テーブルと椅子のセットを置いてもずいぶん余裕がある広い部屋だ。今はまだがらんとしているが、この夏の開院を目指して急ピッチで準備を進めているという。診察室と待合だけでなく、アトリエやリラックスルームも併設する。中井の友人の医師が箱庭一式を譲ってくれることになったため、臨床心理士の助けを借りて使う予定だ。ラグーナ出版や自立訓練事業所のサポートネット・ラグーナには障害者自立支援法という福祉の枠組みがあるためできることに限りがあるが、医療であれば可能性は広がる。ボランティアの志願者も多く、山登りや炊《た》きだしなど、やってみたいことはたくさんある。

「中井先生は、自然の中に人間がいて、その流れに統合失調症があるとおっしゃっていますね。井村恒郎先生は、病気の奥に人を見るとおっしゃっていますね。どこまでやれるかわかりませんが、私も大きな自然の中の一人として患者さんを見ていきたいと思います。じつは先日、京都の家族会の方々とお話をしたとき、私たちが中井先生とつくった本を読まれて、これはあまりに現実とかけ離れている、どこに行けばこんな医療を受けられるんですかといわれたんです。医療への不信感は切実で、こういう本が逆に希望を奪いかねませんから、現実はどうなのかをいつも考えていないといけない。今のような世の中だからこそ、中井先生の治療思想が必要とされていますし、それを少しでもラグーナで実践できたらと思っています」

回復とは発病前に戻ることではなく、新しい地平に立つことだと中井はいった。まずは小さく一歩、踏み出してみる。「焦《あせ》らず、ゆっくり、確実に」がラグーナのモットーだ。彼らのともした希望の灯火が消えぬよう、私は心の中でエールを送った。

ところで、単行本を出してから驚いたことがある。グーグルの検索窓に「最相葉月　病気」というキーワードが出現したのだ。これはつまり、私の名前と病気を関連づけてインターネットで検索する人が多いことを示す。本書で自分の病気について書いたところだけが一人歩きしているのだろうか。やはり世の中には病で人をレッテル貼りする傾向がまだ根強くあるのだなと残念に思った。私でさえそうなのだから、統合失調症の人たちはどれほどの無理解や偏見と闘ってきただろう。そんなことを考えながら、「シナプスの笑い」第十号（二〇一〇）を繰っていたら、竜人の言葉が目に飛び込んできた。

「一般には『偏見、偏見』って言われるけど、一般人はそんなに気にしていないんですよ。野良猫《のら》でも見るみたいに思っているだけですよ。問題なのは、自分が自分に抱く偏見です。自分に対する偏見が強いと、それが増幅されるわけですよ。他人は話のネタにするぐらいで、すぐに消えるんですけど、自分自身の偏見が残る感じがしますね」

まったくその通りです。竜人、ありがとう。

心の病を抱えて生きるのは心細いことだ。でも、岩のような不安のかたまりを一緒に担《かつ》いでくれる人と出会い、自分も社会から必要とされていると気づくことで自信は生まれる。働くとはどういうことなのか、地域で暮らす不安にどう折り合いをつけるのか、居心地のいい人間関係をどのように築いていくのか、親亡きあとにどう備えるか。当事者でなければ気づくことのなかった問いに、一つ一つ丁寧に向き合おうとしている人々がいる。回復の先に新たな道を切り拓《ひら》こうと歩き始めた彼らの、しなやかな志と勇気に私もまた励まされている。

最相葉月

二〇一六年八月

# 参考・引用文献

## ■逐語録 上・中・下

『災害がほんとうに襲った時　阪神淡路大震災50日間の記録』中井久夫（二〇一一・みすず書房）
『最終講義　分裂病私見』中井久夫（一九九八・みすず書房）
『中井久夫著作集　別巻1　H・NAKAI風景構成法』山中康裕編（一九八四・岩崎学術出版社）
『中井久夫著作集1巻　精神医学の経験　分裂病』中井久夫（一九八四・岩崎学術出版社）
『精神診断学』H・ロールシャッハ、東京ロールシャッハ研究会訳（一九六九・牧書店）
『「心理テスト」はウソでした。』村上宣寛（二〇〇五・日経BP社）
『徴候・記憶・外傷』中井久夫（二〇〇四・みすず書房）
『日本の医者』中井久夫（二〇一〇・日本評論社）
『樹木画テスト』高橋雅春・高橋依子（二〇一〇・北大路書房）
『棒ふり旅がらす』岩城宏之（一九八四・朝日新聞社）
『いろいろずきん』エランベルジェ原作、中井久夫　文・絵（一九九九・みすず書房）

第一章

「臨床心理学」Vol.7 No.6 42号　特集　箱庭療法の可能性（二〇〇七・一一）
「臨床心理学」Vol.8 No.1 43号　特集　河合隼雄　その存在と足跡（二〇〇八・一）
「自閉傾向児の箱庭表現」『箱庭療法　基礎的研究と実践』木村晴子（一九八五・創元社）
「箱庭療法の実践　第1巻、第2巻」DVD教材　木村晴子監修（二〇〇七・クリエーションアカデミー）
『心理療法個人授業』河合隼雄、南伸坊（二〇〇四・新潮文庫）
『箱庭療法入門』河合隼雄編（一九六九・誠信書房）
「カウンセリングセンター研究紀要1」京都市教育委員会カウンセリングセンター（一九六五）
「カウンセリングセンター研究紀要2」京都市教育委員会カウンセリングセンター（一九六六）
「音楽療法の草分け　山松質文が残したもの」後藤浩子「大阪音楽大学研究紀要」第四六号（二〇〇七）
『やさしくわかるユング心理学』山根はるみ（一九九九・日本実業出版社）
「現代のエスプリ別冊　箱庭療法シリーズⅡ　箱庭療法の本質と周辺」岡田康伸編（二〇〇二・至文堂）
『現代箱庭療法』織田尚生・大住誠（二〇〇八・誠信書房）

『トポスの知　箱庭療法の世界』河合隼雄・中村雄二郎、明石箱庭療法研究会協力（一九九三・TBSブリタニカ）
『箱庭療法研究1』河合隼雄・山中康裕編（一九八二・誠信書房）
『カウンセリングの実際問題』河合隼雄（一九七〇・誠信書房）

## 第二章

「こころの科学増刊　臨床心理士入門」大塚義孝編（一九九二・日本評論社）
「基調講演　臨床心理士への社会的要請をめぐって」『河合隼雄先生を偲《しの》ぶ』（二〇〇七・河合隼雄先生を偲ぶ会実行委員会）

## 第三章

『河合隼雄のカウンセリング入門』河合隼雄（一九九八・創元社）
「職業指導論」木村周「日本労働研究雑誌」五十四巻四号（二〇一二）
「学校教育における進路指導の歴史的展開」谷茂岡万知子「東京大学大学院教育学研究科紀要」第三八巻（一九九八）
『カウンセリング・幻想と現実　上巻　理論と社会』日本社会臨床学会編（二〇〇〇・現代書館）
「大阪市視学・鈴木治太郎と知能測定法標準化の実践」石川衣紀・高橋智「東京学芸大学

紀要・総合教育科学系」五九巻（二〇〇八）
「児童研究所紀要」第一、二巻（一九一八・児童研究所）
『精神分析法』久保良英（一九一七・心理学研究会出版部）
『児童の心理』久保良英述（一九二三・児童保護研究会）
『久保良英随筆集・滴』久保しげ編（一九七五・非売品）
「日本における優生学の導入過程に関する研究　久保良英の実践にともなうゴッダード理論の導入過程を中心に」大瀬戸美紀「東北生活文化大学・東北生活文化大学短期大学部紀要」三九巻（二〇〇八）
『茨城キリスト教学園60年誌図録』茨城キリスト教学園60年誌編纂《へんさん》委員会編（学校法人茨城キリスト教学園・二〇一〇）
『心理学史の新しいかたち』佐藤達哉編著（二〇〇五・誠信書房）
「日本におけるC・R・ロジャーズの導入とその広がり方」泉野淳子・品川区教育相談センター（日本心理学会第六八回ワークショップ・二〇〇四）
「わが国の進路指導及び相談研究へのD・E・スーパーの貢献」仙崎武「文教大学付属教育研究所紀要」第十号（二〇〇一）
「教員養成における一般教養の位置づけ　IFEL研究集録の検討から」山崎奈々絵「Proceedings」第八号（お茶の水女子大学・二〇〇九）
「家族心理学研究者の第一人者にインタビュー　岡堂哲雄」齋藤暢一朗（家族心理ドットコ

ム）
『占領期教育指導者講習（IFEL）基本資料集成　第一巻〜第三巻』高橋寛人編（一九九九・すずさわ書店）
『カウンセリング　第四版』伊東博（一九九五・誠信書房）
「ロジァーズからニュー・カウンセリングへ」伊東博『ロジァーズ再考』氏原寛・村山正治編（二〇〇〇・培風館）
「日本におけるロジァーズの展開」田畑治『ロジァーズ再考』氏原寛・村山正治編（二〇〇〇・培風館）
「IFELにおける職業指導」宮本陸治「職業指導」新年号一九五二年第二十五巻第一号（日本職業指導協会）
「日教組第1回全国教育研究大會における『カウンセラー』についての決議状況」「職業指導」新年号一九五二年第二十五巻第一号（日本職業指導協会）
「産業カウンセリング論（その1）」船岡三郎「社會問題研究」一九六四年十四巻一号
「茨城キリスト教学園人物誌　わが国におけるカウンセリング導入の黎明期《れいめいき》　第二代総長ローガン・J・ファックスが果たした役割」山田耕一「茨城キリスト教学園資料センター年報第5号」二〇一三・三・一九（学校法人茨城キリスト教学園）
『教育的人間』正木正（一九五三・同学社）
『思無邪　正木正追悼録』正木正（一九六〇・正木正選集刊行会）

『正木正選集3　教育的叡智』（一九六七・正木正選集刊行会）
『井村恒郎・人と学問』懸田克躬編（一九八三・みすず書房）
「精神療法の前提」井村恒郎「診断と治療」前半・三九巻九号、後半同一〇号（一九五一）
「国立綜合大学における学生相談の展開と課題　東京大学における学生相談五〇年」高野明、大森拓哉「大学と学生」二〇〇四年第二号、通巻四七六号（独立行政法人日本学生支援機構）
『ロージァズ全集　18巻　わが国のクライエント中心療法の研究』友田不二男・堀淑昭・伊東博・佐治守夫編（一九六八・岩崎学術出版社）
『友田不二男研究』日本カウンセリング・センター編（二〇〇九・日本カウンセリング・センター）
『臨床心理学』カール・R・ロージァズ、友田不二男訳（一九五一・創元社）
「追悼　河合隼雄先生を偲ぶ」氏原寛「こころの科学」通巻一三六号、二〇〇七年十一月号（日本評論社）
『カウンセリングの実際問題』河合隼雄（一九七〇・誠信書房）
『未来への記憶』（上）（下）河合隼雄（二〇〇一・岩波新書）
『柔らかなこころ、静かな想い』村瀬嘉代子、中井久夫・画（二〇〇〇・創元社）
『カール・ロジャーズ入門　自分が〝自分〟になるということ』諸富祥彦（一九九七・コスモス・ライブラリー、発売・星雲社）

『カウンセリングと心理療法　実践のための新しい概念 ロジャーズ主要著作集1』C・R・ロジャーズ、末武康弘・保坂亨・諸富祥彦訳（二〇〇五・岩崎学術出版社）
『ロージァズ全集9巻　カウンセリングの技術　ハーバート・ブライアンの例を中心として』友田不二男編・児玉享子訳（一九六七・岩崎学術出版社）
『カウンセリング入門』佐治守夫（一九六六・国土新書）
『カウンセラーの〈こころ〉』佐治守夫（一九九六・みすず書房）
Parsons Frank, 1909, Choosing a Vocation : Houghton Mifflin company
Rogers,C.R., 1942, Counseling and Psychotherapy : Newer concepts in Practice,Houghton Mifflin Company
Logan J.Fox, 1972, Psychology as Philosophy, Science, and Art : Goodyear Publishing Company
Guidance & Counseling, 1949/03, GHQ/SCAP Records, Civil Affairs Section
University Guidance Project – Counseling and Guidance Institute, 1951/07-1951/08, GHQ/SCAP Records · Civil Information and Education

**第四章**

「中途失明女性の箱庭制作」木村晴子「臨床心理学」Vol.7 No.6 42号　特集　箱庭療法の可能性（二〇〇七・一一）
『ユング心理学入門』河合隼雄（一九六七・培風館）

『いのちの木　ささえあって育ついのちの木』伊藤悦子（一九九三）ほか手記
『死ぬ瞬間・死にゆく人々との対話』E・キューブラー＝ロス、川口正吉訳（一九七一・読売新聞社）

### 第五章

『こころと精神のはざまで』山中康裕（二〇〇五・金剛出版）
『少年期の心』山中康裕（一九七八・中公新書）
『心理臨床学のコア』山中康裕（二〇〇六・京都大学学術出版会）
「芸術療法における箱庭療法と風景構成法の関連」山中康裕『imago』一九九一年三月号（青土社）
『臨床家　河合隼雄』谷川俊太郎・鷲田清一・河合俊雄編（二〇〇九・岩波書店）
『カルフ箱庭療法（新版）』ドラ・M・カルフ、山中康裕監訳（一九九九・誠信書房）
『仏教が好き！』河合隼雄・中沢新一（二〇〇三・朝日新聞社）
『箱庭療法入門』河合隼雄編（一九六九・誠信書房）
『日本人とアイデンティティ　心理療法家の着想』河合隼雄（一九九五・講談社＋α文庫）
『思想史のなかの臨床心理学　心を囲い込む近代』實川幹朗（二〇〇四・講談社選書メチエ）
「遊戯療法」小倉清「児童精神医学とその近接領域」七巻三号（一九六六・日本児童精神医

学会）

## 第六章

『心理療法対話』河合隼雄（二〇〇八・岩波書店）
『わが歩みし精神医学の道』内村祐之（一九六八・みすず書房）
「箱庭療法」河合隼雄「芸術療法　１９６９」一巻（一九七〇・芸術療法研究会）
『ドキュメント東大精神病棟』サンケイ新聞社会部東大取材班（一九七八・光風社書店）
『東大病院精神科の30年』富田三樹生（二〇〇〇・青弓社）
『芸術療法　１理論編』徳田良仁・大森健一・飯森眞喜雄・中井久夫・山中康裕監修（一九九八・岩崎学術出版社）
『芸術療法　２実践編』徳田良仁・大森健一・飯森眞喜雄・中井久夫・山中康裕監修（一九九八・岩崎学術出版社）
『芸術療法講座３　芸術療法の諸技法とその適応決定』大森健一・高江洲義英・徳田良仁編（一九八一・星和書店）
「分裂病の精神療法」中井久夫『異常心理学講座９　治療学』土居健郎ほか（一九八九・みすず書房）
「枠づけ法覚え書」中井久夫「芸術療法　１９７４」五巻（一九七五・日本芸術療法学会）
「精神分裂病者の精神療法における描画の使用」中井久夫「芸術療法　１９７０」二巻（一

九七一・芸術療法研究会）
「描画をとおしてみた精神障害者　とくに精神分裂病者における心理的空間の構造」中井久夫「芸術療法」三巻（一九七一・芸術療法研究会）
「精神分裂病者の寛解過程における非言語的接近法の適応決定」中井久夫「芸術療法」四巻（一九七二・芸術療法研究会）
「現代のエスプリ　風景構成法の臨床」皆藤章編・至文堂制作（二〇〇九・ぎょうせい）
『中井久夫著作集別巻1　H・NAKAI風景構成法』山中康裕編（一九八四・岩崎学術出版社）
『中井久夫著作集1巻　精神医学の経験　分裂病』中井久夫（一九八四・岩崎学術出版社）
「こころの臨床　特集・寛解過程論（中井久夫）を読み解く」二三巻二号、No. 97（二〇〇四・星和書店）
『分裂病の精神病理1』土居健郎編（一九七二・東大出版会）
『分裂病の精神病理2』宮本忠雄編（一九七四・東大出版会）
『分裂病の精神病理16』土居健郎編（一九八七・東大出版会）
「日本芸術療法学会の25年をふりかえって」「日本芸術療法学会誌」Vol.25 No.1（一九九四・日本芸術療法学会）
「芸術療法における箱庭療法と風景構成法の関連」山中康裕「imago」一九九一年三月号（青土社）

『アリアドネからの糸』中井久夫（一九九七・みすず書房）
『家族の深淵』中井久夫（一九九五・みすず書房）
『日本の医者　医療と国民生活』楡林達夫・小林仁示編（一九六三・三一書房）
「21世紀の仕掛け人 働き盛りの『心の病』を診る」中井久夫・最相葉月「Voice」二〇〇七年十一月号（PHP研究所）
『サリヴァン、アメリカの精神科医』中井久夫（二〇一二・みすず書房）
『現代精神医学の概念』H・S・サリヴァン、中井久夫・山口隆訳（一九七六・みすず書房）
『精神医学的面接』H・S・サリヴァン、中井久夫・松川周二・秋山剛・宮崎隆吉・野口昌也・山口直彦共訳（一九八六・みすず書房）
『井村恒郎・人と学問』懸田克躬編（一九八三・みすず書房）
『ルポ・精神病棟』大熊一夫（一九八一・朝日文庫）

### 第七章

「『自閉』の利用　精神分裂病者への助力の試み」神田橋條治・荒木富士夫「精神神経学雑誌」78巻第1号（一九七六・日本精神神経学会）
『専門医のための精神科臨床リュミエール30　精神医学の思想』神庭重信・松下正明責任編集（二〇一二・中山書店）

『沈黙と自閉』松尾正（一九八七・海鳴社）
『精神病者の魂への道』G・シュヴィング、小川信男・船渡川佐知子訳（一九六六・みすず書房）
『DSM−V研究行動計画』クッファー、ファースト、レジエ編、黒木俊秀・松尾信一郎・中井久夫訳（二〇〇八・みすず書房）
『災害がほんとうに襲った時　阪神淡路大震災50日間の記録』中井久夫（二〇一一・みすず書房）
『最終講義　分裂病私見』中井久夫（一九九八・みすず書房）
『なぜうつ病の人が増えたのか』冨高辰一郎（二〇一〇・幻冬舎ルネッサンス新書）
『精神科病院を出て、町へ　ACTがつくる地域精神医療』伊藤順一郎（二〇一二・岩波書店）
『精神科治療の覚書』中井久夫（一九八二・日本評論社）
「飢餓陣営　特集・精神科医　中井久夫の仕事」（二〇〇八・編集工房樹が陣営）

第八章

『魂にメスはいらない　ユング心理学講義』河合隼雄・谷川俊太郎（一九九三・講談社＋α文庫）
『育てることの困難』高石恭子編（二〇〇七・人文書院）

「現代学生のこころの育ちと高等教育に求められるこれからの学生支援」高石恭子「京都大学高等教育研究」第15号（二〇〇九）
『学生相談と発達障害』高石恭子・岩田淳子編著（二〇一二・学苑社）
『ユング派心理療法』河合俊雄編著（二〇一三・ミネルヴァ書房）
『発達障害への心理療法的アプローチ』河合俊雄編（二〇一〇・創元社）
「河合隼雄ラストインタビュー（上）」「論座」二〇〇八年一月号（朝日新聞社）
『境界例』河合隼雄・成田善弘編（一九九八・日本評論社）
『解離性障害「うしろに誰かいる」の精神病理』柴山雅俊（二〇〇七・ちくま新書）
「四人の科学者が語る『死』の変貌《へんぼう》」井田真木子「幸せな死のために 文藝春秋臨時増刊号」（一九九七・文藝春秋）

## 第九章

『トポスの知 箱庭療法の世界』河合隼雄・中村雄二郎、明石箱庭療法研究会協力（一九九三・TBSブリタニカ）
『新版 心理療法論考』河合隼雄、河合俊雄編（二〇一三・創元社）
『子どもの宇宙』河合隼雄（一九八七・岩波新書）
『ユング心理学と仏教』河合隼雄、河合俊雄編（二〇一〇・岩波現代文庫）
「明石箱庭療法研究会のはじまりとその後」村山實『河合隼雄著作集第七巻 月報7』（一

九九五・岩波書店）
『無意識の構造』河合隼雄（一九七七・中公新書）
『日本人とアイデンティティ　心理療法家の着想』河合隼雄（一九九五・講談社+α文庫）
『統合失調症の有為転変』中井久夫（二〇一三・みすず書房）
『ゲートキーパー養成研修用テキスト　第二版』（二〇一二・内閣府自殺対策推進室）
「魂のいちばん深いところ」村上春樹「考える人」二〇一三年夏号（新潮社）

あとがき

「神田橋語録」口述・神田橋條治、編集・波多腰正隆（波多腰心療クリニック・ホームページ）
『回復まで』メイ・サートン、中村輝子訳（二〇〇二・みすず書房）

文庫版特別書き下ろし　回復の先に道をつくる

『中井久夫と考える患者シリーズ1　統合失調症をたどる』中井久夫監修・解説（二〇一五・ラグーナ出版）
『働くことと回復』川畑善博（二〇一二・ラグーナ出版）
『精神病院を捨てたイタリア　捨てない日本』大熊一夫（二〇〇九・岩波書店）
『日本でいちばん大切にしたい会社3』坂本光司（二〇一一・あさ出版）

「シナプスの笑い　精神しょうがい？当事者がつくる精神の処方箋」vol.1 春号　２００６
「シナプスの笑い　精神しょうがい？体験者がつくる精神の文芸誌」vol.5 秋号　２００７
「シナプスの笑い　精神障がい体験者がつくる心の処方箋」vol.28　２０１６ Feb
「シナプスの笑い　精神障がい体験者がつくる心の処方箋」vol.29　２０１６ Jun

この作品は平成二十六年一月新潮社より刊行された。
文庫化にあたり一部加筆・修正を行った。

# セラピスト

新潮文庫　さ－53－7

平成二十八年十月一日発行

著者　最《さい》相《しょう》葉《は》月《づき》

発行者　佐藤隆信

発行所　株式会社　新潮社

郵便番号　一六二―八七一一
東京都新宿区矢来町七一
電話　編集部(〇三)三二六六―五四四〇
　　　読者係(〇三)三二六六―五一一一
http://www.shinchosha.co.jp



印刷・錦明印刷株式会社　製本・錦明印刷株式会社



ISBN978-4-10-148227-9 C0195